国家精品在线开放课程《网络营销》《移动营销》配套教材
“课程思政+校企合作”应用型网络营销与直播电商专业系列教材
“互联网+”新形态一体化教材

全彩印刷

XINMEITI YUNYING

新媒体运营

（含实训手册）

主　编　李玉清　魏振锋　孟雯雯
副主编　朱幼恩　郭知涛　李义群
余再东　施顺杰　高云峰

航空工业出版社
北京

内 容 提 要

本书以新媒体平台内容策划和生产为核心，将新媒体运营理念、方法、策略与企业实践相结合，并兼顾了数字化运营分析。全书共分 8 个项目，首先引导读者了解新媒体的特点、平台，接着介绍了新媒体运营的方法、技巧、策略等内容，以新媒体运营实战项目为例，开展微信运营、短视频平台运营、网络直播运营、头条运营、知识社区运营、微博运营以及其他新媒体平台运营，全面介绍了新媒体运营的岗位和职业能力要求以及新媒体运营的内容、方法、技巧、策略等核心知识与技能，旨在培养学生与广大读者的新媒体运营系统化思维、创新思维和活动策划能力、实际运营能力等综合职业素养与能力。本书理论体系完整，具有较强的实用性，特别是配有丰富的教学资源，无缝对接了两门浙江省精品在线开放课程《网络营销》《移动营销》，有利于形成线上线下混合式的学习模式。

图书在版编目（CIP）数据

新媒体运营 / 李玉清，魏振锋，孟雯雯主编 .— 北京：航空工业出版社，2021.12（2024.4 重印）

ISBN 978-7-5165-2820-4

Ⅰ. ①新… Ⅱ. ①李… ②魏… ③孟… Ⅲ. ①传播媒介—运营管理—高等职业教育—教材 Ⅳ. ① G206.2

中国版本图书馆 CIP 数据核字（2021）第 269013 号

新媒体运营
Xinmeiti Yunying

航空工业出版社出版发行
（北京市朝阳区京顺路 5 号曙光大厦 C 座四层　100028）
发行部电话：010-85672666　010-85672683

北京荣玉印刷有限公司印刷　　全国各地新华书店经售
2021 年 12 月第 1 版　　2024 年 4 月第 5 次印刷
开本：889 毫米 ×1194 毫米　1/16　　字数：323 千字
印张：13　　定价：59.80 元

关于手册

一、手册使用方法

1. 以团队为单位展开新媒体运营实训，完成本手册中的所有实训任务。

2. 组建实训团队，每个团队 6~8 人；每个团队每周至少集中讨论一次实训情况；制定团队实训细则以及奖惩措施；预测团队在实训过程中可能遇到的问题，并提出可行性解决方案。

3 每个团队首先确定一个主题，所有实训任务均围绕该主题进行。

4. 实训综合成绩主要由以下四项构成：

（1）团队实训步骤、实训成果、实训总结三项总分的平均分（25%）;

（2）团队参与情况的平均分（25%）;

（3）自我成长情况的平均分（25%）;

（4）手册完成情况的平均分（25%）。

二、教师使用须知

1. 根据《新媒体运营》课程的授课时间以及结课时间合理启动各实训任务。

2. 每隔一周要对各个团队的实训任务进度进行了解，当学生出现疑惑时，及时帮助解决。

3. 每个实训任务完成后，安排各团队中的不同成员进行汇报展示。

4. 总结优秀团队的合作方法和合作心得，以供其他团队学习。

5. 本手册也可作为最终结课成绩册。

目 录 CONTENTS

任务一 组建实训团队

实训团队

团 队 名 称:________________________________

队 长:________________________________

团队其他成员:________________________________

____

团队实训核心主题:

团队成员实训守则:

实训中可能遇到的问题:

解决方案:

任务二 朋友圈运营实训

任务名称

在朋友圈投放广告

任务目标

☆ **知识目标：**

1. 了解朋友圈运营的步骤。
2. 了解朋友圈装修需要注意哪些内容。

☆ **技能目标：**

1. 掌握内容营销、互动营销的具体方法。
2. 掌握朋友圈装修的技巧。

☆ **思政目标：**

增强语言表达和创意能力，树立正确的价值观。

任务要求

1. 围绕团队的主题在朋友圈投放相应广告。
2. 广告形式包括图片、视频、文字三种。
3. 要在评论区与买家进行适当互动。
4. 尝试使用抽奖活动等创意内容加强广告的吸引力。

实训小贴士

精准定位你的用户群，效果将事半功倍！

实训报告

报告题目：______________________________

报告人：______________　　报告日期：______________

一、实训步骤

二、实训成果

（一）数据资料

（二）数据分析

三、实训总结

（一）实训成果总结

（二）团队合作情况

（三）个人成长汇报

任务评价

评价标准	分值	团队自评分	团队互评分	教师评分
广告与团队主题密切相关	3分			
广告形式完备，内容丰富而有吸引力	4分			
能与客户进行有效互动	3分			
总分				

任务三 微信群运营实训

任务名称

创建并运营微信群

任务目标

☆ **知识目标：**

1. 了解微信群运营的步骤。
2. 了解微信群营销的特点和模式。

☆ **技能目标：**

1. 掌握微信群运营的五个策略。
2. 掌握管理微信群并不断提升群质量的能力。

☆ **思政目标：**

学习与人交流的正确方法，友好待人。

任务要求

1. 围绕团队的主题建立一个微信群，设定好群主和管理者。
2. 制定合理的社群激励机制，保持微信群的活跃度。
3. 设置群规，做好对微信群的管理。
4. 定期在群内发布团队主题相关的内容。

实训小贴士

将运营内容的主题分解，定期投放，保持微信群活跃！

实训报告

报告题目:____

报告人:____________________　　报告日期:______________________

一、实训步骤

二、实训成果

（一）数据资料

（二）数据分析

三、实训总结

（一）实训成果总结

（二）团队合作情况

（三）个人成长汇报

◆ 任务评价

评价标准	分值	团队自评分	团队互评分	教师评分
微信群的主题定位清晰合理	2 分			
有合理的群规和社群激励机制	4 分			
能定期投放与群主题相关的内容	4 分			
总分				

任务四 微信公众号运营实训

任务名称

微信公众号创建和运营

任务目标

☆知识目标：

1. 了解微信公众号的功能和特点。
2. 了解微信公众号的定位方法和运营技巧。

☆技能目标：

1. 掌握合理定位微信公众号的方法。
2. 掌握微信公众号排版、加粉、提升阅读量的技巧。

☆思政目标：

加强对不良内容的鉴别能力，保持正确价值观。

任务要求

1. 围绕团队的主题合理定位并创建一个微信公众号。
2. 利用排版工具对公众号的版式、配色以及文字格式进行设置。
3. 利用图文提醒、关键词回复等方式提升粉丝量。
4. 利用适当的方法提升公众号阅读量。

实训小贴士

微信公众号内容要遵循相关法律法规。

实训报告

报告题目：____

报告人：________________　　报告日期：________________

一、实训步骤

二、实训成果

（一）数据资料

（二）数据分析

三、实训总结

（一）实训成果总结

（二）团队合作情况

（三）个人成长汇报

任务评价

评价标准	分值	团队自评分	团队互评分	教师评分
公众号定位合理，符合团队主题	3分			
公众号排版大方美观，内容吸引人	4分			
公众号粉丝数、阅读量高	3分			
总分				

任务五 微信小程序运营实训

任务名称

注册并运营微信小程序

任务目标

☆ **知识目标：**

1. 了解微信小程序的不同应用场景。
2. 了解小程序的传播模式。

☆ **技能目标：**

1. 掌握注册、编辑小程序的方法。
2. 掌握吸引流量、加速传播小程序的方法。

☆ **思政目标：**

增强团队合作意识和创新意识。

任务要求

1. 根据团队主题设置应用场景，建立小程序。
2. 分析小程序的流量入口，选择合适的引流方式。
3. 选择合适的方式促进小程序的推广。

实训小贴士

富有创意的玩法、机制可以有效提升小程序流量。

实训报告

报告题目：______________________________________

报告人：____________________ 报告日期：____________________

一、实训步骤

二、实训成果

（一）数据资料

（二）数据分析

三、实训总结

（一）实训成果总结

（二）团队合作情况

（三）个人成长汇报

◆ 任务评价

评价标准	分值	团队自评分	团队互评分	教师评分
小程序的种类或应用场景与团队主题相符	3 分			
小程序结构合理、内容有趣	3 分			
小程序传播面广、引流多	4 分			
总分				

任务六 抖音运营实训

任务名称

创建并运营抖音账号

任务目标

☆ **知识目标：**

1. 了解短视频传播的特点和原因。
2. 了解抖音的推广模式。

☆ **技能目标：**

1. 掌握制作高质量抖音作品的步骤和方法。
2. 掌握抖音作品传播与引流的方法。

☆ **思政目标：**

能有意识地利用各种平台传播正能量，树立积极向上的价值观。

任务要求

1. 注册一个抖音账号，并根据团队主题编辑账号内容。
2. 拍摄制作短视频作品，并定期在抖音账号内发布。
3. 提升作品的点赞量、转发量、评论量、完播率，加强推广。
4. 对账号进行数据分析，为未来提升账号推广量做准备。

实训小贴士

选择合理的发布时间可以有效增加作品推广量！

实训报告

报告题目：____

报告人：____________________　　报告日期：______________________

一、实训步骤

二、实训成果

（一）数据资料

（二）数据分析

三、实训总结

（一）实训成果总结

（二）团队合作情况

（三）个人成长汇报

◆ **任务评价**

评价标准	分值	团队自评分	团队互评分	教师评分
抖音账号内容符合团队主题	2 分			
抖音作品质量高，有创意	3 分			
抖音作品推广数据高，传播效果好	5 分			
总分				

任务七 网络直播运营实训

任务名称

网络直播营销活动

任务目标

☆ **知识目标：**

1. 了解网络直播的特点和分类，熟悉常见的网络直播平台。
2. 了解网络直播营销的特点和模式。

☆ **技能目标：**

1. 掌握做网络直播的方法。
2. 掌握网络直播营销的流程。

☆ **思政目标：**

树立正确的价值观，抵制虚假宣传等不诚信行为。

任务要求

1. 根据团队的主题策划一个直播活动。
2. 根据需要选择一个直播平台，进行团队分工。
3. 明确内容定位，并设法吸引与团队主题相关的用户群。
4. 在直播过程中通过各种方式积极开展实时互动。

实训小贴士

利用“五步法”设计直播营销活动，效果更突出。

实训报告

报告题目：____

报告人：____________________　　报告日期：______________________

一、实训步骤

二、实训成果

（一）数据资料

（二）数据分析

三、实训总结

（一）实训成果总结

（二）团队合作情况

（三）个人成长汇报

◆ 任务评价

评价标准	分值	团队自评分	团队互评分	教师评分
直播内容符合团队主题	2分			
直播流程完整清晰，内容有创意	4分			
能进行实时互动，观众参与度高	4分			
总分				

任务八 头条号运营实训

任务名称

头条号文章发布

任务目标

☆知识目标：

1. 熟悉头条号的后台功能。
2. 了解头条号的推送机制。

☆技能目标：

1. 掌握头条号的文章排版格式。
2. 掌握文章能被精准推送到目标用户的写文方法。

☆思政目标：

维护良好的网络环境。

任务要求

1. 围绕团队主题创建一个头条号。
2. 定期发布文章，总数至少 5 篇。
3. 推送内容围绕主题打造系列文章，形成“专家”印象。

实训小贴士

注意区分头条号与其他平台的功能，更有利于吸粉引流。

实训报告

报告题目：____

报告人：____________________　　报告日期：____________________

一、实训步骤

二、实训成果

（一）数据资料

（二）数据分析

三、实训总结

(一) 实训成果总结

(二) 团队合作情况

(三) 个人成长汇报

◆ 任务评价

评价标准	分值	团队自评分	团队互评分	教师评分
发布的头条号文章内容紧紧围绕主题	2分			
与在其他平台发的文章有较大区分度	4分			
文章表述逻辑清晰且较为专业	4分			
总分				

任务九 知乎运营实训

任务名称

运营知乎专栏

任务目标

☆ **知识目标：**

1. 了解知乎的核心功能。
2. 了解知识社区的运作流程。

☆ **技能目标：**

1. 掌握设计具有丰富知乎专栏内容的方法。
2. 掌握在知乎中引流的方法。

☆ **思政目标：**

正确判断知乎内容，提高对复杂信息的鉴别意识和能力。

任务要求

1. 根据团队主题，用自己的知乎账号创建一个知乎专栏。
2. 在专栏内定期发布原创文章，要做到标题有吸引力，内容图文并茂。
3. 吸引其他用户对本专栏文章进行助推，并与其他用户互动。
4. 通过各种方法提升自己账号的权重。

实训小贴士

回答热门问题、评论热门问题都是引流的好方法。

实训报告

报告题目:____

报告人:____________________ 报告日期:____________________

一、实训步骤

二、实训成果

（一）数据资料

（二）数据分析

三、实训总结

(一) 实训成果总结

(二) 团队合作情况

(三) 个人成长汇报

◆ 任务评价

评价标准	分值	团队自评分	团队互评分	教师评分
专栏内容质量高，符合团队主题	4 分			
专栏关注量、阅读量高	4 分			
个人知乎账号的权重高	2 分			
总分				

任务十 微博运营实训

任务名称

运营微博话题

任务目标

☆ **知识目标：**

1. 了解微博的特点。
2. 了解微博运营的基本方法。

☆ **技能目标：**

1. 掌握微博内容策划的方法技巧。
2. 掌握运营微博话题的流程。

☆ **思政目标：**

理解新媒体传播正能量的重要作用。

任务要求

1. 根据团队主题创建一个微博话题。
2. 保持话题内容的更新频率，并精心设计更新的内容。
3. 在话题内用不同方式与参与者互动，达到涨粉、引流的目的。
4. 每个团队成员对自己的微博账号进行管理，使自己的账号涨粉。

实训小贴士

可以通过策划微博活动来提升话题热度！

实训报告

报告题目：____

报告人：____________________　　报告日期：______________________

一、实训步骤

二、实训成果

（一）数据资料

（二）数据分析

三、实训总结

（一）实训成果总结

（二）团队合作情况

（三）个人成长汇报

◆ 任务评价

评价标准	分值	团队自评分	团队互评分	教师评分
话题内容丰富、有吸引力，且符合小团队主题	3 分			
话题内互动频率高，热度高	4 分			
团队成员微博账号热度高	3 分			
总分				

任务十一 小红书运营实训

任务名称

小红书笔记发布

任务目标

☆知识目标：

1. 了解小红书的模式特点。
2. 了解小红书的推送机制。

☆技能目标：

1. 掌握小红书的发布技巧。
2. 掌握图文搭配的方式方法。

☆思政目标：

能够做到友好互动，尊重他人的劳动成果。

任务要求

1. 围绕团队的主题发布小红书笔记。
2. 至少发布 10 篇小红书笔记。
3. 笔记要做到图文结合，且与主题相关。
4. 发布的图片要高清、美观且无侵权问题。
5. 探索小红书笔记发布的最优格式。

实训小贴士

你的小红书笔记风格越统一、图片越精致，越容易吸引用户的关注。

实训报告

报告题目：____

报告人：__________________ 报告日期：__________________

一、实训步骤

二、实训成果

（一）数据资料

(二) 数据分析

三、实训总结

(一) 实训成果总结

（二）团队合作情况

（三）个人成长汇报

◆ 任务评价

评价标准	分值	团队自评分	团队互评分	教师评分
发布笔记至少 10 篇	3 分			
笔记与团队的主题紧密相关	3 分			
笔记质量高，图片清晰且无版权问题	4 分			
总分				

任务十二 综合实训报告

报告题目：____

报告人：____________________ 报告日期：____________________

一、实训成果

二、成果总结

三、成长汇报

（一）团队合作情况

（二）个人成长汇报

教师评语

附录：综合实训评价

团队任务完成情况评价表

评分项目	分数	教师评语
团队自评分总分		
团队互评分总分		
教师评分总分		
平均分		

团队参与情况评价表

姓名	参与团队讨论次数	团队内部互评平均分	教师评分	平均分

自我成长情况评价表

姓名	自我评分	教师评分	平均分

手册完成情况评价表

姓名	教师评分

综合成绩：（团队任务完成情况评价表 + 团队参与情况评价表 + 自我成长情况评价表 + 手册完成情况评价表）× 25%=______

前言 FOREWORD

随着移动互联网技术的快速发展，智能移动终端使用数量不断增加，以新技术、新方法、新手段、新平台传播为主的新媒体时代已经到来。抖音、快手等新媒体平台不断涌现，渗透在社会生活的方方面面，给社会带来了巨大的变化与深刻的影响。在此基础上，受众人群日益细分，消费者越来越依赖新媒体。因此，企业也更倾向于采用新媒体平台开展营销活动，逐步洞察市场变化规律，探索实践与新媒体时代相契合的营销理念、方法、策略，重构零售中的“人、货、场”，创新营销模式。

同时，随着新零售与数据经济的发展，新商科的人才培养理念得到普遍认同，新媒体运营课程在电子商务专业及财经商贸类专业中广泛开设，要求学生更加深入地了解新媒体运营知识、如何选择合适的新媒体平台、如何开展新媒体运营以及如何策划各类活动。因此，本教材的开发以新时代创新思维为指导，以新理念、新技术、新平台为基础，以新媒体运营能力培养为导向，将企业项目与教学内容紧密结合，细化新媒体运营岗位工作任务，形成了新媒体运营的基础理论、运营方法、推广策略、评估指标等知识体系，强化了新媒体运营技能的实操训练，并在每个项目中都增加了思政目标和思政元素，全面培养学生诚信守法的职业素养，增强社会责任感和使命感。

本教材共分 8 个项目，教材内容新颖，密切结合新媒体行业的发展趋势和特点，充分展现了新媒体平台综合运用、营销活动策划的全过程，突显理实一体、工学结合的教学理念。教材中还设置了若干个实训项目，以企业真实项目为依托，开展微信运营、短视频运营、直播运营等实战训练，着重培养学生的新媒体运营创新思维、内容建设能力、活动策划能力、营销推广能力等。

本教材是新形态教材，可通过扫描二维码进入微视频、微案例等，以数字化教材的方式推动信息化教学，也便于学生课内课外的多次学习。本教材无缝对接了两门国家精品在线开放课程《网络营销》(https://www.zjooc.cn/course/2c9180837a18d866017a19ec971b041f)、《移动营销》(https://www.zjooc.cn/course/2c9180877b058863017b0af7481401cc)，拥有较为完善的立体化教学资源，实现了与国家精品在线开放课程的同步建设、同步更新、相互促进。本教材可作为高职院校电子商务、市场营销、信息管理等专业教材使用，也可作为电子商务从业人员的培训教材使用，也适用于企业新媒体运营人员、社会从业者和个人创业者自学使用。

本教材由嘉兴职业技术学院李玉清教授任第一主编并统稿，浙江工贸职业技术学院魏振锋教授任第二主编，山东外贸职业学院孟雯雯副教授任第三主编。由广东生态工程职业学院讲师朱幼恩、贵州职业技术学院副教授郭知涛、湖州职业技术学院讲师李义群、邦芒服务外包有限公司总经理余再东、嘉兴蜂润科技网络科技有限公司总经理施顺杰、嘉兴广电集团高云峰任副主编。李玉清编写项目一与项目七并负责全书审核、修改和统稿；魏振峰编写项目二和项目五；孟雯雯编写项目三并辅助全书统稿；朱幼恩编写项目六和项目八，高云峰编写项目一案例，郭知涛编写项目四，李义群编写八个综合实训项目；嘉兴蜂润科技网络科技有限公司总经理施顺杰编写部分综合案例与分析。浙江邦芒数据有限公司提供了新媒体运营的案例资料。本教材在编写过程中，参考和引用了一些作者的观点与资料，也得到了很多专家、学者和航空工业出版社编辑的帮助，在此一并表示衷心的感谢。由于编者水平和时间有限，书中难免有不当、疏漏之处，敬请读者批评与指正。

此外，本书作者还为广大一线教师提供了服务与本书的教学资源库，有需要者可致电 13810412048 或发邮件至 2393867076@qq.com。

编　者

2021 年 11 月

目 录 CONTENTS

项目 3 短视频平台运营

项目 4 网络直播运营

项目 5 头条运营

项目 6 知识社区运营

项目 7 微博运营

项目 8 其他新媒体平台运营

项目 1

新媒体运营认知

目标导航

知识目标

1. 了解新媒体行业的发展现状和发展趋势。
2. 掌握新媒体运营的基本概念、类型及特点。
3. 掌握新媒体与其他媒体运营的区别。

能力目标

1. 具备新媒体运营文案编辑能力、艺术审美能力、学习能力和创新能力。
2. 能发布新媒体内容文案。
3. 能描述新媒体运营的基本步骤。

思政目标

1. 培养良好的语言变换应对基本素质。
2. 培养良好的新媒体运营职业素质，增强社会责任感和使命感。
3. 培养良好的学习习惯、认真做事的态度和劳动奉献精神。

项目导图

- 新媒体运营认知
  - 认识新媒体
    - 新媒体概述
    - 新媒体行业的发展现状与发展趋势
  - 认识新媒体运营
    - 新媒体运营的内涵、特点与作用
    - 新媒体运营平台与工作任务

导入案例

“跟着节气游乡村”

美丽乡村游是乡村振兴战略实施的重要内容，“跟着节气游乡村”是嘉兴市新闻综合频道运营推广的项目内容，请看下面的文案。

招募啦！“跟着节气游乡村”嘉兴市大型市民游美丽乡村活动第五站，走进桐乡市汇丰村、桃园村，感受江南古村的独特韵味。

秋高气爽，金桂飘香，约三五好友寻一处乡间小道走上一走，给疲惫的身心放个假。叮咚！10 月 30 日（本周六）由嘉兴市农业农村局和嘉广集团联合打造的“跟着节气游乡村”2021 嘉兴市大型市民游美丽乡村活动第五站开始招募啦！走进桐乡市汇丰村、桃园村；粉墙黛瓦，田园渔歌宛如一幅闲适、安详、恬静的古村风情画。

1. 桐乡市屠甸镇汇丰村

汇丰村作为省级美丽乡村建设示范村，体现城乡一体化和谐发展思路，宣扬浙江省“美丽乡村”建设成就，是桐乡市创建“中国旅游第一大县”农村旅游文化品牌的重要节

点。汇丰村旅游资源丰富，文化活动场所设施齐全。目前已建成的旅游项目有康馨文化园、沈家埭特色自然村落、汇丰村文化大礼堂等。

康馨文化园以令人沉醉的园林景观和自然情趣为特色，是集科普、教育、游览、餐饮等功能于一体的综合性生态乐园。

2. 桐乡市桃园村

桃园村位于浙江省桐乡市梧桐街道，是一个历史悠久、文化底蕴深厚、水陆交通发达的江南古村。整个村子常年绿意盎然，小桥、流水、人家构成了桃园村极具江南乡村韵味的生态文化景观。

桃园村是桐乡槜李唯一原产地，槜李是桃园村的特色产业，也是浙江名果，闻名中外，古为贡品，距今已有 2 500 多年的栽培历史，其风味独特为群李之冠，曾多次荣获全国和省级优质名果的称号。人们还为此专门建造了槜李堂，用于展示 2 500 年的槜李历史文化积淀。

报名须知

出发时间：10 月 30 日上午 9：00 准时出发，预计 15：50 返回嘉兴。

集合地点：嘉兴市民广场。

活动线路：嘉兴市民广场集合出发→桐乡市屠甸镇汇丰村康馨文化园→午饭→桐乡市桃园村→返回嘉兴。

报名方式：微信转账。

报名费用：90 元 / 人（含 20 元景区门票、交通费、午餐、保险等）。

转账时务必备注：所有人姓名 + 电话！

转账时务必备注：所有人姓名 + 电话！

转账时务必备注：所有人姓名 + 电话！

限 100 人，报满截止，报名费用推荐扫微信收款码支付。报名人员要求必须 1 周岁以上、75 周岁以下，70 岁以上建议家人陪同。

思考讨论：

1. 新媒体是什么？新媒体运营要具备哪些基本能力？
2. 新媒体与传统媒体相比有哪些优势？传统媒体还有必要存在吗？

任务 1.1 认识新媒体

1.1.1 新媒体概述

随着互联网、云计算、大数据等新一代信息技术的发展，数字经济越来越被人们重视，成为引领科技革命与产业变革并带动经济增长的重要引擎，党的十九大报告专门提到了“数字经济”“数字中国”。2016 年，G20 杭州峰会提出数字经济发展与合作倡议；2017 年，数字经济首次写入政府工作报告，开启了我国推进数字经济发展的新征程；2018 年，数字经济又在世界互联网大会上被提出，中国数字经济发展进入快车道。由此，数字媒体也越来越得到人们的广泛重视和应用。

1. 媒体的发展阶段

随着人类智慧的不断发展，媒体传播经历了四个传播时代，即口口传播时代、文字传播时代、语言传播时代、互联网传播时代。随着 20 世纪 90 年代的互联网高速发展，互联网传播时代延伸到新媒体传播时代。新媒体时代是相对于传统媒体而言的，是报刊、广播、电视等传统媒体以后发展起来的新的媒体形态，是利用数字技术、网络技术、移动技术，通过互联网、无线通信网、卫星等渠道，以及电脑、手机、数字电视机等终端，向用户提供信息和娱乐服务的传播形态和媒体形态。严格意义上讲，新媒体时代就是数字化新媒体广泛应用的时代。

新媒体的发展经历了三个阶段：精英媒体、大众媒体和个人媒体。这三个阶段分别代表着传播发展的农业时代、工业时代和信息时代。在移动互联网高速发展的今天，以个人为中心的新媒体已经从边缘走向主流。

随着智能手机的普及和移动互联网的快速发展，直播、短视频被业界认为是互联网领域的风口，在迎来井喷期后，进入更加专业化、规范化的发展轨道。时代在变，营销的一切也随之而变，“新媒体”是一个不断变化的概念。

2. 新媒体的含义

新媒体（new media）的概念是 1967 年由美国哥伦比亚广播电视网（CBS）技术研究所所长戈尔德马克（P.Goldmark）率先提出的。而今天，针对如何定义新媒体，国内学界与业界的观点不一，有人从技术层面定义新媒体，有人从传播层面定义新媒体，有人是从内涵定义的，有人是从外延表述的。

新媒体是新的技术支撑体系下出现的媒体形态，如数字杂志、数字报纸、数字广播、手机短信、移动电视、网络、桌面视窗、数字电视、数字电影、触摸媒体等。

新媒体是指利用网络技术、数字技术、移动通信技术进行信息传递与接收的信息交流平台，包括固定终端和移动终端，它是向用户提供信息和娱乐服务的传播形态。严格地说，相对于报刊、户外、广播、电视四大传统意义上的媒体，新媒体被形象地称为“第五媒体”，即新媒体称为数字化新媒体。

新媒体有狭义和广义之分。狭义新媒体是指区别于传统媒体的新型传媒，如互联网和移动互联网的方式进行信息传播是以网络媒体为代表的。而广义新媒体则是利用数字技术和网络技术，通过互联网、宽带局域网、无线通信网、卫星等渠道，以及电脑、手机、数字电视机等终端，向用户提供信息和娱乐服务的传播形态。

想一想

你知道企业为什么要做新媒体吗？如何去做新媒体呢？请举例说明你最熟悉的新媒体人物。

3. 新媒体基本类型

（1）时尚新媒体

目前，阿里巴巴集团办公大厅的高清显示屏和大多数高中档餐厅里都是以平板电脑、pad、ipad 等电子产品为媒体，通过高清大图、3D 效果图、视频效果等增加品牌的公众认知度，即属于目前的时尚新媒体。

（2）户外新媒体

目前在户外的新媒体广告投放屏（图 1-1-1）、户外视频、投影、触摸屏等，可以达到吸引人气、提高媒体价值的目的。

图 1-1-1　户外新媒体广告投放屏

（3）手机新媒体

手机新媒体（图 1-1-2）是目前最有普及性、最快捷、最方便的新媒体平台，它将成为普通人获取日常信息的重要手段。

图 1-1-2　手机新媒体

（4）网络新媒体

网络新媒体，即通过网络发布，以网络名片为代表的新媒体广告形态。如加载在新闻页面的一些浮动广告形态，能通过关键词匹配快速实现全网覆盖，是传播效果最好的新媒体广告形式。

4. 新媒体的基本特征

新媒体的基本特征：以新技术为载体；以互动性为核心；以平台化为特色；以人性为导向。以新技术为载体是指新媒体的应用与运营一定是依托新技术为基础的；以互动性为核心指出了双向互动是新媒体最根本的特征；以平台化为特色是指新媒体搭建了一个信息交流的平台；以人性为导向则说明了人性是所有媒介的发展方向。

新媒体的具体特征可以表述为以下五点。

（1）海量性与共享性

海量性与共享性即海量信息的生产、留存和运用（图 1-1-3），包含文本、声音、多媒体文件，以及信息可实现共享。新媒体通过技术使得空间无限扩大，信息内容丰富和多样化，海量信息得以呈现和储存。此外，新媒体具备的开放性使用户可以实现信息和资源的共享。

（2）碎片化与小众化

目前，整个网络传播呈现碎片化，大众传播逐渐呈现小众化，人们越来越追求小而美的产品。

（3）交互性与即时性

新媒体突破了传统媒体单向传播的功能局限，变单向为双向，让人们交流更顺畅、更及时、更深入，并且能够使人们即时得到想要得到的产品信息。新媒体是一个传播及时、信息交互和社交性很强的媒体，可以随时地联系客体，并能把海量的信息通过各种各样的途径呈现给用户。

图 1-1-3　海量信息示意图

（4）多媒体与超文本

新媒体的传播内容与传统媒体相比更加多样，把文字、图像和声音等融为一体已是新媒体的一个特点。多媒体的功能集合在一身，利用超文本的形式大大增加了信息的广度和深度，使信息传播更为多元和丰富。

（5）个性化与社群化

在新媒体环境下，人们更愿意自由地表达自己的思想，如年轻人更愿意制作抖音等短视频，他们能够通过这种方式自由地发布信息、自由地去表达自己的想法。另一方面，新媒体重要形式之一的社交媒体也通过将有共同爱好、共同职业、共同性格的用户联系起来，形成了社区化、社群化传播。

1.1.2 新媒体行业的发展现状与发展趋势

1. 新媒体行业的发展现状

随着 5G 时代的到来和人工智能等技术的不断进步，新媒体商业的前景越来越广阔，短视频平台、直播平台、内容电商的崛起，让他们极有可能抢占更多的移动互联网流量，为企业营销带来无限机遇。特别是“两微一号”，已成为媒体融合发展的主战场。媒体根据不同渠道的内容形式、传播特点与受众需求，在微博、微信及抖音号、快手号、微信视频号等组成的渠道阵营分类进行内容投放与运营。

中国网络视听节目服务协会发布的《2020 中国网络视听发展研究报告》显示，截至 2020 年 6 月，短视频以人均单日 110 分钟的使用时长超越了即时通信。短视频不仅成为用户休闲娱乐的平台，更在用户获取信息的方式上占据越来越高的比重。因此，短视频端建设正成为媒体融合发展的重点。2020 年，四川广播电视台旗下的“四川观察”抖音号运营成绩显著。被网友称为“到处观察”的四川观察账号设置了“观观爆料箱”投稿，并凭借高用户互动率、高更新频度、高热点关注度等得到了用户青睐。截至 2021 年 5 月 9 日，该账号拥有 4 668.6 万粉丝，累计获赞量达 25.7 亿。在 2021 年全国两会报道中，人民网、央视新闻、新华网、环球时报、中国网直播等微信视频官方号通过开设“ #2021 全国两会”视频话题，依托社交平台以视频方式报道两会。中国日报等媒体还通过微信视频号进行两会直播，方便用户在朋友圈全程看两会。除了运营方式和渠道的更新，媒体也在不断加快机制创新，全方位提升自身的融合发展能力。上海报业集团建立了新媒体账号“退出”机制，定期评估各平台账号的传播率、到达率、阅读率，及时调整运营策略，以关停或停更观察等形式切实提升账号活力。

互联网头部企业纷纷入局本地生活赛道，数字生活新服务成为发展热门。直播电商引领用户消费理念与生活方式改变，长视频与短视频博弈升级。文化贸易数字化发展势头强劲，互联网专业内容生产展现蓬勃生机，优质内容和品牌影响成为资本市场新宠。微经济多元化创新发展，线上线下消费边界不断融合，网络消费呈现个性化与分众化特点。Z 世代人群在网络社会中的重要性愈加突出，成为互联网市场与新媒体研究的关注重点。新媒体助力乡村振兴，城市形象新媒体传播方式方法不断创新，数字空间反垄断与版权保护成为全球性议题。

中国社会科学院新闻与传播研究所及社会科学文献出版社共同发布了新媒体蓝皮书：《中国新媒体发展报告 No.11（2020）》。

（1）一线主播收入走高，但成为头部主播难度升级

报告研究发现，2019 年，主播单月创收情况较 2018 同期均有所增长，月均值为 4.1 亿元，较 2018 年增长 21%。与 2018 年相比，2019 年前 1 万名主播的年收入门槛突破 12 万元，达到工薪一般水平。相较于 2018 年上半年，头部主播 TOP10 榜单门槛大幅提高，从之前的 958 万元提高到 1 258 万元，而头部主播数量在六大平台中较 2018 年均有所下降。这意味着成为头部主播的难度升级。门槛的升高将导致头部主播的资源稀缺，进而对平台整体的创收造成影响。

（2）反复刷屏、频繁浏览疫情信息已成为疫情期间公众生活常态

蓝皮书分报告《社交媒体疫情信息接触与公众心理调研》采用问卷调查的形式，随机选取了 3 070 位调查对象。研究发现，调查对象每天早上醒来第一件事就是关注疫情信息，查看疫情数据。超过五成调查对象浏览疫情信息的时间在 6：00—12：00，以求掌握疫情的最新情况。整体上看，有 81.4% 的调查对象每天花费 1~4 小时浏览疫情相关信息。公众花费大量时间浏览疫情相关信息，通过社交媒体跟进最新消息，反复刷屏、频繁浏览疫情信息已成为公众生活的常态。

图 1-1-4　2018—2023 年中国新媒体行业企业数量增长趋势

2. 新媒体行业存在的问题

新技术为新媒体行业提供了巨大的发展空间和行业活力，但同时，新媒体自身的发展也显现出越来越多的问题。

（1）内容同质化严重，优质内容相对匮乏

新媒体平台初期野蛮化生长，为提高内容发布规模，发布内容伪原创、猎奇、低俗等问题比较严重。

（2）评论内容鱼龙混杂，容易催生网络暴力

新媒体为用户提供了一个言论自由的平台，但不对用户的评论加以审核监管，其真实性越来越难以考证，人们在畅所欲言的同时还很容易形成网络暴力，部分用户借道德、正义的名义对网络上的一些人和事件进行不法侵害。

（3）新媒体的娱乐化倾向容易“麻醉”群众

新媒体平台为用户提供了海量信息，这些信息大多以短文章和小视频的形态呈现，具有猎奇性和刺激性，引导人们去点击阅读，大量占用用户的时间，侵蚀他们的学习和思考能力；用户热衷于低俗的八卦娱乐消息之中，再加上网民非理性的舆论引导，人们很容易跟风、失去判断和思考的能力。

3. 新媒体行业发展趋势

（1）直播和短视频仍处于黄金发展赛道

直播和短视频仍处于快速成长期。当前，互联网企业纷纷入局直播领域，直播功能成为社交、电商等移动应用的标配，如淘宝、京东、苏宁等电商平台纷纷开启直播卖货模式。“直播 +”造就出万物皆可直播的景象，直播和短视频领域红利显著。在短视频方面，抖音、快手两家公司仍将占据两强位置，抖音月活突破 5 亿，快手月活也突破 4 亿，随着两家公司打造闭环生态加快流量变现，二者的用户重合度将会不断提升。同时，直播、短视频等领域的网络监管将会快速跟进并不断严格化，2020 年 6 月，国家网信办、全国“扫黄打非”办会同有关部门启动为期半年的网络直播行业专项整治和规范管理行动。这些国家监管措施的强化有助于直播和短视频从“野蛮生长”转向“精耕细作”，从而助推其健康可持续发展。

直播和短视频在快速发展的同时，也持续发挥了公益价值、社会价值。如新型冠状病毒肺炎疫情防控期间，抖音、快手等组织了多场公益助农活动，帮助农户直播卖货，解决农产品滞销问题，凸显了直播和短视频平台的社会责任担当。直播和短视频在直播卖货中的潜能需要不断得到释放，在发展中解决问题是目前直播和短视频领域的原则思想，这给其发展带来了广阔的空间。在乡村振兴的大背景下，我国三线及以下城市和广大农村地区为直播和短视频提供了新的增长空间。

（2）微传播价值与媒体融合价值回归本质

疫情期间，公众的信息需求及信息过剩现状引发了人们对于微传播、媒体融合、融媒体价值导向问题的思考。随着微传播、移动传播成为主流信息传播方式，媒体融合不断深入，新传播技术不断更迭，新闻传播工作的价值本质问题值得关注。如新型冠状病毒肺炎疫情防控期间，有关疫情的信息如潮水般涌来，疫情带来的紧张、惧怕、怀疑等情绪不断发酵，隔离在家使负面情绪更加难以排解，群体性抑郁情绪由此产生。疫情相关的信息使公众的负面情绪不断升温，焦虑情绪充斥在人们的心中。长期处于高度压力状态对于公众而言不仅仅只是情绪方面的表现，久而久之还会对其生理健康产生潜在的威胁。因此，微传播价值与媒体融合价值需要回归到人的本身，多关注人的身心健康，尤其是心理健康。

微传播价值与媒体融合价值回归本质后也是由人民至上的理念决定的。新媒体工作需要将出发点和落脚点落在对人的关注上，而建设性新闻理念也重视对人的关注。建设性新闻指的是在新媒体

环境下一种积极参与解决社会问题的新闻实践的新探索，这类新闻实践强调在新闻报道中除了要坚持内容的客观真实外，还应拓展报道的思路，要以解决问题为报道宗旨。随着微传播价值与媒体融合价值回归本质和人们对提供解决问题方案信息的需求增大，建设性新闻的应用价值会不断凸显，建设性新闻中的对策型趋向将是未来媒体业务发展的重点。

（3）主体多元化

随着互联网的普及，新媒体比传统媒体对内容创作主体的门槛有所降低，让社会上每一个人都能成为内容的创作者和传播者，让社会上各行各业的人都能参与进来。不管演员、农民、学生还是商人，通过今日头条这类平台，都可以把想要展示的内容宣传出来。

（4）产品融合化

今日头条旗下包括：火山小视频、西瓜视频、搞笑囧图、创意家居、精辟语录、内涵漫画、早晚必读的话、好看图片、今晚必看视频等十余款 App，内容涵盖了现场直播、知识问答、新闻咨询、生活休闲和短视频等，通过内嵌引流，实现了流量接口的无缝对接，增强了用户黏性，提高了用户体验。

（5）内容碎片化

随着人们工作与生活节奏的加快，休闲时间呈现出碎片化倾向，许多新媒体都在探索适应这种碎片化时间的内容推送。今日头条中的视频和文字内容都比较短，呈现碎片化的特点，极力迎合人们休闲娱乐时间分散、短暂的需求，同时满足用户随时随地进行互动、娱乐的需求。

思政园地

信息安全是大学生意识形态的重要内容。有效控制信息传播的内容与途径，通过信息安全教育，提高大学生与社会人员自觉抵御不良信息的能力，也是提高社会主义核心价值观和社会主义意识形态的重要工作。

任务 1.2 认识新媒体运营

1.2.1 新媒体运营的内涵、特点与作用

1. 什么是新媒体运营

新媒体运营，是通过现代化互联网手段，利用微信、微博、贴吧等新兴媒体平台进行产品宣传、推广和营销的一系列运营手段。通过策划品牌相关的优质、高度传播性的内容和线上活动，向客户广泛或者精准推送消息，提高参与度和知名度，从而充分利用粉丝经济，达到相应的营销目的。

新媒体运营工作主要针对的对象还是媒体，是主要以文字、图片、视频、语音为主要传播形式的新兴媒体。

2. 新媒体运营的定位

新媒体运营的定位主要包括四个关键要点，分别是定位的关键要点、针对的用户群体、提供什么服务、选择哪些平台。

（1）定位的关键要点

定位的关键要点（图 1-2-1）是很重要的，用户群体、提供的服务、平台都是定位所决定的，那么定位的关键要点我们可以分为两类：第一类，针对自身方向的定位，如公众号分为三类，运营者就需要根据自身的需求来选择合适的公众号种类；第二类，针对使用方向定位，就是运营者是需要清楚使用的目的，企业或个人选择的方式是不同的。

（2）针对的用户群体

用户群体的选择也是直接取决于后期该如何去运用，只有在前期了解了所要针对的用户群体，在运营中给予这些群体一些他们想要得到的消息，这样在后期才会达成认可，在这个部分，运营的人员最需要注意的就是要时刻清楚自己的目标用户是谁，以及这些人的特征。那么，目标用户是如何定位的呢？如图 1-2-2 所示。

第一步：先要对目标用户进行一些信息采集，如问卷调查，这样的方式成本不高，而且很实在，收集到信息之后要做的就是将收集到的信息进行整理。

第二步：根据你所整理的信息再进行分类，按照属性、用户实际情况，在分好类型后进行备注标签，还要区分哪些是老客户哪些是新客户，哪些是比较活跃的粉丝或者忠实粉丝，等等。

第三步：再将分好类的用户按性别、年龄、爱好等进行区分。

用户群体的选择和分类是定位中最重要的一个要素。

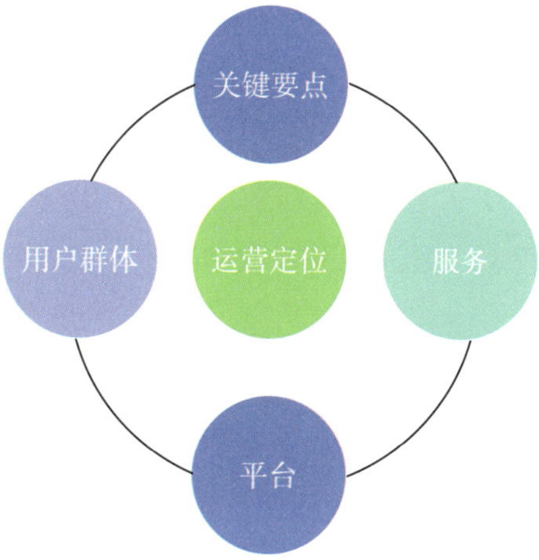

图 1-2-1　新媒体定位的关键要点

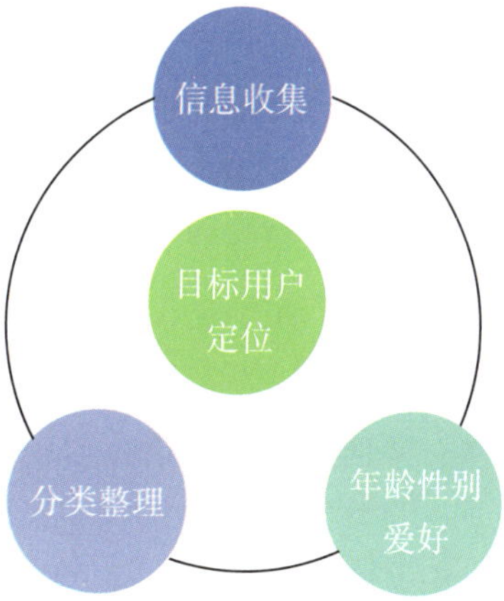

图 1-2-2　目标用户定位

（3）提供什么服务

在确认完群体分类后就要确定要对用户提供哪些相应的服务内容（图 1-2-3）了，每一个行业都有自己的特点，要根据自己行业的特点来设计合理的内容，那么在设计前要对自己的行业和产品做一个仔细的研究，要做到百分之二百地了解自己的产品，这样才能结合行业的特点去设计、去服务。

（4）选择哪些平台

平台的定位（图 1-2-4）非常重要，所有自媒体平台对外展现的形式无外乎三种，文字、视频以及图片，开始定位前，要先确定内容的呈现形式，语音、文字还是图片、视频，只有形式确定了才能对内容进行定位。其实现在普遍对于内容的展现形式还是文字、图片比较多，炫酷的视频以及具有干货内容的语音使用率相对文字、图片还是要低一些，因此要根据自己的内容特点来合理选择平台。

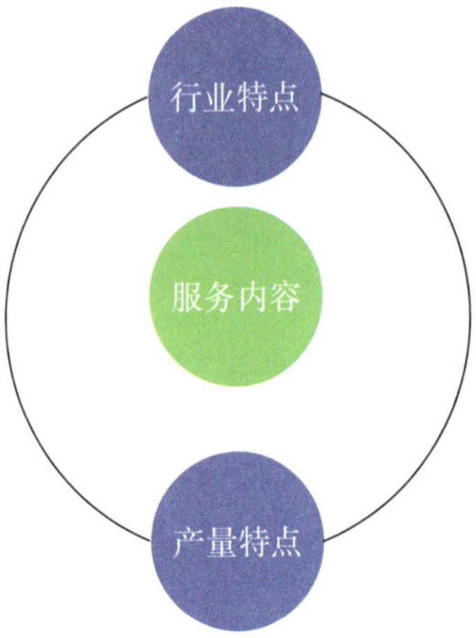

图 1-2-3　服务内容

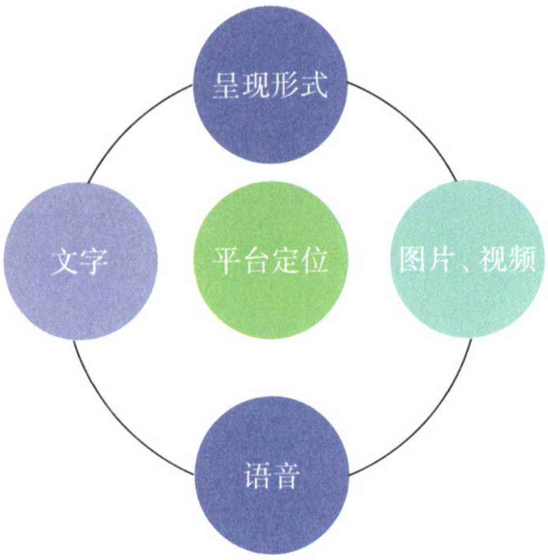

图 1-2-4　平台定位

3. 新媒体运营的特点

新媒体运营具有互动性强、覆盖面广、低成本、信息量大、针对性强、操作容易等共性特点，除此之外还具有以下特点。

（1）传播方式双向化

这是相对于传统媒体而言的，传统媒体信息传播的方式是单向的、线性的、不可选择的，受众被动接受信息，缺少信息的反馈。而新媒体传播是双向的，企业通过新媒体向用户传播信息，受众可以在看到信息后给企业以反馈。同时受众也是信息的传播者，受众可以帮助企业进行信息的二次传播，从而扩大企业信息的传播效果。

（2）接收方式移动化

无线移动技术的发展使得新媒体具备移动性的特点，通过移动互联网技术，使得用手机浏览网页、看电视等实现移动化，而不是仅局限于固定场所。

（3）传播行为个性化

短视频、微博、微信、博客、播客等新的传播方式使每一个人都成为信息的发布者，能够个性地表达自己的观点，传播自己关注的信息。传播内容与传播形式等完全是“我的地盘我做主”。个性化的传播方式能让人们体会发布信息、影响他人的快感。

（4）信息传播速度实时化

相对于传统传播媒介的传播方式，新媒体的传播借助互联网技术，信息传播变得更加迅速，实时接收信息、实时做出相应反馈已不再困难。

（5）传播内容多元化

新媒体在进行信息传播时可以将文字、图片、声音、视频等多种形式融于一体，让用户可以身临其境地感受到企业发布的信息内容。传播内容的多元化充分提高了信息的容量和信息的广度。

4. 新媒体运营对企业的作用

（1）新媒体运营让企业更及时有效地与用户进行沟通

与传统媒体的滞后性不同，新媒体运营能够实现即时传播和沟通的功能。这不仅对用户来说是一个绝佳的体验，对企业来说更是绝佳的功能，危机公关、用户反馈、品牌宣传、活动信息等都能迅速实现。

（2）精准投放和营销让获取用户变得轻松

大数据让用户的消费兴趣和习惯变得透明，这也为新媒体运营提供了强有力的数据支撑，广告对有效人群进行精准投放（图 1-2-5），能够快速获取潜在客户。加上借助新媒体运营使用户“鱼塘式”地集中在某个平台，企业营销活动能够得到快速曝光和传播。

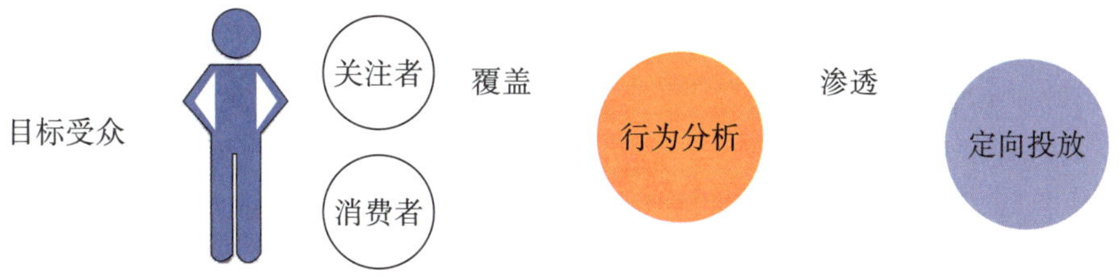

图 1-2-5　广告精准投放分析图

（3）营销成本低、营销效果明显有效

新媒体运营是一个较广的群体总称，它不仅仅只代表微信，微博、贴吧、社区、视频等都囊括其中。除了精准的付费广告投放外，大量的免费推广渠道和平台是传统媒体望尘莫及的优势。只要能有效地运用好这些平台，一旦全面进行爆发，为企业带来的价值将是无限的。

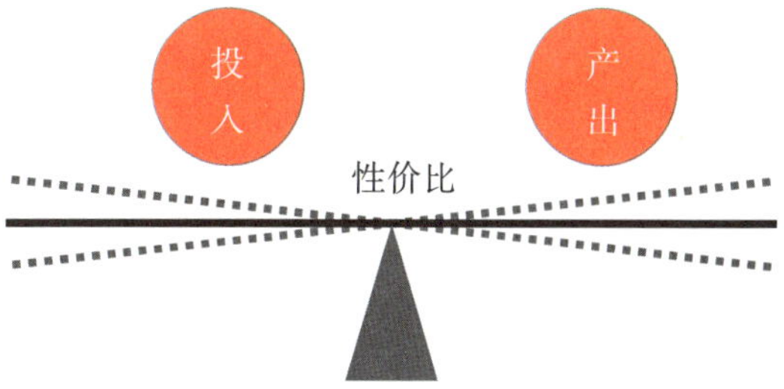

图 1-2-6　新媒体运营性价比分析图

5. 新媒体营销与运营的区别

（1）什么是新媒体营销

随着物联网、云计算、大数据和人工智能等新技术的发展应用，营销方式也带来变革，其具有沟通性（communicate）、差异性（variation）、创造性（creativity）、关联性（relation）、体验性（experience），互联网已经进入新媒体传播时代。现在已经出现了网络杂志、博客、微博、微信、TAG、SNS、RSS、WIKI、抖音等这些新媒体平台，那么什么是新媒体营销呢？

新媒体营销是在新媒体发展的基础上，通过新媒体这种渠道开展新媒体营销活动，即新媒体营销是指利用新媒体平台进行营销活动的营销模式。例如：微信公众号营销是随着微信公众号的火热而产生的一种营销手段，不少企业和个人都从中获得利益，发展前景也非常好。简言之，微信公众号营销就是企业或个人利用微信公众号平台，以及用户大流量、一对一的互动等优势，开展企业品牌或个人品牌的营销活动。

（2）新媒体营销品牌传播

随着互联网的快速发展，新媒体营销已经成为企业品牌推广的重要方式。比传统营销在品牌宣传的渠道上更加新颖快捷，也更容易被新时代的年轻人接受。

一般来说，在新媒体产业中，除了内容产品和服务产品之外，还有关系产品。关系既是连接内容与服务的纽带，也是供需转换的承载物。新媒体产业链更长，商业模式更为复杂，但都绕不开的关系产品。什么是关系产品呢？打车软件就是一种关系产品，它从满足用户需求入手，而用户要使用它就先要把他们的银行卡绑在网上支付平台上，于是互联网金融服务就建立起来了，手机在线支付就是一种服务产品。打车软件本身并不盈利，而是通过互联网金融这一服务产品来盈利的。因此，新媒体营销品牌传播也是围绕新媒体产品而进行品牌传播的。

品牌传播最有效的方式是媒体组合，即在同一时期内运用各种媒体，发布内容基本相同的广告。除此之外，新媒体营销品牌传播方式还有以下几种。

①病毒式营销。病毒式营销是新媒体营销中最常见的方式。它具有快速复制、广泛传播的特点。这种病毒式营销是在确定产品特性的基础上，利用脍炙人口的广告文案，加上互联网传播渠道进行宣传推广的。例如：拼多多为了迎接三周年庆，发布了一支“谢谢每一个拼过的你”的主题广告片，这就是典型的病毒式营销案例。

②事件营销。事件营销都是利用有新闻价值、社会影响以及名人效应的人物或事件，通过策划、组织等技巧来吸引媒体和消费者。事件营销更能够帮助企业建立起良好的形象，如李宁的运动品牌就是采用事件营销的典型案例。

③口碑营销。在新媒体营销的当下，口碑营销是一把双刃剑。可将企业的品牌价值标准推广出去，让广大的消费者信赖并选购企业产品，苹果手机就是口碑营销案例中的典型。

口碑思维与口碑营销

④饥饿营销。饥饿营销是新媒体营销下的新兴营销方式。这种方式可以提高企业的产品销量，为未来大量的销售奠定客户基础，从而树立起品牌高价值的形象，小米手机的限量发售就是典型的饥饿营销手段。

（3）新媒体营销的商业价值

与传统营销相比，新媒体营销可以更精确地找到客户所需要的产品与服务，也会关注品牌需求与营销需求的不同。

①品牌需求与营销需求的区别如图 1-2-7 所示。

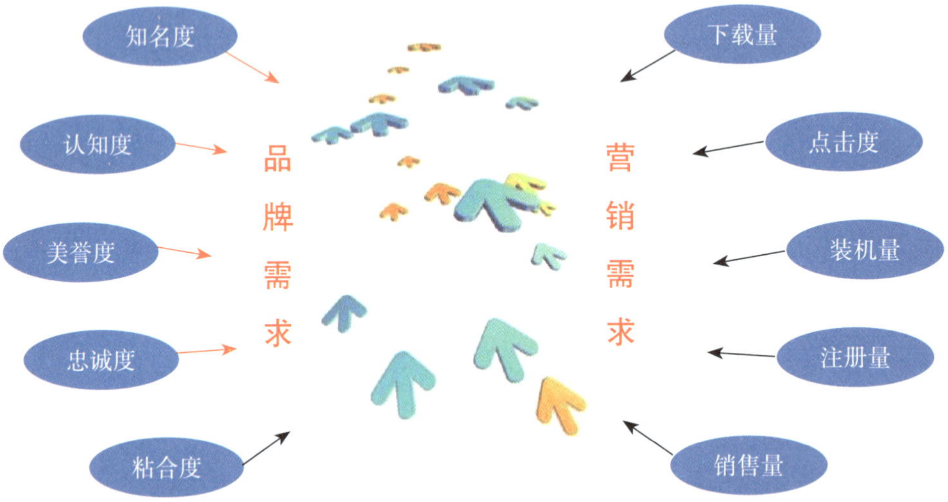

图 1-2-7　品牌需求与营销需求差异图

②新媒体营销的商业价值：提高产品知名度和品牌影响力；为用户提供更优质的服务；拓宽销售渠道；打造企业文化并输出企业文化；实现企业的公关价值。

近年来，随着我国移动互联网、大数据、云计算技术的快速发展和 5G 智能手机的普及应用，消费者获取产品信息的渠道正在发生着深刻的变化，报纸、广播、电视等传统媒体的信息传播效应正在减弱，电商平台千人千面智能推荐、用户评价、自媒体软文、原创短视频、互动直播、影视综艺节目、热播影视剧、朋友圈分享等传播形式，对消费者做出消费决策的影响力越来越大（图 1-2-8）。因此，学习掌握和自觉运用这些新媒体传播渠道，有效传播产品及其品牌文化，是新媒体运营的重要内容。

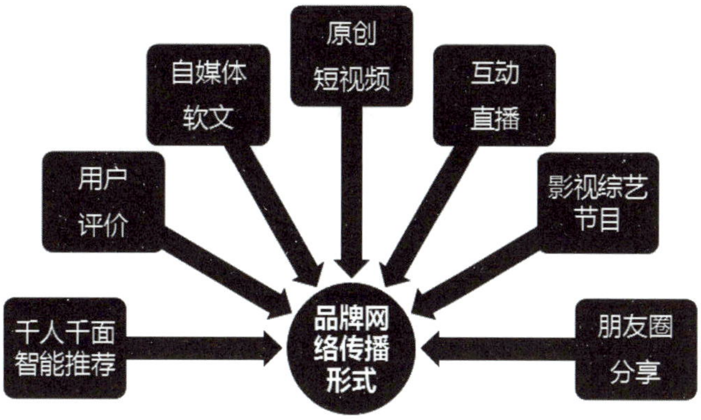

图 1-2-8　品牌网络传播种类

（4）新媒体营销与运营的区别

①营销以结果为导向，运营是多重导向。

营销和运营不是新词，新媒体营销和新媒体运营，只是借助了新媒体这个工具去做的营销活动或运营工作而已。营销和运营最大的区别就是营销是以结果导向，而运营是多重导向。

新媒体营销是根据产品做的一系列曝光、引流、转化、销售等活动，最终肯定要以某一个营销结果为导向。而新媒体运营一般是围绕着产品的精准用户做一系列的维护，树立、输出品牌软文化，植入营销，等等。因此新媒体运营的考核标准是多重导向，包括用户数据、用户回馈、用户的满意程度、网络曝光度、品牌知名度、美誉度改善等。

②营销的结果导向呈现快，运营的结果导向呈现慢。

营销活动和运营工作在一个公司都是必要的。新媒体营销的结果导向能够快速显现，新媒体运营工作的结果导向则会体现的比较慢。营销活动为公司创收，但运营工作助力营销。运营工作把一些用户的数据、喜好、画像、兴趣标签、购买习惯等以数据分析的形式传递给营销策划。运营工作也会为营销活动造势，有数据做支撑，有品牌做背书，营销活动才会达到满意的效果。新媒体营销策划活动是要不间断的爆点，新媒体运营工作是属于常态性稳步上升的。所以一个天猫店铺的公司，既要有营销经理，也要有运营总监。

③营销重策略，运营重细节。

营销一般都是公司大框架，策略为王，一般大公司要做一个营销活动，旗下子公司多多配合就行。哪怕旗下子公司有自己的一些想法和做法，但只要符合总公司的营销策略，基本上不会有太大的影响。而新媒体运营活动基本是一环扣一环，如果中间任何一环出现了失误，会给整个运营活动造成不可预估的损失。一般营销经理多为思维跳跃，想法比较新颖的人；而运营经理多为心思缜密、数据分析独到的人。

6. 新媒体运营与网络推广的区别

新媒体运营是通过现代化互联网手段，通过新兴媒体平台进行产品宣传、推广、营销的一系列运营手段。通过策划品牌相关的优质、高度传播性的内容和线上活动，向客户广泛或者精准推送消息，提高参与度，提高知名度，从而充分利用粉丝经济，达到相应营销目的。

网络推广是以企业产品或服务为核心内容，建立网站，再把这个网站通过各种免费或收费渠道展示给网民的一种推广方式，网络推广可以做到小投入大回报的效果。常见的推广方式就是整体推广、百度推广（CPC，CPS，CPV，CPA）等，免费网站推广就是论坛、SNS、交换链接、B2B 平台建站、博客以及微博、微信等新媒体渠道方式。狭义地说，网络推广的载体是互联网，离开了互联网的推广就不算是网络推广，可以分为两种，做好自身的用户体验和利用互联网平台工具进行口碑推广。

1.2.2 新媒体运营平台与工作任务

1. 新媒体运营平台

新媒体运营平台也称新媒体营销渠道，主要包括微信、抖音、短视频等。也可以说，新媒体运营并不是单一地通过微信、抖音等渠道中的一种营销活动，而是需要多种渠道整合的营销模式，也可以和传统媒介营销相结合，构成线上线下全方位的立体式营销模式。例如：利用微信朋友圈完成某个话题的讨论，从而提高商业公司和公司产品的知名度，扩大品牌的影响力。图 1-2-9 为主流的新媒体运营平台。

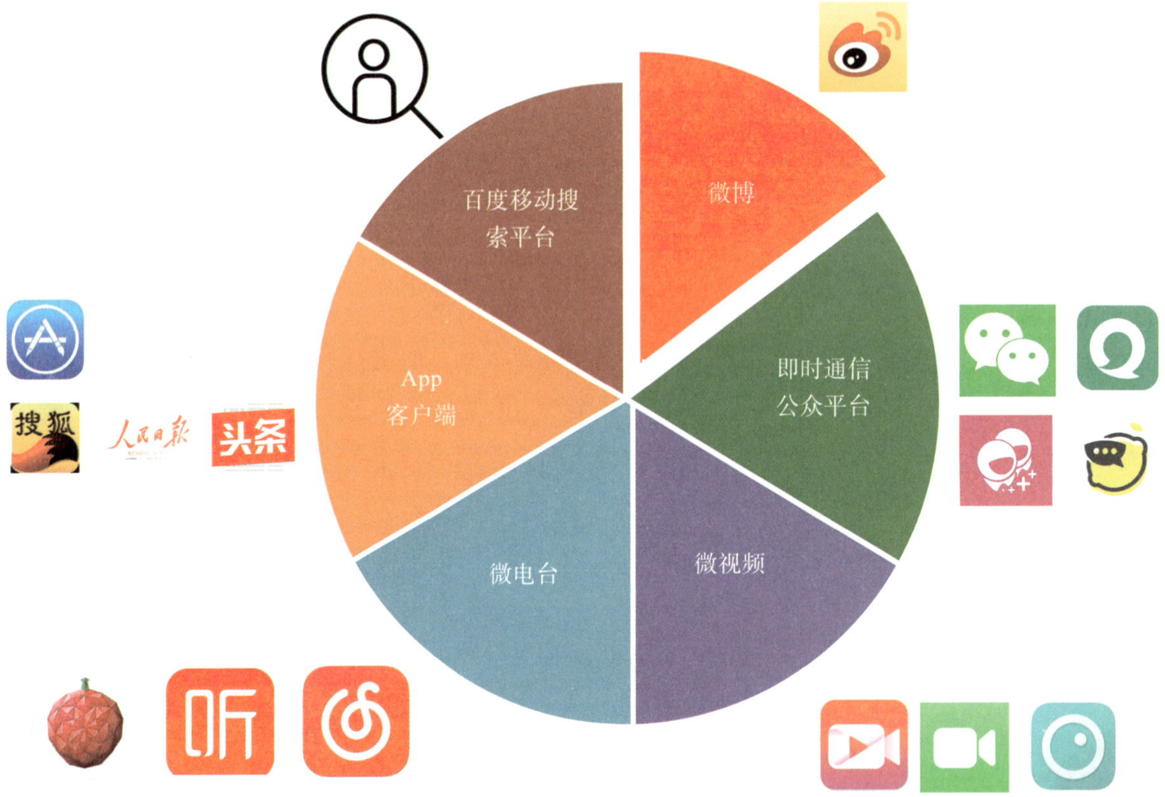

图 1-2-9　主流的新媒体运营平台

图 1-2-10 更能说明新媒体运营平台应用的广泛性。

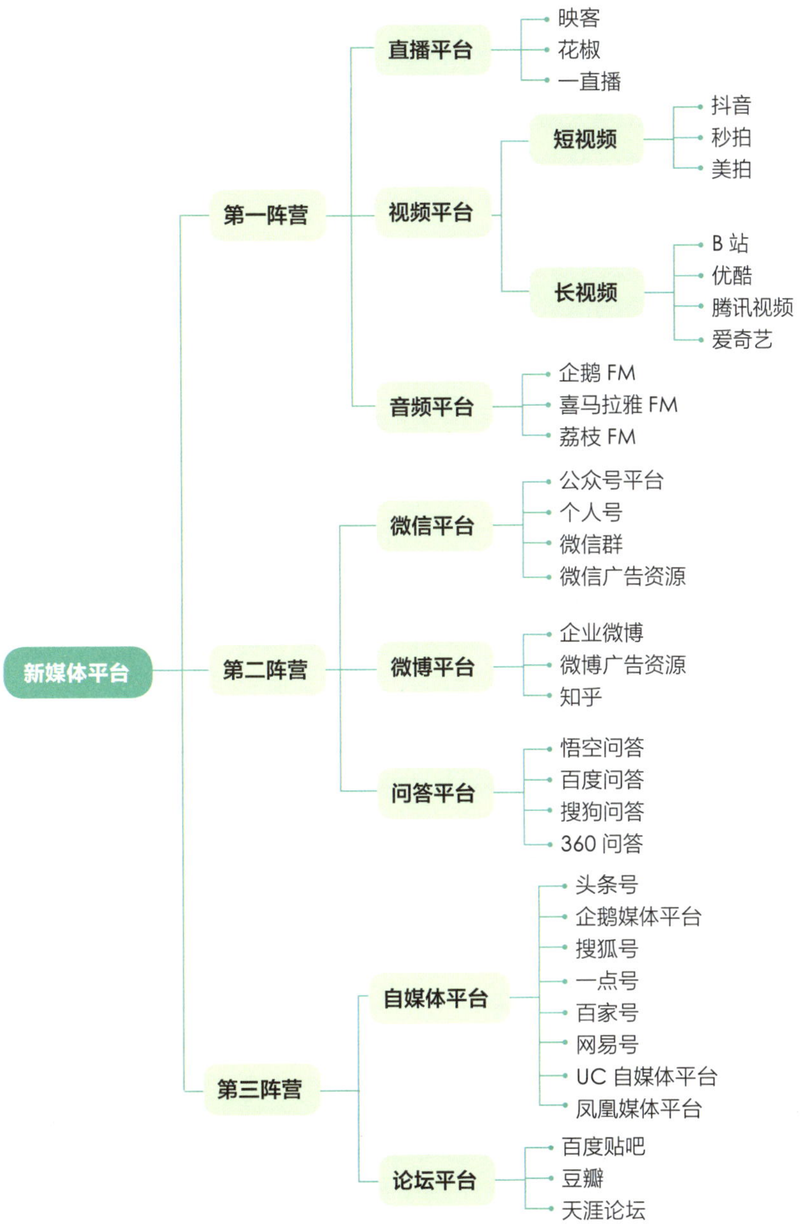

图 1-2-10　新媒体运营平台框架图

2. 新媒体运营的工作任务

新媒体运营是通过内容的输出，以及使用搜索优化、内容优化等手段，对用户的账号进行维护，从而使该账号能获取一定的知名度和粉丝量，为日后的流量转化变现起到基础性的作用。新媒体运营的具体工作任务有以下几点。

（1）内容运营

新媒体运营的首要任务是内容输出，即写作的能力。写作能力人人都有，但并一定人人都能做好新媒体运营。如运营一个微信公众号，运营者要思考这个公众号的定位是什么，内容分哪几个板块，更新周期为多久，具体到每篇多少字，字号多大，粉丝用手机看着最舒服，如何配图，这些都是运营者每天都要思考和面对的问题与工作任务。

（2）活动运营

如果只会写文章发文章，而不利用一些手段去增加文章的曝光渠道的话，无论是阅读量还是吸粉效果都是大打折扣的。因此，作为新媒体运营的专员，要根据公司具体的产品和内容定位策划来做活动，如网页页面、互动抽奖、分享朋友圈集赞、关注转发抽奖等，来达到活跃粉丝、提高黏性或吸粉等目的。

（3）用户运营

新媒体运营一定要针对用户的需求点进行，各个部门都在围绕用户做文章，做用户运营首先要协调各个部门的资源，挖掘并分析把控用户真正的需求，发现问题，解决问题。另外，用户运营的目的一个是培养新的用户，一个是维护原有的用户，这就要针对这两种人群采用合理的运营手段，以满足用户的需求。

（4）数据分析

数据分析是做新媒体运营工作中的一个重点。以微信为例，将每篇文章发布之后的阅读量、转发数、评论互动、粉丝增长人数等总结到一个表格中，经过一段时间之后，就能分析出哪类文章效果好，哪类文章互动评论较多，哪些文章适合吸粉，以及是否和标题有关，是否和内容有关，和采取了什么手段有关。因此，一定要学会用数据说话，对数据负责，根据数据调整新媒体运营工作的内容方向。

3. 新媒体运营任职能力分析

（1）企业为什么需要新媒体运营

①阅读方式的改变。在当今新时代，随着智能移动终端的广泛应用，手机阅读和娱乐非常受用户欢迎。用户每天花费在新媒体相关内容上的时间占到很大的比例。

②新媒体平台的壮大。新媒体平台的应用与壮大引爆了整个社会化媒体时代的变化。根据国家统计局副局长鲜祖德解读《数字经济及其核心产业统计分类（2021）》显示，截至 2021 年 6 月，我国网民规模为 9.89 亿，互联网普及率达 70.4%。截至 2019 年 8 月，手机网民规模达 8.3 亿，网民通过手机接入互联网的比例高达 98.6%，全年新增手机网民 6 433 万。

③企业需要新媒体营销人员。目前很多公司都已经开始招新媒体营销和运营人才，不管是新媒体营销还是新媒体运营，都是利用新媒体，以内容为主要核心作为手段，来获取自己的用户群体或者寻求潜在的消费者，以及提升企业品牌形象和产品服务的知名度等目的。

（2）新媒体运营的岗位职责

①负责移动互联网自媒体平台（微信、微博、手机终端为主）的日常运营及推广工作。

②负责能够独立运营微信公众号，为粉丝策划与提供优质、有高度传播性的内容。

③负责策划并执行微信营销线上日常活动及跟踪维护，根据项目发送各种微信内容。

④负责增加粉丝数，提高关注度和粉丝的活跃度，并及时与粉丝互动。

⑤挖掘和分析用户使用习惯、情感及体验感受，及时掌握新闻热点，有效完成专题策划活动。

⑥紧跟新媒体工具、平台的发展趋势，广泛关注标杆性公众号，积极探索微信运营模式。

⑦充分了解用户需求，收集用户反馈，分析用户行为及需求。

（3）企业对新媒体运营岗位的任职要求

①良好的信息搜索、较强的谈判协调能力与市场拓展、数据分析能力、沟通协调能力、执行力、文案写作和语言表达能力。

②本科及以上学历，具有互联网公司市场或新媒体运营经验优先，熟悉移动互联网运营推广模式，掌握市场营销、商务谈判、客户管理、媒介传播等相关知识。

③富有创新思维，具有将创意转化为执行方案的能力，并且了解移动互联网各类产品的发展现状及趋势，对移动互联网产品有深入的理解和很强的敏感度。

④抗压能力强，具备高度责任心，工作积极主动，乐于接受挑战。

（4）新媒体运营专员任职必须具备的三个条件

①新媒体运营必须要具备“网感”。这就要求能够抓热点、熟悉数据分析、信息搜集等能力。

②整合。做新媒体运营，整合素材、资源的能力要强。整合素材很简单，资料那么多，要辨别哪些是真是假。

③文采。所有的事情都可以找到发生的结构和场景，他的存在是有逻辑的，他的发生是有走向的，文采是为这些内在的逻辑服务的，不能只看文章的文字特别。

想一想

1. 结合自己学习的实际，谈谈应具备哪些新媒体运营能力和素质，才能胜任企业新媒体营销的工作。

2. 假如你是公司的新媒体营销专员，是否有必要好好思考一下你的产品吸引点在哪？利润点又在哪里？

拓展阅读 ▶ 媒体组合让百事可乐迅速打开中国市场

百事可乐（Pepsi-Cola），诞生于19世纪90年代，以碳酸水、糖、香草、生油、胃蛋白酶（pepsin）及可乐果制成，并于1903年6月16日将之注册为商标。

1986年1月23日，广州百事可乐汽水厂投产，4月份就占领了广州市场，月销量达到2 000多吨。之所以取得如此业绩，正是因为他们采取了行之有效的媒体组合策略。

图 1-2-11　百事可乐标志

首先派业务员穿着百事可乐工作服在各个销售点张贴商标广告，紧接着他们又以“百事好味道，全球都赞好”为口号，配以有实物图案的广告画进行宣传，并在市内选择了5个地点进行免费赠饮活动，又及时投放一批印有“注意交通安全，百事可乐汽水厂”的太阳伞到交通岗上。

此外，他们还赞助了社会公益事业和群众性活动。在这次广告活动中，他们采用了广告画、POP广告伞等载体，而且组合得相当成功，所以才能在极短的时间就打开并占领市场。

阅读分析：

从百事可乐品牌传播中的成功案例不难发现，媒体组合百事可乐品牌传播中的重要性！地域性的优势使得百事可乐能够在集中区域完成自己品牌传播活动。同时多种媒体组合同时的宣传会给消费者一种品牌权威感。所以，在使用媒体组合进行广告宣传时一定要具备媒体连贯性，同时选择的媒体要有品牌针对性与消费者偏好性。

因此说，媒体组合选择是非常重要的。在实际新媒体工作运营过程中，要找到拥有大量资源的媒体代理商才是关键。只有拥有大量资源的媒体代理商才能一次性满足广告主的多种媒体需求。

图 1-2-12　百事可乐广告语

百事可乐的成功归结于媒体组合，不仅仅只是因为这种方式，更多的是其背后的一系列宣传策划。因此，选择媒体组合是宣传品牌的第一步，也是最关键的一步。

另外，百事可乐使用的媒体资源，大部分都是“广告画”“广告伞”等自带活力特色的媒体标志。这与其当时宣传的“百事好味道，全球都赞好”口号非常契合。所以，在选择媒体组合的时候除了要考虑地区的连贯性，也要适当注意宣传的重点是否与自身宣传承载媒体相符合。

项目实训 1-1　新媒体运营认知实训

1. 实训目的

通过不同的渠道搜集新媒体行业的相关研究报告，了解行业详情和发展趋势，进一步加深对新媒体行业的认识，培养学生信息搜索和信息整合的能力。

2. 实训要求

4~6 人一组，以小组为单位，分工合作。尽可能多的从不同渠道了解有关新媒体的知识和资讯，小组讨论共同完成实训项目。

3. 操作步骤

①各小组成员从不同渠道搜索信息，独立思考。具体可以从以下几种渠道搜索（图 1-2-13）。

艾瑞网　CNNIC 中国互联网络信息中心　TalkingData　腾讯大数据　AliResearch 阿里研究院　CAICT 中国信息通信研究院　199IT 中文互联网数据资讯网

图 1-2-13　信息搜索渠道

②小组内部交流，头脑风暴，集思广益。

③将小组成果做成 PPT，向全班同学展示。

4. 温馨提示

互联网上信息杂乱，在查找搜集信息时要多分析对比，勤于思考。

5. 实训回顾

①除了上述网站，还有哪些网站或平台可以查看行业报告呢？

②你是如何看待新媒体的发展的？

项目小结

随着移动互联网的迅速发展和广泛应用，新技术新媒介不断出现，从根本上影响到了传统媒体和传统经济，形成一种新的经济形态，即新媒体经济。新媒体不同于互联网经济，除了它的产业属性，还具有公共属性和文化属性。从经济学的角度看，新媒体营销活动是“注意力经济”。特别是现在消费者需求日益差异化、个性化、多样化，消费者不仅仅关注产品本身带来的价值，更注重在产品消费过程中获得一种“体验感”与“满足感”。因此，客户看到的新媒体营销活动不仅要给公司创造业绩，还要给消费者创造价值。本项目从认识新媒体出发，重点介绍了新媒体以及新媒体营销的概念、内涵、类型与特征，新媒体营销平台与品牌传播，新媒体营销与网络营销区别，新媒体营销与新媒体运营的区别。在厘清新媒体营销基本概念的基础上，分析了新媒体发展的现状与趋势、新媒体营销企业需求及岗位要求，以便更好地为学习新媒体营销后续知识与技能奠定良好的基础。

复习思考题

一 单项选择题

1. 有关新媒体运营活动的内容编辑中，哪一种不符合内容编辑的技巧？（ ）

A. 图文形式　　B. 纯图片形式

C. H5 页面　　D. 卡通形式

2. 新媒体（new media）概念是由美国哥伦比亚广播电视网（CBS）技术研究所所长戈尔德马克（P.Goldmark）在（ ）年率先提出的。

A.1967　　B.1980

C.1816　　D.2000

3. 物以稀为贵。在营销过程中，人们要有意识地通过“限时”“限量”去营造活动的（ ）。

A. 紧迫感　　B. 紧张感

C. 饥饿感　　D. 兴奋感

4. 新媒体是指利用网络技术、数字技术、移动通信技术进行（ ）的信息交流平台，包括固定终端和移动终端。它是向用户提供信息和娱乐服务的传播形态。

A. 信息传递　　B. 信息接收

C. 信息输入　　D. 信息传递与接收

5. 产品生命周期中的不同发展阶段，新媒体运营目标不同。维系现有用户是在企业的哪个时期？（ ）

A. 种子期　　B. 发展期

C. 成熟期　　D. 衰退期

二 多项选择题

1. 纵观媒体的发展经历了哪几个阶段？(　　)

A. 精英媒体　　B. 大众媒体

C. 传统媒体　　D. 个人媒体

2. 相对于报刊、户外、广播、电视四大传统意义上的媒体，新媒体被形象地称为(　　)？

A. 第五媒体　　B. 数字化新媒体

C. 第四媒体　　D. 传统媒体

3. 新媒体基本类型包括(　　)。

A. 时尚新媒体　　B. 户外新媒体

C. 手机新媒体　　D. 网络新媒体

4. 新媒体基本特征包括(　　)。

A. 海量性与共享性　　B. 碎片化与小众化

C. 交互性与即时性　　D. 多媒体与超文本

项目 1　习题答案

5. 新媒体运营的特点包括(　　)。

A. 多元性　　B. 普及性

C. 互动性和灵活性　　D. 个性化

6. 新媒体营销品牌传播中的营销方式包括(　　)。

A. 病毒式营销　　B. 口碑营销

C. 事件营销　　D. 饥饿营销

三 论述题

1. 活动营销≠事件营销，两者的区别有哪些?

2. 选择近期你观察的影响力较大的活动营销，并分析其成功的因素。

项目 2

微信运营

目标导航

知识目标

1. 了解微信朋友圈营销概念。
2. 掌握微信朋友圈营销、微信群营销的策略和步骤。
3. 掌握公众号定位的方式、方法。
4. 掌握公众号运营方法、步骤。
5. 了解微信小程序流量入口。
6. 掌握微信小程序传播途径。

能力目标

1. 能够利用自己的微信朋友圈进行营销。
2. 能够建立微信群进行营销。
3. 能够独立编辑一个公众号进行营销。
4. 能够利用微信小程序进行营销。

思政目标

1. 微信公众号信息传播要遵循法律法规。
2. 具备团队合作意识和创新意识。

项目导图

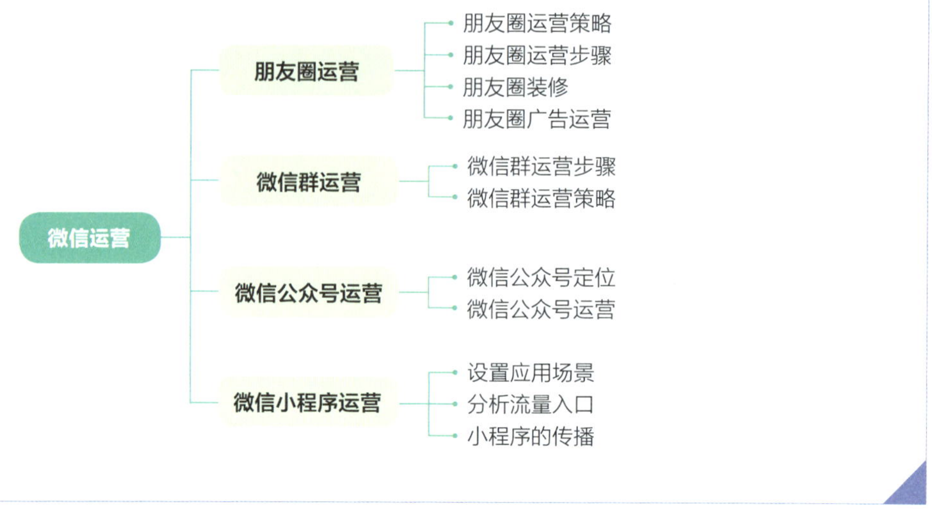

导入案例

海底捞的微信运营

海底捞是一家大众熟知的餐饮店，其较高的服务质量深受人们欢迎。海底捞的微信营销也获得了很多人的认可，其微信营销过程主要包括以下四个方面。

1. 特色服务获得粉丝

海底捞因为受欢迎，顾客常常需要排队，在长时间等待中顾客会感觉无聊，为此海底捞推出了微信照片打印服务，让等待的顾客扫码关注海底捞微信公众号，然后自行上传打印喜欢的照片，让顾客有一种新的体验，这是一种获得粉丝的微信营销活动。

2. 开通微信支付

海底捞开通了微信支付，提高了结账速度，减少了排队时间，同时还降低了现金管理风险，还能够通过网络优惠或微信活动让顾客成为海底捞微信公众号的粉丝。

3. 微信“看、吃、玩”

海底捞的微信公众号提供了“看、吃、玩”三大功能。“看”包括各门店信息和在线订座的“Hi 门店”、当季在售菜品的“美味菜单”、拥有最新活动与“产品招标”等各种信息。“吃”则集成“订餐－预定座位”“外卖－送餐上门”“商城－选购底料”功能。“玩”集成了社区式交流分享的“Hi 说说”、与海底捞产品息息相关的“Hi 游戏”等，这三大功能基本上能够满足消费者在微信上的各种需求，这种微信营销功能较为有趣、全面而实用。

4. 扩展平台

海底捞除了推出品牌微信公众号外，还推出了提供外卖服务的公众号。外卖服务公众号的页面更加简洁专一，简化了用户的外卖订餐流程，降低了时间成本，还能进一步开展微信营销推广，增加品牌的知名度。

思考讨论：

海底捞作为国内最具口碑的餐饮连锁服务机构，为什么还要通过微信这一工具开展营销呢？

微信活动策划

任务 2.1 朋友圈运营

2.1.1 朋友圈运营策略

朋友圈本质上是熟人之间的一种社交渠道，朋友间的生活状态体现是一个人的名片，是一个人展示自我的窗口。在社交经济时代，朋友圈也是营销窗口，是熟人社交电商的阵地，尤其随着微商的发展，朋友圈逐渐变成了广告圈。

朋友圈是一个信息圈，用户每天能从这里获得大量的信息，所以很多人有翻朋友圈的习惯，那么如何开展正确的朋友圈运营呢？

1. 塑造个人品牌

微信朋友圈信息面对的都是自己的好友，信任感和个人魅力十分重要。要想运营朋友圈，首先要塑造个人品牌，也就是先推销自己，再宣传产品，以增加用户的信任感。在朋友圈营销之前，运营者需要先完成实名制，并发布一些个人真实信息，比如生活感悟、工作内容分享等，增进其他人对我们的了解。

2. 发展微信粉丝

目前的移动互联网运营，得粉丝者得天下。要想做好朋友圈运营，要有大量粉丝或好友，那么如何发展粉丝呢？首先将 QQ 好友、手机通讯录好友全部加为微信好友；申请加入更多的微信群，寻找各个领域的潜在用户，并建立好友关系；必要时策划一些优惠活动，吸引新用户的关注。

3. 开展网络互动

好的朋友圈运营需要与好友和粉丝互动，调动大家参加营销活动积极性，提高人气。比如可以多给朋友点赞，提高互动性；通过点赞投票吸引更多用户，提高参与度；利用优惠活动吸引用户参加，提高积极性；引导朋友分享产品使用感受，提高美誉度；鼓励好友转发朋友圈信息，提高信息的到达率。

4. 成为行业专家

每个人都有自己专业的一面，也就是个人专长。运营者要不定时地与朋友圈用户分享一些观点和干货，以此来树立专业形象，打造粉丝圈。例如：服装销售可以适时分享流行趋势、穿搭技巧等，树立潮流达人形象；化妆品销售，可以分享化妆技巧、护肤心得，树立美肤专家形象；做母婴用品，可以定期分享育儿故事、育儿经验、教育知识，给予别人知识与经验。这样得到广大用户认可之后，就容易与别人产生关联。

软文标题的写作

5. 善用软文宣传

朋友圈运营的实质是社交电商，社交电商不能只是产品销售，而是要帮助用户成长，增进见识，让客户了解产品背后的知识，做出正确的选择。所以要善于利用文案的方式阐述品牌内涵、产品故事、企业文化等内容，以此来打造不一样的卖点、不一样的场景，激发用户的需求。

另外，朋友圈中可以通过软文适度分享用户的购买行为，展示购买后所产生的效果，激发其他人产生购买行为，促成更多的交易。

软文写作的方法

2.1.2 朋友圈运营步骤

1. 装修个人微信号

（1）昵称

建议简单、直接、明了一点，最好是“品牌名”+“你的名字”，如“美团－小明”。这样既可以突出公司和品牌，还可以让人记住自己，给人一种真实与信赖感。

（2）头像

很多朋友的微信头像都跟产品或本人没有太大的关联，这其实浪费了一个营销的渠道。建议微信头像使用本人真实照片，品牌 logo 或者其他相关的图片，这样可以给人一种真实感，也有利于个人品牌的塑造。

软文写作类型

（3）微信号

微信号是微信唯一的 ID，设置后不能经常进行修改。微信号设置应尽可能避免出现难记忆字母组合、不明意义的字符。

图 2-1-1 个人微信号装修示例

一旦确定了名称和头像就不要轻易修改，保持固定的品牌认知很重要。否则今天叫张三，明天叫李四，谁能记住这个微信号是谁的呢？图 2-1-1 为个人微信号装修示例。

课堂练习

了解身边朋友的微信号，看看他们的微信号是否符合微信营销的要求，提出改进建议。

2. 添加更多的微信好友

（1）批量添加手机上的“实体”朋友

微信支持导入通信录好友，只需单击“添加联系人”→“手机联系人”，就可以添加手机通信录中开通微信的朋友了。

（2）扫二维码添加好友

一般情况下，大家都是通过“我”→“我的二维码”调出自己的微信二维码。当然，也可以将自己的二维码设置成为自己的头像，直接点击头像就可让人扫描。

(3)“发现”新的朋友

在微信的发现中有“摇一摇”“附近的人”“漂流瓶”等随机添加陌生人为好友的功能。如单击“附近的人”可以显示附近正在使用微信的人，单击右上角的“…”还可以对这些人进行筛选（图 2-1-2）。

图 2-1-2 “发现”新朋友

(4)通过微信群添加好友

一个微信群少则几十人，多则数百个人，是一个非常好的加粉的入口。不过人们通常不会随便同意陌生人添加好友的申请，所以平时需要在群里与其他人多交往、展示自己，增进群成员的印象与好感。

①扫码加群，通过在网络上搜索“辣妈交流群”“时尚达人群”等关键词来寻找别人发布的微信群二维码，来扫码进群。

②通过群主或者群里的任何一个熟悉的朋友拉进群。

③群互换，也叫群资源共享。这是目前比较流行的换群方式，可以互惠互利，比如卖衣服的可以和卖鞋子的换群，双方不产生利益冲突。

④自建社群，自己建立微信群，将相关的人拉在一起，吸引别人主动来加入。自建社群需要通过持续的内容建设与分享，才能留住粉丝。

3. 做好内容营销

即使朋友圈广告有效，也要克制发广告的冲动。每天微信朋友圈内容建议不要超过 10 条，并且遵循 343 原则，不要给人感觉朋友圈中只有广告。如包含普适类资讯 3 条（增强阅读性）、客户喜好类 4 条（增加粉丝黏度）、专业知识类 3 条（树立“专家形象”兼产品推广），其中包含特色性内容 1 条。

（1）趣味性的内容

有趣的内容人人都爱看，工作中的趣事、同事之间发生的小幽默，只要与行业相关的有趣内容，都可以在朋友圈中发布出来，这样做可以彰显个性，是一个活生生的人，而不像机器人一般只会发些小广告。

（2）专业性的内容

编写文章或者转发其他文章时，附带自己的观点，这相当于给文章做备注，可以让朋友更加信任或产生好奇，产生参与感，增加点击率，特别是自己希望给很多人看这篇文章的时候，如图 2-1-3 所示。

（3）热点时事

社会热点永远是大众关注的焦点，也最能吸引人点击阅读。在朋友圈中加上自己的观点转发文章，如果客户看到评论，并且认同观点，很容易获得客户的好感，进而促成交易，如图 2-1-4 所示。

图 2-1-3　专业性的内容

图 2-1-4　热点时事

课堂练习

分享一篇你在朋友圈中遇到的令你印象深刻的与热点时事紧密结合的内容，想想这个内容编辑后产生的效果什么？

（4）客户见证

客户评价与客户证明（图 2-1-5）有助于支撑企业在业内是否权威或者是否有资历的重要方法。在和客户成交时拍张照，写上简短的文字发到朋友圈里；或是写一篇文章，介绍这一单是如何和客户洽谈的，客户提出了怎样的问题，结尾附上合照。这会让态度摇摆的客户产生很大的信任感。

（5）产品或服务的植入时机

当朋友圈里已经有了一些准意向客户时，也不要天天 @ 他们，在发软文之前先铺垫和预热两天，然后再 @ 他们，以差异化的服务赢得用户的关注，如图 2-1-6 所示。

（6）自己的成长故事

写自己的成长故事，重点说明自己经历如何困难并坚持的成长过程。这样会让微信好友产生认同感，促进成单。

（7）客户的反馈

客户运营的重点在于客户反馈（图 2-1-7），也就是客户使用后产生了什么样的效果，这是表现产品实力的一种方式。

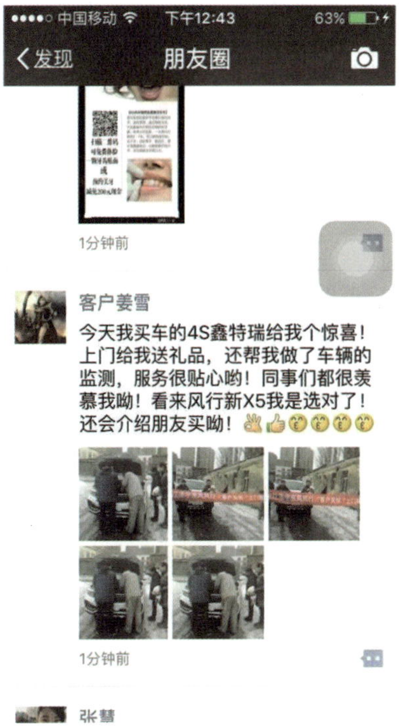

图 2-1-5　客户见证

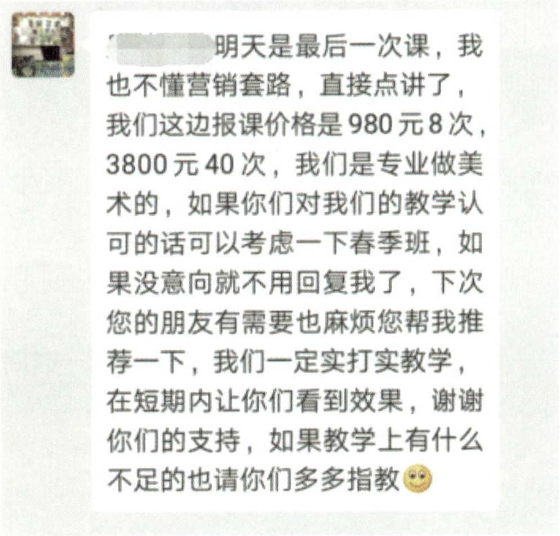

图 2-1-6　产品或服务的植入时机

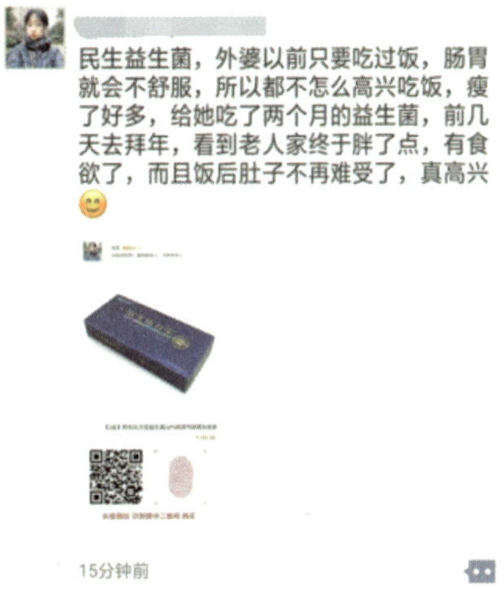

图 2-1-7　客户反馈

4. 做好互动营销

运营者可以利用朋友圈策划活动，让大家参与并主动转发到自己的朋友圈，基于社交能量去传播。

（1）集赞

微信集赞活动（图 2-1-8），不仅在微信公众号运营圈子里面盛行，很多做微商、代购的都很喜欢用这种方式吸粉，其优点是操作简单，可行性佳，获粉成本低。

（2）转发

让朋友圈中的朋友帮助转发信息（图 2-1-9），从而提升活动的知名度和关注度。

（3）领取红包

利用红包吸引用户，这个门槛很低，只要用户关注指定的微信公众号就有可能拿红包，一般看到的人都会去尝试。提供红包不需要太大，1.88 元、2.88 元都可以，以吸引更多用户为目标（图 2-1-10）。

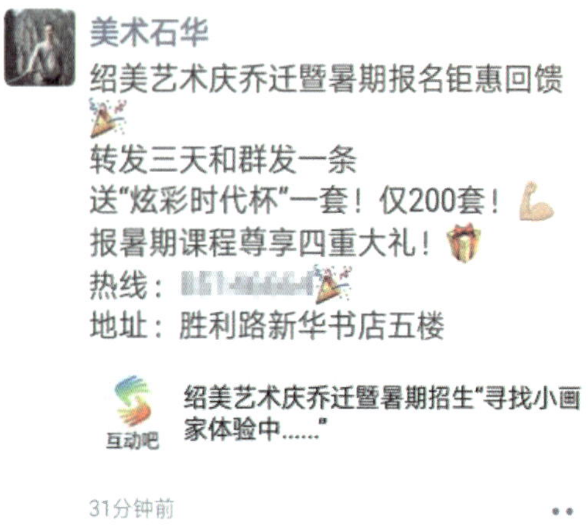

图 2-1-8　集赞互动

图 2-1-9　朋友圈转发

图 2-1-10　领取红包

2.1.3 朋友圈装修

“朋友圈中的你代表着你的个人形象”因此朋友圈装修不能忽视。

1. 照片的布局

微信朋友圈最多支持九张照片，所以在信息发布的时候，可以采取一、四、六、九张图片的布局方式，排列更整齐，视觉效果最佳。只发单张照片，由于显示的照片尺寸较大，通常适用于强调细节；四张照片的优点是照片对齐、呈现正方形，符合用户习惯；六张照片的优点同样是排列整齐，适合于展示不同的场景，丰富营销内容；九张照片呈现九宫格的方式，适合于全面展示信息。

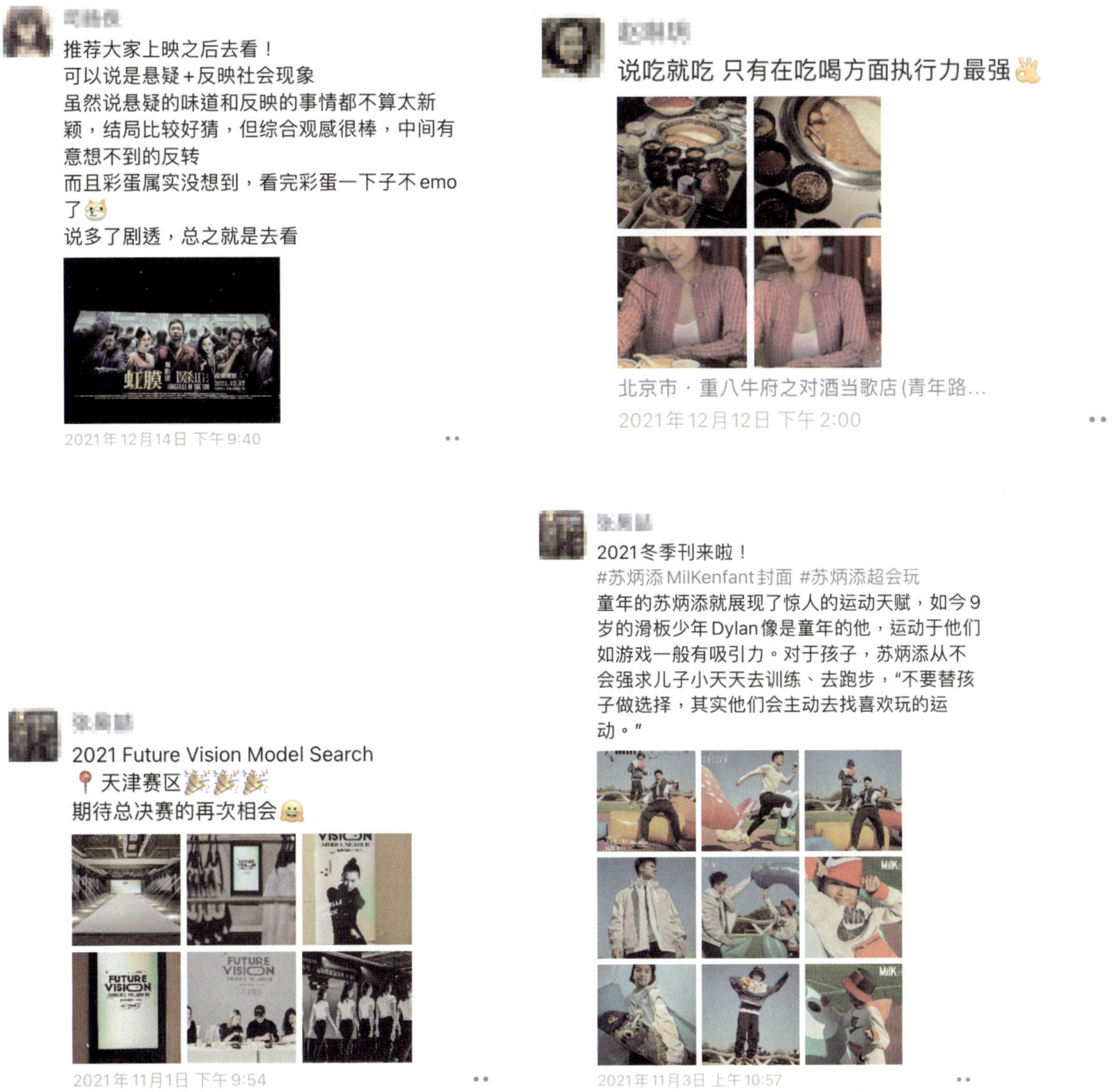

图 2-1-11　朋友圈照片的布局

2. 内容的呈现

朋友圈的图片像素要高，要确保画面清晰、风格一致，图文编排要整齐划一，不要杂乱无章，否则会影响用户的视觉体验。

另外要尽量发布一些高质量的文章，从文章中树立自己在客户心中的地位与形象，增加客户对自己产品的认知。

随着微信好友的不断增长，微信好友的朋友圈信息的不断更新，朋友圈的内容往往只有 2 秒钟的生存时间，要么被忽视，要么被关闭，要么被点击。所以营销者要在 2 秒之内把要讲的事情讲完，确保内容简洁、信息呈现到位（图 2-1-12）。

图 2-1-12　朋友圈内容呈现

2.1.4 朋友圈广告运营

朋友圈广告是根据“腾讯互联网大数据”，以类似朋友的原创内容形式在朋友圈中展示的原生广告。

腾讯掌握着每一个微信用户的信息，商家通过数据分析把广告投放给其较精准的客户群体。例如：某少儿教育培训机构，其客户群体是机构 2km 以内居住，28~38 岁的学生家长，该培训机构可以通过大数据直接把广告投放给关联用户的朋友圈里面，实现精准营销。一般来说，朋友圈广告分为以下两类。

1. 朋友圈图文广告

以图 2-1-13 所示的图文广告为例。

①广告主头像与昵称。

拉取投放广告的广告主公众号的头像和昵称，用户点击即可直接跳转到广告主公众号介绍页面。

②外层文案。

广告外显创意很重要，文案应该简洁、友好、易理解、字数不能超过 40 个字，不超过 4 行。

图 2-1-13　图文广告

③外层图片。

广告创意直接触及用户的重要组成部分，用户通过丰富的视觉元素阐述创意，支持配置 1 张、3 张、4 张或 6 张图片。

④文字链接。

文字链接引导用户访问链接详情页，链接详情页主要用来详细阐述广告创意，进一步向感兴趣的用户传递广告的部分。文字链接支持国内公众号图文消息、公众号详情页、应用下载落地页、H5 页面等。

⑤门店标识（仅限本地推广广告）。

门店标识点击可直接跳转到查看门店详情页，门店详情页主要用来介绍门店信息，进而可以拉起地图导航、一键拨号等功能，进一步引导用户到店。

⑥用户社交互动。

允许用户对广告进行点赞和评论，让用户“参与”到广告中。

2. 朋友圈视频广告

①广告主头像和昵称。

拉取投放广告的广告主公众号的头像和昵称，用户点击即可直接跳转到广告主公众号介绍页面。

②外层文案，与常规图文广告一致。

③外层小视频。

通过动态视频传达广告创意，外层支持配置时长 6~15 秒的小视频，视频比例为 4 ∶ 3 或 16 ∶ 9，点击小视频有两种形式可以选择：外层小视频→全屏小视频→完整视频，时长限 5 分钟内（有了解更多入口，可不配置）；外层小视频→全屏小视频（有了解更多入口，可不配置）。

图 2-1-14 视频广告

④文字链接，与常规图文广告一致。

⑤门店标识（有线下门店可选择展示），与常规图文广告一致。

⑥用户社交互动，与常规图文广告一致。

拓展阅读 ▶ 宝马视频广告

世界知名汽车品牌宝马，继拼图成字主推品牌理念“悦”之后，又推出新创意视频广告——“贪吃蛇”。视频巧妙地将经典的设计和电影大片相结合，片中露出了几款经典宝马车型，让用户见证宝马高效动力的“小排量大乐趣”。

图 2-1-15 宝马创意视频广告

3. 朋友圈广告的投放

朋友圈广告主要支持排期购买、定价购买和竞价购买三种购买方式（图 2-1-16）。

除朋友圈本地推广广告外，其他图文广告均支持排期购买和竞价购买。朋友圈本地推广广告仅支持定价购买，朋友圈视频广告仅支持排期购买，按曝光次数收费。

排期购买的特点是可提前 1~28 天锁定曝光量，同时提前冻结账户里所预定排期的账户金额，是一种保价、保量的合约购买方式。

通过排期购买的朋友圈图文广告，单次投放最低预算为 5 万元，曝光单价由广告投放地域决定，投放地域目前主要分成三档：核心城市、重点城市和普通城市。

竞价购买方式适合需要灵活调整广告设置、不断优化广告投放效果的广告主。确定投放人群及日预算后，广告主可以对广告曝光进行出价，通过实时竞价的方式与其他广告主竞争从而获取广告曝光。

例如：某广告主定向广州、深圳两个地区投放朋友圈图文广告，并设置出价为每千次 80 元曝光、日预算 3 万元，那么实际曝光单价不会超过每千次 80 元曝光，且当日的广告消耗不会超过 3 万元。

图 2-1-16　朋友圈广告的投放方式

任务 2.2　微信群运营

社群就是一些有着共同爱好、共同话题或者共同需求汇集起来的人群，以输出对群员有价值的内容，让每一个群员在群里既能得到也能付出，形成一个良好的生态圈。社群平台有微信、QQ、贴吧、兴趣部落等。

微信群作为社群一种形式，把有共同兴趣爱好或目标的人组成一个圈子，并且能快速实现组员之间的交流、互动，在共同分享的前提下，群内成员之间很容易形成合作。

2.2.1 微信群运营步骤

1. 建立微信群

首先是自建社群，建立微信群后，群主需要注意两个方面的问题。一是给社群起个名字，取名要鲜明且少于 11 个字，如 ×× 公司大客户交流群、×× 公司团队等；二是保留群二维码，保留二维码可方便其他用户扫码进群，但是群二维码只有 7 天有效期，失效后扫描时则提示“该二维码已过期”。

2. 群成员管理

群主必须对群有一个明确的定位，明晰群的主题是什么？产品是什么？面对的用户是什么？

比如，中信银行某分行创建了一个“中信留学生群”，群的主题是留学生群交流群，不仅为有意出国的客户提供咨询，同时也为已在海外的新老客户提供沟通的平台，提供包含租房、租车、老乡会甚至相亲等一系列服务。

当群的服务牢牢地锁定了这类客户的需求，在群友的介绍下会不断地收获新的群成员，而这些群成员极有可能会成为中信银行的忠实客户。当然群的规模并不是越大越好，一味扩张可能会适得其反。不满 30 人不成群，而超过 100 人群内就会有些吵闹。

群主可根据实际情况设置群规，以保持社群目标的一致性。微信群到了一定规模的时候也可对成员进行清理，特别是随着社群的社员人数增加，各种违反群规的现象层出不穷，广告、无意义的聊天越来越多，规范管理是必要的。

3. 内容建设

社群要能够提供有价值的内容或者分享，以吸引精准的用户。人们在阅读浏览信息的时候首先会选择对自己有用的信息。比如，有一篇文章标题是《20 个四六级作文的模板》，可能正好切中在校大学生的需求点，就会点进去看，如果这个文章写得不差，读者还会收藏并转发给一起参加考试的朋友。人们也喜欢阅读跟自己有关的文字，当看到一篇《职场人士提高薪水的十大秘诀》，肯定有很多人会阅读。当然我们还可以发起社群话题，如“吐槽一下加班的糟糕经历”，就非常容易引起共鸣和讨论。

4. 社群互动

群主需要不定期的策划客户群活动，分享运营心得，每天活跃群里的氛围、提高用户的参与度。群主可以利用节假日、会员日、线上线下课程、营销活动等来和群成员进行互动，促进交流，提高成交率，留住成员。如果说单纯的语言互动效果不好的话，群主也可借助红包进行互动。

5. 社群裂变

社群裂变就是通过社群推广的方式完成用户的快速增长。在裂变的最初阶段，主要靠老用户，或者重要的渠道用户。通过第一波的传播，吸引来第一批新用户；第一批新用户入群，可以继续传播，吸引第二批新用户进群；第二批新用户接着传播，吸引第三批新用户入群；以此类推。

在社群裂变的过程当中，父节点的影响力越大，衍生出来的子节点就越多，影响到的人也越多。如果想继续运营裂变出来的社群，要把这些群成员当成种子用户来运营，也需要利用运营手段及时干预、建立群规、抛引话题、参与互动。

要善于对用户分类，运营者的时间和精力都是有限的，合理地给用户分类能够帮助运营者分清主次，给予高价值用户更多的时间和资源，以创造出更大的价值。常见分类的方法：一种是划分付费用户和非付费用户，事实上付费社群与免费社群的活跃度、话题质量差异非常大；另一种是划分活跃用户和非活跃用户，这种方法需要经过一段时间的运营，从中培养、发现活跃的用户，再把活跃用户聚合到一个群里，这样逐渐把优质用户分到一些重点管理的社群中。

课堂练习

请选择一个微信群进行分析，并填写下表。

微信群主题____________________ 微信群群主____________________

微信群人员总数____________________

微信群熟人总数____________________ 微信群陌生人总数____________________

微信群经常交流的话题____

微信群互动的主要形式____

◆ 协同创新

2.2.2 微信群运营策略

1. 精准定位

群主一定要清楚自己的群是用来做什么的，当前社群处于哪一个阶段，这个阶段主要的运营工作是什么，然后根据群定位和产品定位寻找群成员。这样微信社群的用户需求和产品定位就会较精准匹配。从表面上来看是群主添加群用户的行为，但是实际上会得到一些精准用户，微信群营销效果会非常好。

2. 正确引导

拥有群成员后，经常面对群内无人交流无人说话的现象，这时候就需要群主发力，积极引导成员围绕某主题或者相关话题展开讨论（图 2-2-1）。通过对目标和受众的深刻理解后，确定社群运营内容的主题，并将主题分解到每周的主题、每天的主题，形成一个矩阵表（以周为单位）。

社群的价值在于优质内容（有价值的信息），群组交流最重要的是始终围绕主题（知识交流），否则容易造成核心成员流失，群组内容进一步走歪，慢慢整个群变成吹牛群或者闲聊群。

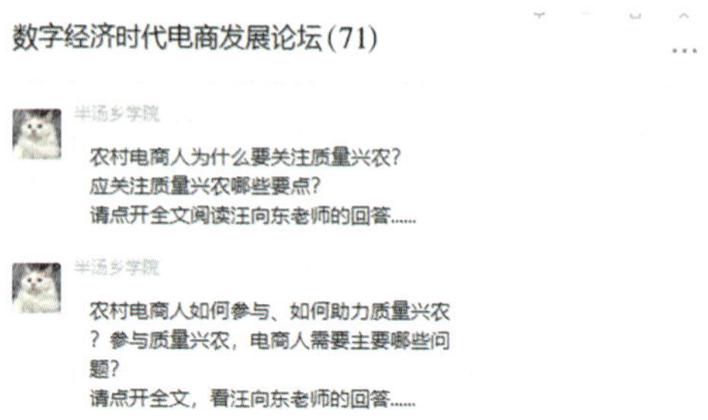

图 2-2-1　群主引导

3. 激励机制

社群活跃度是衡量一个社群持续健康发展的一个标准，通过建立社群激励机制（图 2-2-2），提升社员的主观能动性，增加社群的内容产出，使社群能够不断为社员创造价值，健康有序的发展。

社群成员UGC奖励机制：
- 每成功发布1篇自撰文章，奖励10元
- 每成功转载1篇文章，奖励2元

图 2-2-2　社群激励机制

鼓励社员提供优质内容进行分享，在早期社群内容运营主要是以 PGC（专业生产内容）为主，由社群运营人员负责内容的高效产出，主要维持内容的深度，引导社员主动进行内容产出；中后期是以社群成员的 UGC（用户生产内容）为主，主要维持内容的广度，贡献社群的流量和参与度，促进用户使用，培养用户习惯。

4. 做好管理

微信群里用户越来越多，肯定会有人想顺便打打广告。为了净化群环境，作为群主需要设置群规，至少三次向群成员说明群规：当微信群刚刚建立时候；当新成员加入时在微信里宣布；在新成员加入微信群之前，一对一告知（图 2-2-3）。

当微信群发展到一定程度后群主可以设置一定的门槛，这样加进来的成员质量会越来越高。

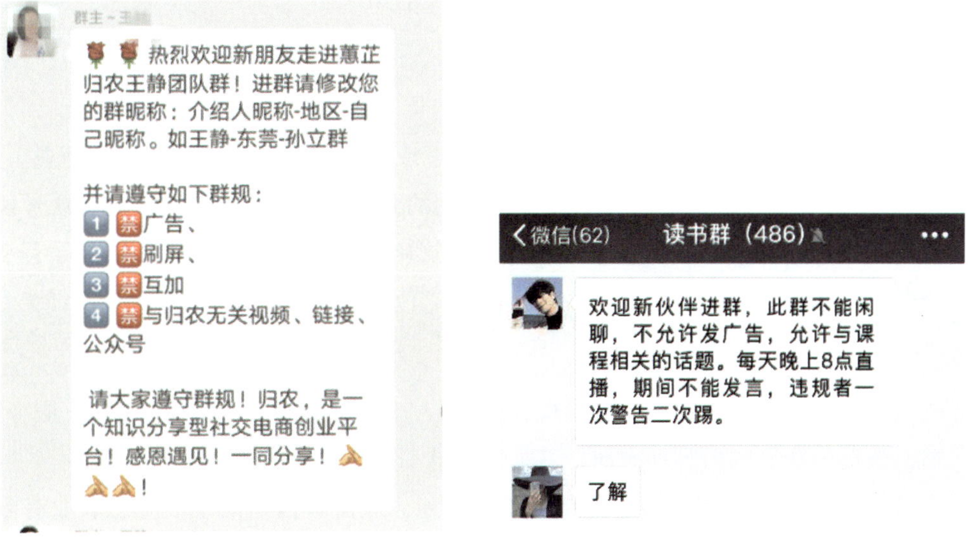

图 2-2-3　群管理

5. 宣传产品

群主做好前面的四步后，凝聚起来的都是潜在客户，宣传产品（图 2-2-4）就变得顺利的多了。如可以在群内发布一篇对某款产品的实际评测，吸引群成员围观，借此让他们了解产品情况，有明确需求的用户会主动去了解细节，可以从产品引出讨论话题或是从话题引出产品，一切都是自然而合理的。

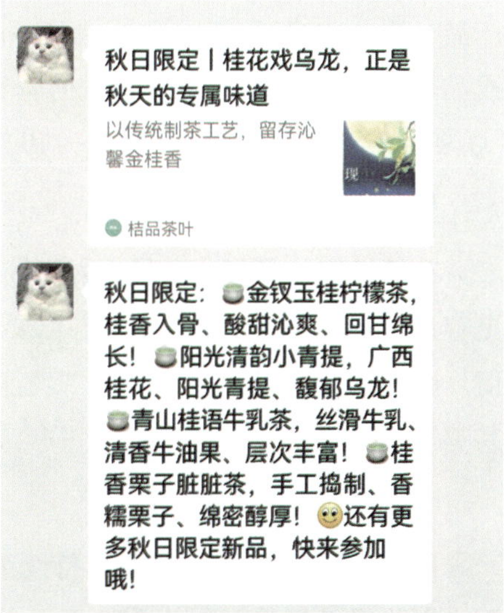

图 2-2-4　宣传产品

任务 2.3　微信公众号运营

微信公众号属于自媒体，也是新媒体的一种类型。数据显示，当前微信平台中的微信公众号已有 2 000 多万个，越来越多的企业意识到微信公众号的重要性、营销作用和传播价值，并纷纷借助微信公众号开展营销。

微信公众号分为订阅号、服务号、小程序和企业号四种类型，常见的是订阅号和服务号。每个微信用户应该都已经关注过一些微信公众号，作为主体的个人只能申请订阅号，而作为主体的企业则没有限制。订阅号每天可以发 1 篇文章，而服务号每月只能发 4 篇文章。从功能上来看，订阅号常用于图文宣传、信息传达，服务号主要用于业务办理、提供网络服务。

2.3.1 微信公众号定位

微信公众号的定位是公众号运营第一步，定位清晰的公众号可以快速地获取用户，变现模式更清晰，更受广告主青睐。

1. 人群定位

物以类聚，人以群分。无论要推荐什么商品或服务，任何微信公众号都离不开与其相配的人群。比如“十点读书会”主要针对热爱读书、热爱学习的用户。

2. 行业定位

公众号运营者可根据自己的产品或服务进行行业定位。“三百六十行，行行出状元”，只要运营者定位准确、运营出色，不难让自己从行业中脱颖而出，成就一个订阅号霸主，实现商业上的价值。

“茶业复兴”微信公众号是茶行业极少数坚持原创的微刊。5 年多来，该微信公众号凭借持续的内容创造、输出新的概念与观点，成为最具传播力与影响力的茶行业自媒体，目前已有 2 万多用户以及近 300 个微信功能群。

3. 地域定位

地域定位主要是针对地方性的区域自媒体，微信公众号名称可以选择“城市名 + 服务”的形式，让人一眼就知道微信公众号的内容和方向，其商业模式具有较强的生命力与可持续性。

如“福州微生活”公众号定位为福州市民提供服务，运营者福州微生活生态农业有限公司，主要从事绿色有机稻的种植、鸡鸭的生态放养、无公害蔬菜的种植生产，与农产品的销售和配送。“福州微生活”通过向福州市民推送福州生活服务信息与喜闻乐见的本地化精品内容，从而吸引城区大量的高端粉丝，最后通过流量变现，实现对高端市民提供生态农产品的“餐桌配送”业务。

4. 产品定位

产品定位主要是指对自己公司（或机构）的产品、服务进行服务与营销。优势有三点：一是原产品、服务本身已有一定的品牌度和知名度，这有利于公众号的前期推广；二是公众号定位在产品或品牌上，有利于产品、服务的营销；三是有利于公众号后期商业变现或电商运营。例如：九阳（豆浆机）公司的微信公众号成为其产品展示、用户互动、品牌宣传的一个窗口。

5. 功能定位

功能性定位是指公众号的内容按某种功能图文为主推的，如养生号、股票交流号等。此类公众号更容易从各色人群中找到有共同需要、共同爱好的用户，容易做大；且这类公众号具有较大的商业价值，因为粉丝都是为解决某个“功能”而来的，运营者只要设计一个合适的产品，总能引起粉丝的共鸣。

6. 内容定位

内容定位就是微信公众号持续为用户提供优质内容，吸引用户长期关注和阅读的方式。比如，丁香医生微信公众号是丁香园旗下的健康管理平台，不做活动，只靠内容。该公众号邀请了专业医生、营养学家和研究人员为用户答疑解惑，提供可靠、实用的健康资讯和医疗信息，致力于扫荡朋友圈里那些流毒甚广的谣言和养生鸡汤，让医生和患者的交流变得顺畅无障碍。2018 年，该微信公众号浏览量高达 22 亿人次，分享次数 2 675 万，粉丝数达到 2 000 万。

课堂练习

请你思考、策划、创建一个微信公众号，并进行合理定位，最后说明定位的理由。

2.3.2 微信公众号运营

微信公众号的运营主要涉及三个问题：一是文章排版；二是公众号加粉；三是提升文章的阅读量。

1. 排版

微信公众号运营中最常见的工作是发布图文信息，除了利用微信公众号平台后台的编辑功能，大部分运营者使用专门的微信编辑器。

微信编辑器是第三方工具，包括 135 编辑器（图 2-3-1）、365 编辑器等，类似于 Word，界面简洁，功能菜单强大，还提供各类模板和素材，可以高效率地做出干净、简洁的信息页面。

微信编辑器的使用

（1）工具

秀米排版工具：提供了很多原创模板素材和排版方式，可以通过合理的搭配设计出属于自己的图文排版风格。

135 微信编辑器：提供美化微信文章排版与微信公众号内容编辑的功能，样式丰富，“秒刷”一键排版，轻松编辑非常美观的微信图文消息。

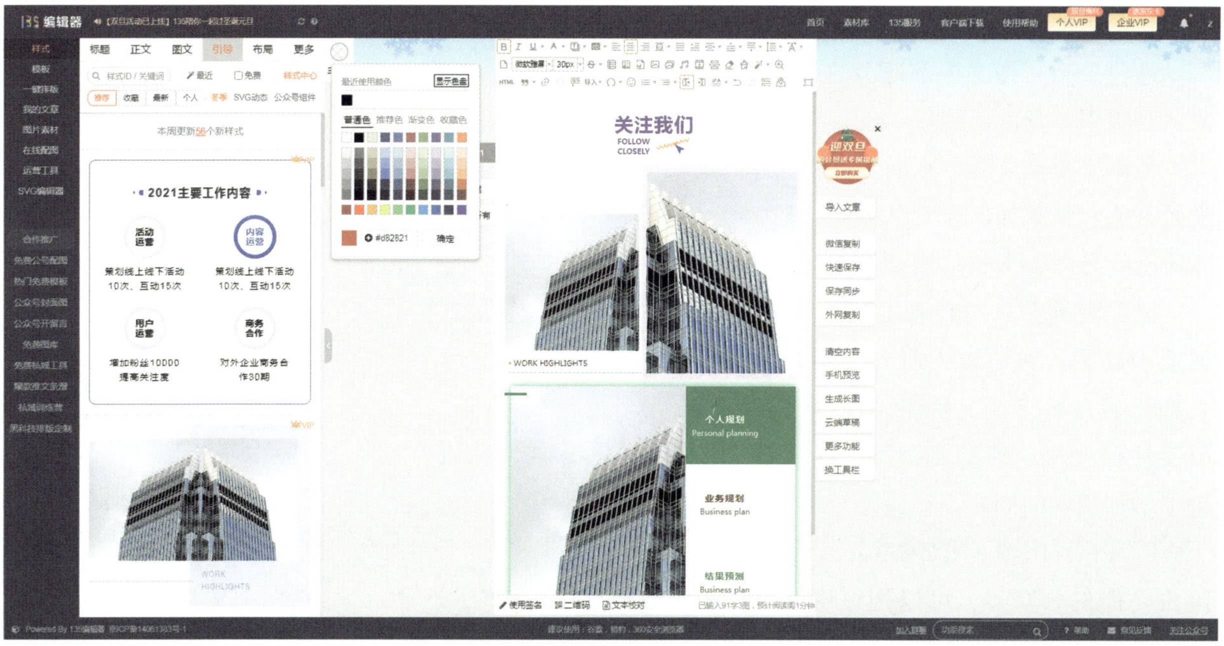

图 2-3-1　135 编辑器

（2）配色

微信图文中整体的颜色尽量不要超过三种。不同的颜色传达了不同的感情，如：红色代表权威、热情、喜庆，所以一般政府类的微信文章一般选择红色背景；黑色代表正式、优雅等，能够体现出神秘、简约、豪华；白色体现纯洁、干净、简约、优雅。所以关于公众号模板配色的选择可以参考产品 logo 的颜色、用户属性及文章内容。

（3）格式

①对齐方式：常用的有两端对齐、居中对齐等。

两端对齐：在英文排版上应该是要极力避免的，除非行足够长，能够避免单词之间出现难看的空隙。不过，在公众号中这种对齐方式可以实现文章的规整，视觉效果是最棒的，推荐使用。

居中对齐：比较适合一些较短的文章，如诗歌、资讯和娱乐性质的内容，一行字不要太多，尽量不要断行。

②间距，包括字间距、行间距和段间距。

字间距：一般来说，文章的字号小的话，字间距相对就越大，使文字易于识别，但是字间距过大又会导致文章信息传递的速度降低。一般建议设置 0.5~1.5 倍的间距。

行间距：行间距为 1.0 倍，太过拥挤。过于密集的行距会让读者的视线在换行时产生困扰，影响阅读体验。所以，一般选择 1.5 倍或者 1.75 倍行间距，当文字很少则可以设置为 2 倍。

段间距：段间距是段落之间的间隔，应当比行间距更大，以使文章更有层次感。段距可以直接用回车换行，也可以设置段间距。推荐段间距：段前距为 15，段后距为 15 效果会更好一点。由于微信图文中每行本身文字不多，所以尽量不要使用首行缩进。

③两端留白。微信图文中要善于在两侧留白，使内容居于视觉的核心区域，可以让文章看起来既干净又具有凝聚力，读起来更轻松。

2. 公众号加粉

（1）内部诱导加粉

通过公众号图文内部环节的设置，来达到吸引粉丝的目的。

①图文提醒（图 2-3-2），通常在图文的开头和结尾处提醒用户关注，这种方式已成为公众号图文的标配。

②关键词回复。如果文章写得好，就会被转发，被更多人看到，看到的人如果想看更多图文资讯，前提是必须关注公众号、回复关键词，这就解决了增加粉丝的问题。

③评论区吸粉（图 2-3-3）：开通了留言功能的公众号，可以把评论区这个重要的发言区利用起来。“丁香医生”公众号会在文章下方的评论区和粉丝

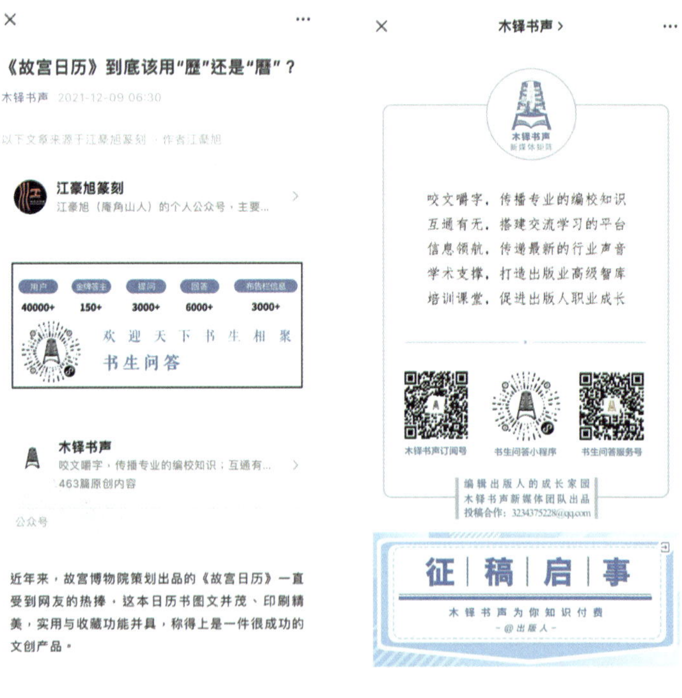

图 2-3-2 图文提醒

互动的时候提醒粉丝将文章转给身边的人，通过评论区吸粉。

（2）外部导流吸粉

①线下吸粉方法有如下几种。

微信签到：运营者可以在线下举办一些别开生面的活动或新品发布会，让客户通过微信签到，从而增加粉丝。

印刷二维码：在很多可以展示的地方，如户外广告、电梯广告、宣传彩页、易拉宝上放置二维码，方便用户通过扫码成为公众号的粉丝。

线下活动推广：运营者可在线下举办一些促销活动来增加粉丝。如餐厅可以推出关注微信就可以享受折扣的活动，分享转发集赞享优惠等活动。

②线上吸粉方法有如下几种。

官网、官方微博：在自己官方网站上附上微信二维码，或者把微博头像改为微信二维码，多一个粉丝关注的机会。

论坛、社区：论坛有地方论坛、技术论坛、行业论坛等。可以利用这些平台发一些高质量的帖子，增加曝光的机会，并引导用户关注微信公众号。

百度产品：百度的产品用户多、访问量大，如百度贴吧、百度知道、百度文库、百度经验等。可以在贴吧发表文章，在知道中提出问题，并附带公众号的二维码，也可以把文章上传到文库，做百度经验，等等，这些方法引流效果都不错。

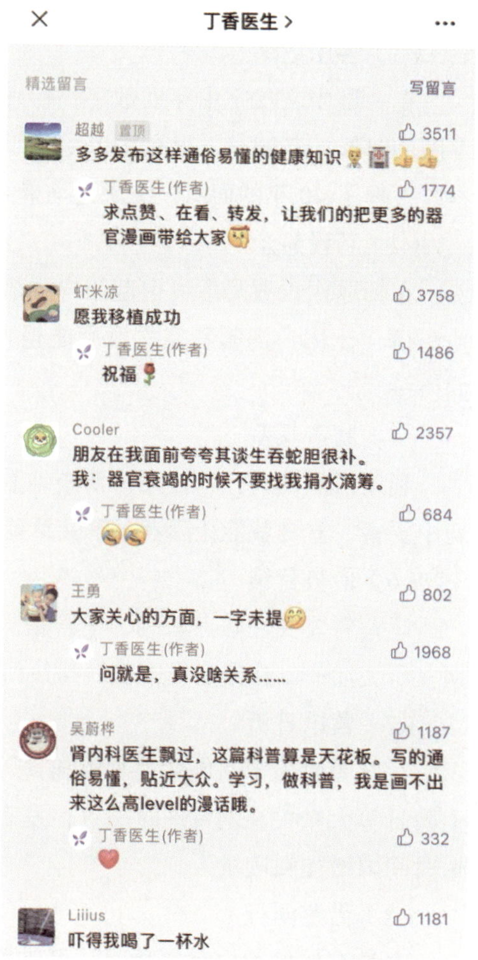

图 2-3-3　评论区吸粉

视频：现在短视频内容深受用户的喜爱，运营者可以拍一些关于产品、服务的视频上传到抖音、快手等视频平台，在视频中插入二维码图片。也可以提供一些搞笑的、热门的短视频，在其中植入二维码。

3. 提升阅读量

公众号吸引粉丝的关键是不断提升公众号的内容和服务来提升阅读量，从而让粉丝留存，并保持长期关注。

在碎片化的阅读时代，文章标题写的好不好直接决定了文章的阅读量。所以微信图文消息一定要有一个有吸引力的标题。

（1）多用疑问句

疑问句式的优点在于能引起读者注意，引出话题。用在标题上能吸引读者、启发思考，更好地体现文章的中心。如《旅行的青蛙，为什么会刷屏朋友圈？》《2017 网红店死亡名单，下一个关门的会是喜茶吗？》《杀熟的 App！除了滴滴和携程还有哪些？》。

（2）结合热点

结合时下的热门话题、网络热词，用名人效应、热点新闻引起读者兴趣，如《官宣！海鸭蛋和

粥才是绝配哦！》

（3）善用数字

在一堆中文汉字中穿插数字，特别吸引读者的眼球，能够快速锁定读者注意力，文章展示在朋友圈的时候尤其明显，很有辨识度。如：《写出阅读量 1 000 万 + 的内容是一种什么体验？》《这个日本匠人捏了 40 年的面团，结果连马卡龙大师都飞过半个地球来请教》。

（4）巧设悬念

在标题中设置悬念可引起用户强烈的好奇，要巧妙地在标题中设置利益点，对用户造成一种利益引诱，让用户渴望看完文章后能得到收获什么，如“天猫双 12 攻势强烈，获益最大的竟然是他们……”。

（5）制造反差

利用强烈的对比，让用户清晰地看到正反、好坏，从而制造一种显著的反差效果，简单明了又切中要害，立马就能让读者了解文章要表达的意图，如《吃过这枚凤梨酥，其他的都是将就》。

（6）借势营销

运营者要关注热点新闻，不管是国内的还是国外的，只要是媒体上反复报道的，一定是大多数网友所关注的。在公众号中发表与热门新闻有关的文章，往往能够吸引粉丝的阅读。

（7）营销日历

运营者要善于制作营销月历和日历，借助历史上的今天、传统节假日、纪念日、发布会、电影上映日等大众关注的特殊时间点，发表与该时段有关的内容，这是一种比较稳妥的选题方式，可在短时间内增加阅读量。

（8）借鉴同行

在没有较好的内容选择时，可借鉴同行的爆文，同行的文章会带来一些灵感和启示，开拓新思路。但是借鉴不等同于抄袭，在思路借鉴的同时需要加入一些原创的内容。

微信公众号营销

（9）内容简练

当今快节奏的生活，人们几乎不能安静地读完一个长篇大论，反而是一些短小精悍的文章，更容易让网民接受。因为这既满足了他们快速汲取知识的需求，也带给他们一个愉快的阅读快感，所以微信公众号的文章不宜太长。

思政园地　微信公众号信息传播要遵循法律法规

互联网不是法外之地，微信公众号作为网络服务平台，向公众提供信息资讯内容和网络文学作品，必须遵照《网络出版服务管理规定》，依法合规运营。国家网信办、新闻出版署等机关近期发出通知，各运营企业要立即全面开展自查自纠，对公众号进行认真审核、审看，坚决清理传播违规和低俗等有害内容的微信公众号，清除涉嫌诱导分享、欺诈等链接，下架低俗网络文学作品，关停问题严重的公众号，整顿低俗内容引流现象。经过一周的处理，微信官方宣布，已经处理 2 171 个微信公众号账号，其中封号和注销 1 706 个，能力封禁 465 个。对于微信用户而言，微信公众号设有明确的用户投诉机制，一旦用户发现相关违规内容可进入公众号文章，直接进行投诉。

任务 2.4　微信小程序运营

小程序是一种不需要下载安装即可使用的应用，它实现了应用“触手可及”的梦想，用户扫一扫或者搜一下即可打开应用，也体现了“用完即走”的理念，用户不用担心是否安装太多应用的问题。

2.4.1 设置应用场景

微信小程序商业应用场景有很多，如小程序商城、小程序分销商城、点餐小程序等，都是以轻便、丰富、强大、新潮的营销功能，为品牌商营造消费新生态。目前微信小程序商业应用场景有以下几种。

1. 企业名片小程序

可以作为一个打开企业咨询、品牌宣传的入口，打造高端的企业品牌形象，让用户更便捷地了解企业，是企业对外的展现窗口。

2. 企业电商平台小程序

可以建设一个电商企业卖货的平台，可利用现有公众号带动消费者的使用习惯，引导粉丝到小程序消费，并且小程序之间可跳转，建立消费圈的联盟（图 2-4-1）。如有线下门店的电商企业，可给小程序添加门店地点信息，向附近的用户展示，增加消费者的信任度。

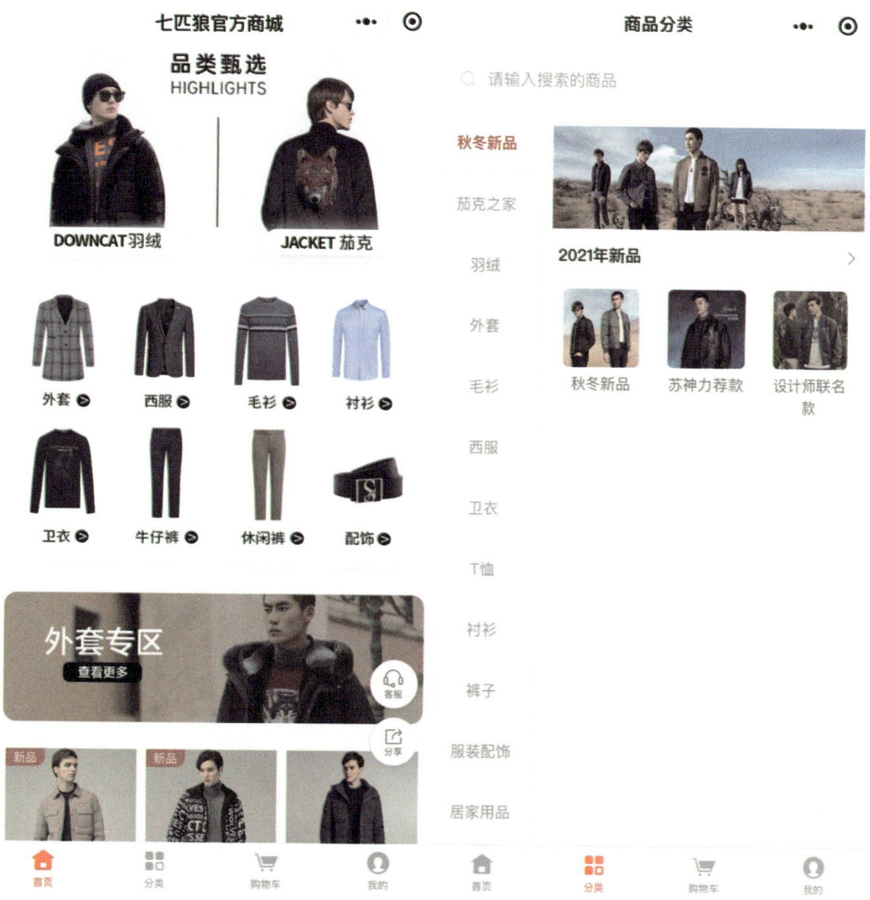

图 2-4-1　购物商城微信小程序

3. 企业餐饮 O2O 小程序

打造针对餐饮连锁企业的餐饮平台（图 2-4-2），解决了餐饮业挂在美团、饿了么等餐饮外卖平台的高昂的费用。

图 2-4-2　餐饮企业的小程序

4. 直播小程序

微信小程序结合当下最火的直播，满足用户交互、视觉体验，营造新的商业模式应用场景，将更多的线上服务与线下场景相结合。

5. 企业社区小程序

方便企业获取用户的数据信息，用于深度维系与留存客户，与客户实时互动，增强与客户的黏性。

2.4.2 分析流量入口

小程序流量入口众多，可以通过二维码、我浏览过的小程序、商家公众号关联、微信搜索、好友分享、微信群分享、消息通知、客服咨询、置顶小程序、添加桌面等方式获得用户流量，流量入口越多，营销推广越容易。下面盘点一下微信小程序的几个主要的流量入口。

1. 关键词搜索

微信推出了扫一扫、搜一搜、看一看等功能，用户在微信输入关键词就会跳出许多搜索结果，其中就包括小程序，可以直接跳转到小程序指定的页面。

2. 线下扫码

线下扫码入口（图 2-4-3）是微信官方主推入口，通过线下二维码扫码进入，实现不用下载使用

App，即可实现预订、下单、付款服务功能，成为核心入口。

图 2-4-3　线下扫码入口

3. “发现” → “小程序”

打开微信，进入“发现”，打开“小程序”，即可搜索想要的小程序（图 2-4-4）。

4. 附近的小程序

只要将小程序设置对应的地理位置，附近 5km 范围内的用户即可搜索到企业的小程序（图 2-4-5），并快速体验，这个入口为实体店服务做了很大的引流作用。

图 2-4-4　发现小程序入口

图 2-4-5　附近小程序入口

5. 历史记录

用户已打开过的小程序，小程序根据用户浏览记录，自动记录在历史列表中。目前用户还可以把常用的小程序添加到“我的小程序”，流量入口更加便捷。

6. 用户分享

微信小程序天生带有社交属性，通过用户分享链接，打通微信群、微信好友、朋友圈（生成分享图）渠道，也打通了微信生态流量（图 2-4-6）。通过程序的规则要求，小程序在微信生态中形成裂变分享。

图 2-4-6　用户分享小程序入口

7. 微信公众号

微信公众号可与小程序进行绑定，在推文内容中植入小程序图文链接，用户可点击直接跳转到小程序，可以给予用户更大的参与感，增强粉丝的参与感与活跃度。

8. 朋友圈广告

朋友圈广告支持小程序投放，广告投放落地页以小程序作为承载，点击广告就可以进入小程序页面。

2.4.3 小程序的传播

1. 借助“社交立减金”实现社交裂变

“社交立减金”是一款帮助企业快速生成具备裂变传播属性的小程序经营工具，用户通过支付、扫码等场景可以参与“社交立减金”活动，将“社交立减金”礼包分享给朋友后自己可获取一份，朋友在会话中可随机获取“社交立减金”，并直达商家小程序。

运营者可以借助“社交立减金”玩法接触更多潜在用户，降低拉新成本，同时可以根据用户标签属性分发不同金额的“社交立减金”，提升老用户的忠诚度。

2. 设计比拼玩法，引导社交互动

网民不但喜欢观看体育比赛、竞技直播，而且喜欢参与其中。运营者可以迎合网民的“比赛”心理，设计比拼玩法，引导用户进行社交互动，进而为小程序吸引新用户。

3. 加入分享按钮，提醒用户转发

用户愿意转发有趣的文章、走心的图片，但是其分享行为还需要引导。运营者可以在优质页面加入“分享”“转发”等按钮，便于用户一键分享、转发。

4. 设计同伴环境，鼓励社群传播

小程序可以借助微淘、微信群的社交属性丰富功能、个性化设计，营造群友的同伴环境，鼓励群友共同完成任务，进而完成小程序的社群传播。

5. 设计任务玩法，鼓励用户完成任务、领取奖励

奖金、礼券、礼品卡等都是用户喜闻乐见的奖励形式，小程序运营者可以设计任务，邀请用户完成任务并领取相关的奖励。

6. 聚焦核心功能，促进口碑传播

“口碑传播”是指用户之间关于产品、品牌或者服务的人际传播。用户普遍乐于将使用体验好的互联网产品推荐给家人或者朋友，而接收者基于对推荐者的信赖，容易对该互联网产品产生好感。

项目实训 2-1　微信运营实训项目

1. 实训目的

全面了解我国不同行业、地区、服务的微信公众号榜单，为企业或个人注册微信公众号提供参考和借鉴。

2. 实训要求

4~6 人一组，以小组为单位，分工合作。对于公众号的鉴赏要做对比分析，同行业或类型的公众号要分析 3 个以上，尽量找排名比较靠前的。

3. 操作步骤

①在地址栏输入：http://www.newrank.cn/public/info/list.html?period=day&type=data，登录“新榜排名列表 · 日榜”网页（图 2-4-7）。

#	公众号	发布	总阅读数	头条	平均	最高	总点赞数	总在看数	新榜指数
1	洞见 DJ00123987	1/8	78万+	10万+	97808	10万+	29703	34410	997.6
2	占豪 zhanhao668	1/8	71万+	10万+	88969	10万+	23603	16101	989.4
3	有书 youshucc	1/8	60万+	10万+	75611	10万+	7031	10570	975.4
4	十点读书 duhaoshu	1/8	59万+	10万+	74121	10万+	7219	7689	973.4
5	南风窗 SouthReviews	3/10	54万+	27万+	54344	10万+	2855	1925	965.3

图 2-4-7　新榜排名列表 · 日榜

②调查你感兴趣的行业的微信公众号，关注两个以上微信公众号（图 2-4-8），分析其账号资料、榜单数据、发布规律（图 2-4-9）。然后分别找一篇热点文章，针对该文章进行分析，从文字内容以及排版设计等角度分析文章的优缺点。

图 2-4-8　关注公众号“洞见”

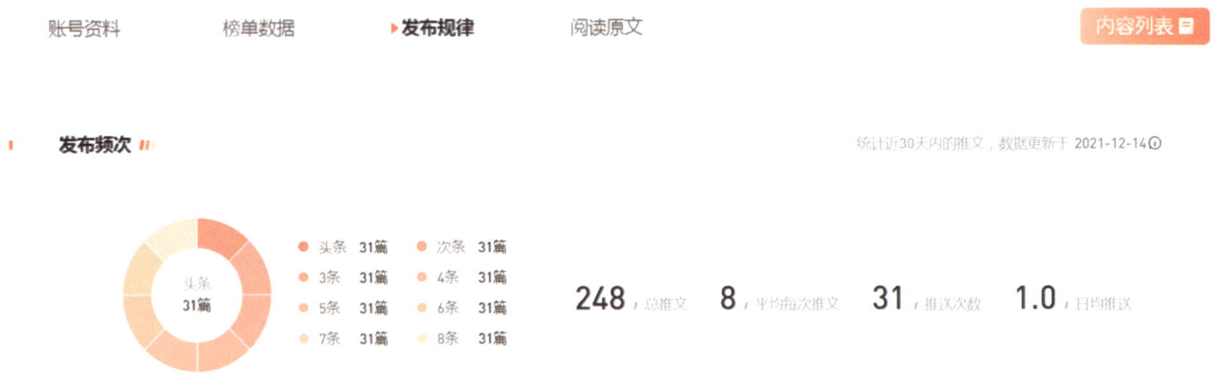

图 2-4-9　“洞见”公众号数据资料

4. 温馨提示

微信公众号的注册，需要按照步骤一步步操作，需要提早准备好注册的资料。

5. 实训回顾

①不同行业及区域的微信公众号在内容以及风格上的特点有什么不同？

②你认为微信公众号对于企业以及个人有什么价值？

项目实训 2-2　注册微信小程序

1. 实训目的

通过注册微信公众号平台注册微信小程序，并尝试通过不同渠道对自己的小程序进行推广，进一步加深对于微信小程序的认识，更加全面的了解微信运营。

2. 实训要求

4~6 人一组，以小组为单位，分工合作。按照步骤注册完成小程序后，小组要线上线下不同渠道推广自己的小程序。

3. 操作步骤

①进入微信公众号平台首页，单击“小程序”，进入接入流程页面，单击该页面的“前往注册”按钮（图 2-4-10）。

图 2-4-10　小程序接入流程页面

②进入“小程序注册”页面，填写邮箱、密码、验证码等相关信息，单击“注册”（图 2-4-11），并进行认证，认证完成后便可以完成小程序的注册。

③登录邮箱查看邮件，并激活小程序账号（图 2-4-12）。

图 2-4-11　小程序注册页面

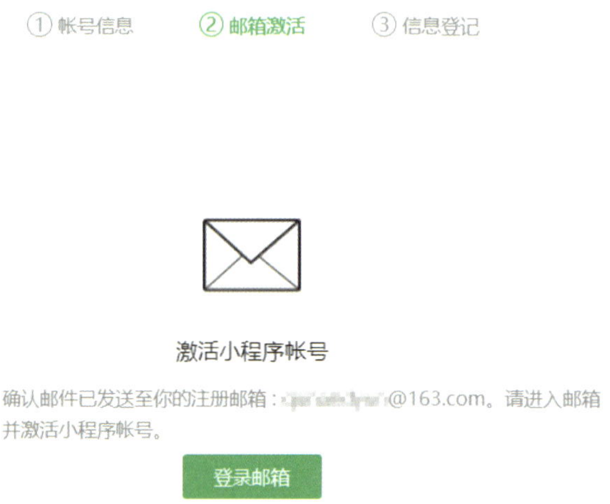

图 2-4-12　小程序账号激活页面

④登录邮箱，单击激活链接，选择主体类型，进行主体信息登记，信息填写完成后单击“继续”按钮（图 2-4-13）。

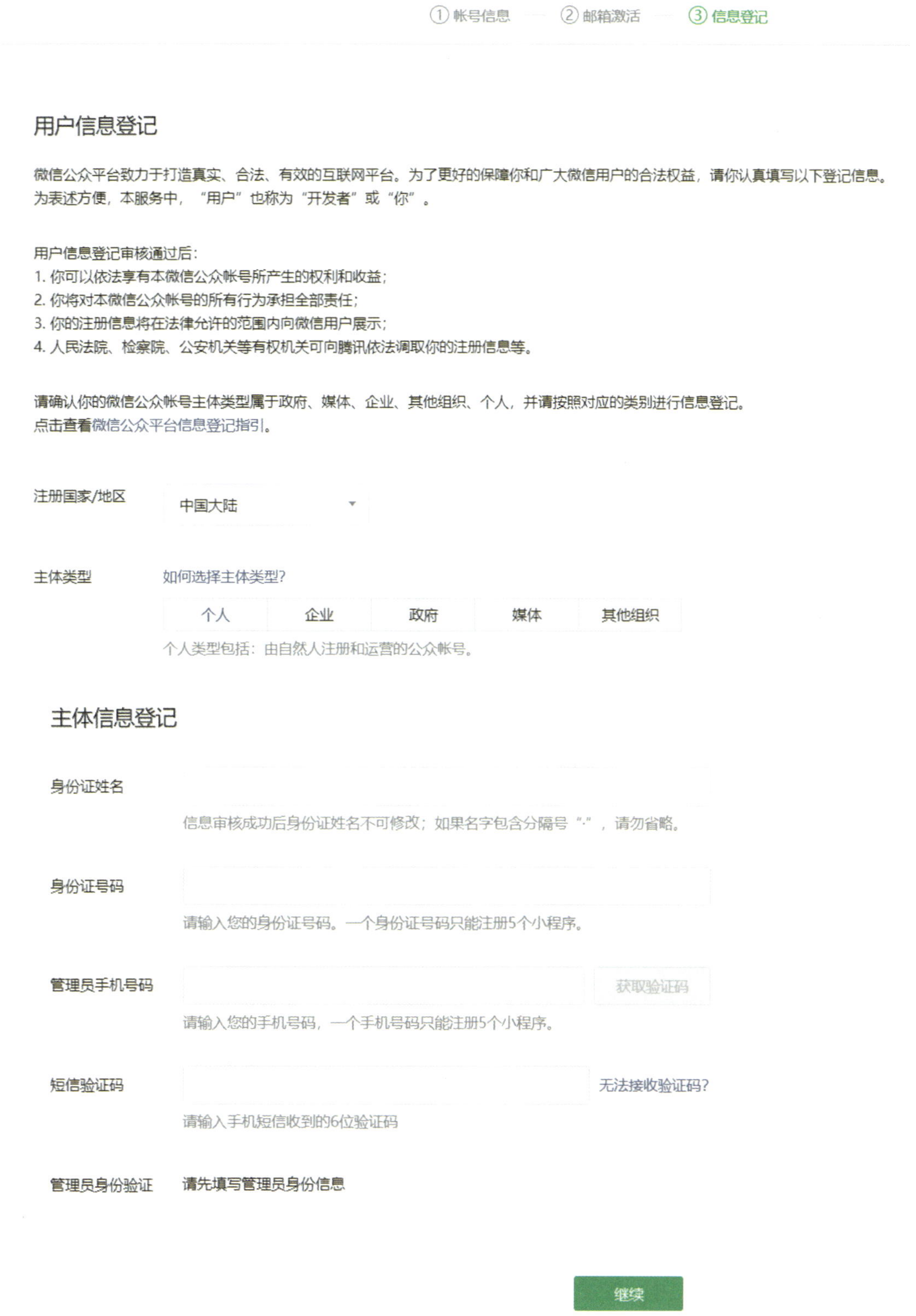

图 2-4-13　小程序注册信息登记页面

⑤信息提交成功后，单击"前往小程序"进入"填写小程序信息"页面（图 2-4-14），将小程序名称、简称、头像、介绍、服务类目等信息依次填写清楚后，单击"提交"按钮。

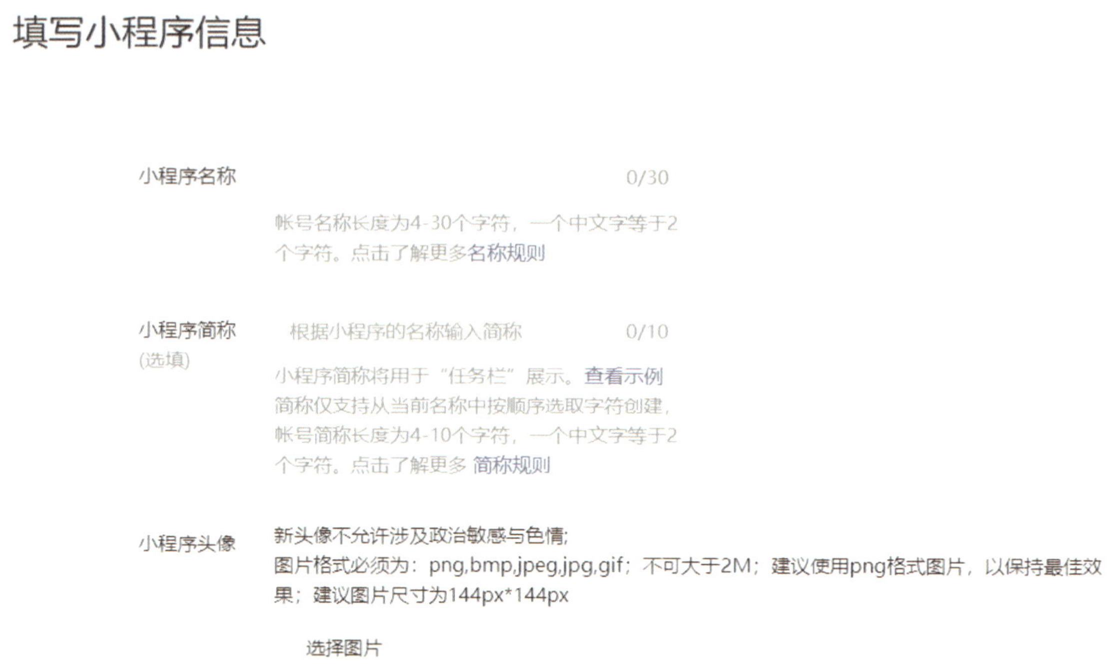

图 2-4-14　填写小程序信息页面

4. 温馨提示

小程序注册之前小组要商讨打算利用微信小程序做些什么，并想好小程序的名称、简称、头像。

5. 实训回顾

①哪些领域适合注册小程序？

②小程序营销有哪些优势？

③小程序与 App 的运作路径有什么不同？

项目 2-3　微信运营实训项目

1. 实训目的

学生已经掌握了朋友圈、微信群、微信公众号、小程序等多种微信营销方法，通过本实训活动，学生可以深入领会微信营销活动中的内容建设、社交推广、微信加粉等工作，加深对微信营销的理解和应用。

2. 实训要求

①编辑朋友圈图文消息 2~3 篇，且遵循所学的营销策略。

②创建和运营一个微信群，练习如何管理群、如何加粉、发布消息，开展粉丝互动。

③根据自己的网店（创业项目）的营销需要，注册微信公众号并运营。

④根据所学的文案撰写策略，撰写微信文案 2~3 篇。

⑤借助 135 编辑器，编辑 2~3 篇图文消息，并发布到微信公众号中。

⑥策划一场关于小程序的推广活动。

3. 操作步骤

①教师演示微信朋友圈的装修，学生练习装修自己的朋友圈，并在朋友圈中发布 2 条商业图文消息，要求学生遵循所学的营销策略。

②教师演示微信群的创建和运营，学生分组创建和运营自己的微信群，要求粉丝数达到 300 字以上，并分享有关于自己网店（创业项目）业务的优质内容 3~5 篇。

③教师演示微信公众号的申请，管理和运营，演示如何利用微信编辑器编辑微信图文信息。学生根据自己网店（创业项目）的营销需要，练习自行注册微信公众号并运营。要求发布 2~3 篇微信图文消息，熟练掌握 135 编辑器的使用，微信公众号的粉丝在 100 人以上。

项目小结

本项目主要介绍了朋友圈、微信群、微信公众号、小程序等多种微信运营的方法，微信运营应做好内容运营、粉丝运营、账号运营等工作，要善于创作优质而原创的图文页、微信话题、朋友圈信息，能够吸引粉丝长期关注账号，要学会树立自己的品牌形象。微信运营就是自媒体运营，要为电商平台引流和运作打下坚实基础。

复习思考题

一 单项选择题

1. 微信公众平台的最大作用是（　）。

A. 微信公众平台可以吸粉，增加更多的粉丝

B. 微信渠道将品牌推广给上亿的微信用户，减少宣传成本，提高品牌知名度，打造更具影响力的品牌形象

C. 微信公众平台可以出售商品，让商家快速实现销售额

D. 微信公众平台是万能的

2. 企业如果想向用户提供注册、充值、预定、购物、付款等业务，那需要建设（　）。

A. 订阅号　　B. 服务号

C. 企业号　　D. 头条号

3. 群发消息内容有哪些？（　）

A. 文字、语音　　B. 图片、视频

C. 图文消息　　D. 都可以

4. 微信公众号后台的“管理”模块，无法管理以下哪个项目？（　）

A. 消息管理　　B. 用户管理

C. 产品管理　　D. 素材管理

5. 群发图文消息的标题上限为（　）个字节。

A. 32　　B. 64

C. 48　　D. 100

6. 微信公众平台可以创建底部菜单的是什么类型的公众号?( )

A. 认证过的服务号　　B. 认证过的订阅号

C. 服务号　　D. 以上几种都可以

7. 分析一段时间内公众号的文章被阅读、转发、分享情况的统计项目是( )。

A. 用户分析　　B. 图文分析　　C. 菜单分析　　D. 网页分析

二 多项选择题

1. 以下不属于微信公众号中的一种形式的是?( )

A. 订阅号　　B. 服务号　　C. 企业号　　D. 头条号

2. 在朋友圈投放广告,包括( )三种方式。

A. 排期购买　　B. 定价购买　　C. 竞价购买　　D. 私下购买

3. 微信公众号定位方式有( )。

A. 人群定位　　B. 内容定位　　C. 功能定位　　D. 产品定位

4. 微信公众号标题可以采用( )方式来提升阅读量。

A. 疑问句　　B. 结合热点　　C. 巧设悬念　　D. 制造反差

5. 微信小程序商业模式应用场景有( )等几种。

A. 企业名片小程序　　B. 企业电商平台小程序

C. 餐饮 O2O 小程序　　D. 企业社区小程序

三 简答题

1. 思考美妆卖家如何规划个人微信朋友圈的推广内容?

2. 微信公众号推文推广的手段有哪些?

3. 请写出 5 个有吸引力的微信群内交流话题。

4. 如何提高微信群粉丝的互动营销效果?

5. 请分析餐饮类小程序如何推广和引流?

项目 2　习题答案

四 实践题

1. 背景资料

浙江吉麻良丝新材料股份有限公司(前身绍兴华通色纺有限公司、绍兴吉玛良斯服饰设计有限公司)成立于 2006 年,2017 年公司顺利完成资产重组及股份制改造工作,是一家集纺织新材料、纱线面料、服装服饰及居家产品设计研发及生产为一条龙产业的纺织型科技企业。公司注册资金 4 000 万元,旗下运营品牌——吉麻良丝(GIMARAS),主营汉麻服装服饰及汉麻居家产品的生产研发及销售。具体产品涉及居家服、职业装、校服、童装、旗袍、僧袍、床品、卫浴、无纺布、卫生用品、医用纱布、墙布、地毯、窗帘、车垫等。

向世界展示中国工匠精神,吉麻良丝不走寻常路,做出自己的特色,深挖汉麻文化内涵,让汉麻文化走进生活、美化生活,并一步一步迈上功能性健康居家纺织品的台阶。公司产品的详情信息介绍可参考天猫店 gimaras 旗舰店:https://gimaras.tmall.com/。

2. 实践任务

学生们申请一个订阅号,并在订阅号中编写一篇吉麻良丝(GIMARAS)产品的图文信息,主题为 6·18 促销,然后利用 365、秀米或 135 编辑器工具进行精美排版。

项目 3

短视频平台运营

目标导航

知识目标

1. 了解各类短视频平台的特点。
2. 掌握抖音的拍摄方法。
3. 掌握抖音的运营方法。
4. 掌握短视频传播与引流方法。

能力目标

1. 掌握抖音的拍摄制作技巧。
2. 掌握抖音的运营与推广技巧。
3. 掌握短视频平台数据分析方法。

思政目标

1. 提高团队协作能力。
2. 增强社会责任感和使命感。

项目导图

- 短视频平台运营
  - 认识短视频平台
    - 抖音
    - 快手
    - 美拍
    - 微视
  - 抖音运营与推广
    - 抖音平台的特点和功能
    - 抖音拍摄制作技巧
    - 抖音运营与推广
  - 短视频传播与引流
    - 短视频传播的特点
    - 短视频传播的原因
    - 引流方法
    - 数据分析

导入案例

火爆的摔碗酒

随着抖音的爆火，西安永兴坊的摔碗酒也变得全国闻名，摔碗酒成了西安旅游必须体验的项目之一。花 5 元钱买一碗米酒，一口饮尽，再大喊一声碎碎平安，重重地将碗摔在一堆残骸里，在体验了一把豪爽之余，随便拍下一段抖音，就能有几万甚至几十万的点赞，可谓是彻彻底底捧红了这家店。

老西安人都说，不知道这酒怎么就火了，原来门可罗雀的店铺突然得排几小时的队。据统计，这家店一年下来摔了 20 万只碗，不仅自家生意兴隆，还让价值 0.5 元的陶碗升了值。

摔碗酒到底是什么意思呢？在影视作品中，往往是生离死别时才会喝摔碗酒，其实这是一种误导，摔碗酒起源于土家族，花鼓词里唱：摔碗一上手，山斗抖三抖；喝了摔碗酒，家里啥都有；摔碗整一地，桃园三结义。今天的摔碗酒已经化身为一种豪爽性格和友情的代表，喝酒时要双手端平，表示尊敬；一饮而尽，表示诚意；碗口向下，毫无保留。喝摔碗酒讲究的就是干净、敞亮、清脆、见底。

其实这摔碗酒不是这两年才有的，它在我国历史上一直存在，西安永兴坊那家店也一直在那里，它的火是一种偶然，也是一种

必然，看似是有几个人那么随手一拍就将这种文化带给了全世界，但其实这是互联网时代的必然。我国有着丰富的旅游资源，这种带有丰富文化体验的旅游越来越被人们推崇，加之互联网的病毒式传播，这些景点非常容易火起来。

思考讨论

刷抖音成为目前年轻人最大的休闲爱好，在抖音上，一条好玩段视频能带来巨大的流量和转发量，足以带火一个景区、一个小吃、一个网红。每逢假期，抖音上的网红景区和网红饭店都是人满为患，抖音带火的网红就更加数不胜数了。为什么抖音有这么大的魔力呢？

任务 3.1　认识短视频平台

短视频即短片视频，主要是指以新媒体平台作为主要传播渠道，播放时长控制在 5 分钟以内的短片视频，是一种有异于图文和传统影视的新兴传播载体，无论是内容形式还是传播特点都有短小和碎片化的特征。自媒体，又称“公民媒体”或“个人媒体”，是指私人化、平民化、普泛化、自主化的传播者。短视频自媒体平台是个人或团队通过自主生产出具有个人风格和价值倾向的内容，在网络视频平台和社交平台播出，形成一定的社群规模，能够自负盈亏的团队或组织。

如今，在新媒体的推动下，讯息逐步以短视频的形式向我们呈现。未来，短视频自媒体的商业化道路会越走越宽，变现的选择也将越来越多，视频自媒体可对多种商业模式进行有益探索，以维持其可持续发展。

3.1.1 抖音

抖音是一款可以拍短视频的音乐创意短视频社交软件（图 3-1-1），该软件于 2016 年 9 月上线，是一个专注年轻人音乐短视频社区平台。用户可以通过这款软件选择歌曲，拍摄音乐短视频，形成自己的作品。

图 3-1-1　抖音短视频平台

抖音实质上是一个专注年轻人的音乐短视频社区，用户可以选择歌曲，配以短视频，形成自己的作品。它与小咖秀类似，但不同的是，抖音用户可以通过视频拍摄快慢、视频编辑、特效（反复、闪一下、慢镜头）等技术让视频更具创造性，而不是简单的对嘴型。

抖音平台一般都是年轻用户，配乐以电音、舞曲为主，视频分为两派：舞蹈派、创意派，共同的特点是都很有节奏感。也有少数放着抒情音乐展示咖啡拉花技巧的用户，他们成了抖音圈的一股清流。

拓展阅读 ▶

2017 年 11 月 10 日，“今日头条”10 亿美元收购北美音乐短视频社交平台 musical.ly，与抖音合并。

2018 年 4 月 10 日，今日头条旗下短视频平台抖音表示，抖音正式上线反沉迷系统。

2018 年 4 月 11 日，抖音表示即日起，抖音将对系统进行全面升级，期间直播功能与评论功能暂时停止使用，升级完毕后会再次开通。同日，被暂停短视频外链直接播放功能。

2018 年 5 月 6 日，抖音邀请社会各界、广大用户代表和专家学者，面对面地研讨拟订《抖音社区公约》。

2018 年 5 月 30 日，国资委新闻中心正式入驻抖音开设账号“国资小新”，并发布第一支视频，国资委新闻中心原主任亲自出镜“严肃卖萌”。

2018 年 6 月，国资委新闻中心携中央企业媒体联盟与抖音签署战略合作，首批 25 家央企集体入驻抖音，包括中国核电、航天科工、航空工业等，昔日人们印象中高冷的央企，正在借助新的传播形式寻求改变。此前，七大博物馆、北京市公安局反恐怖、特警总队和共青团中央等机构也开始入驻抖音等短视频平台。除了娱乐、搞笑、秀“颜值”、秀舞技，不少传播社会主义核心价值观的内容开始在短视频平台上流行起来。

2018 年 7 月 18 日消息，抖音即将于下周上线官方推广任务接单平台星图平台。星图平台与微博微任务以及快手快接单功能类似，主打功能都是为品牌和达人提供广告任务撮合服务并从中收取分成或附加费用。抖音已经通过竞标选出了 4 家机构作为星图平台首批官方服务商。

2019 年 1 月 18 日下午，中央电视台与抖音短视频举行新闻发布会，正式宣布抖音将成为《2019 年中央广播电视总台春节联欢晚会》的独家社交媒体传播平台，会上公布了 2019 年央视春晚“幸福又一年”的新媒体行动，抖音将同央视春晚在短视频宣发及社交互动等领域展开全方位深度合作，调动广大年轻群体，面向全球华人，以参与代替评论，用参与引导关注，助力春晚传播。

2020 年 1 月 8 日，火山小视频和抖音正式宣布品牌整合升级，火山小视频更名为抖音火山版，并启用全新图标。10 月 8 日，抖音发布国庆中秋假期数据报告。苏州和东莞两个城市相关旅游视频点赞量分别达到 2 761 万和 1 784 万，播放量分别突破 10 亿和 6 亿。

2021 年 1 月 26 日，抖音与央视春晚联合宣布，抖音成为《2021 年中央广播电视总台春节联欢晚会》独家红包互动合作伙伴。这是继 2019 年春晚后，抖音第二次与央视春晚达成合作。

想一想

你知道企业为什么要做抖音推广吗？如何去做抖音推广呢？举例一下你熟悉的抖音网红，他们有哪些基本特征呢？

3.1.2 快手

快手是北京快手科技有限公司旗下的产品。快手的前身，叫“GIF 快手”，诞生于 2011 年 3 月，最初是一款用来制作、分享 GIF 图片的手机应用。2012 年 11 月，快手从纯粹的工具应用转型为短视频社区，用于用户记录和分享生产、生活的平台（图 3-1-2）。后来随着智能手机的普及和移动流量成本的下降，快手在 2015 年以后迎来市场。

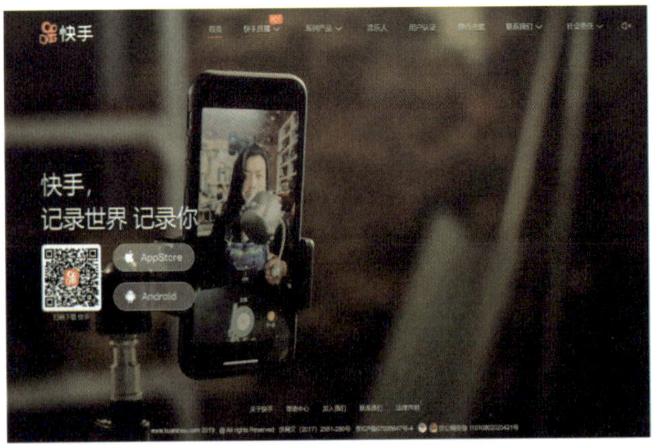

图 3-1-2　快手短视频平台

在快手上，用户可以用照片和短视频记录自己的生活点滴，也可以通过直播与粉丝实时互动。快手的内容覆盖生活的方方面面，用户遍布全国各地。在这里，人们能找到自己喜欢的内容，找到自己感兴趣的人，看到更真实有趣的世界，也可以让世界发现真实有趣的自己。

2016 年初，快手上线直播功能，并将直播低调地放在“关注”栏里，直播在快手仅具附属功能。

快手的用户定位是“社会平均人”。快手用户分布在二三线城市是由中国社会的形态所决定的。把所有的快手用户抽象地当成一个人来看，他相当于一个“社会平均人”。中国人口中只有百分之七在一线城市，百分之九十三的人口在二三线城市，所以这个“社会平均人”就落在了二三线城市。

快手的推荐算法用一个简短版本说，算法核心是理解。包括理解内容的属性，理解人的属性，人和内容历史上的交互数据，然后通过一个模型，预估内容与用户之间匹配的程度。

想一想

有哪些企业利用快手进行营销推广呢？举例一下你熟悉的快手网红，他们有哪些基本特征呢？

3.1.3 美拍

美拍（图 3-1-3）是一款可以直播、制作小视频的受年轻人喜爱的软件。美拍 = 高颜值手机直播 + 超火爆原创视频。2014 年 5 月上线后，连续 24 天蝉联 App Store 免费总榜冠军，并成为当月 App Store 全球非游戏类下载量第一。

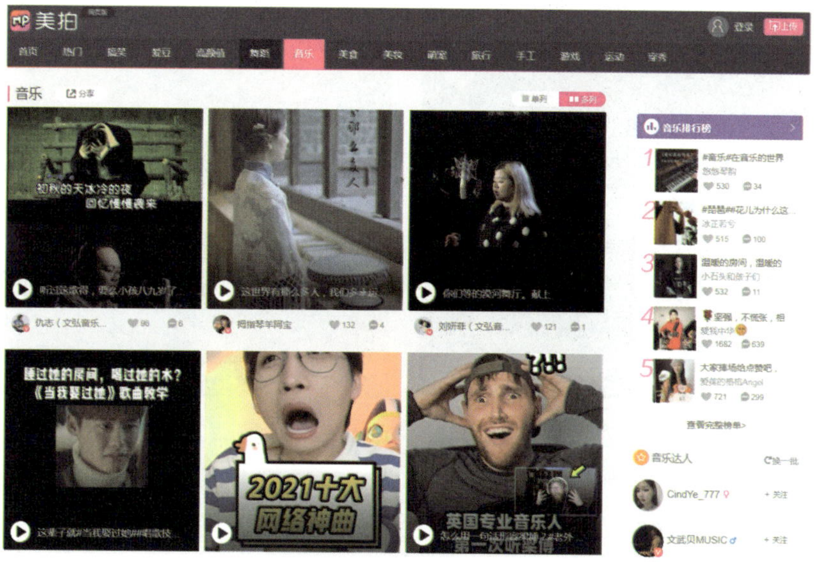

图 3-1-3　美拍网页版界面

2016 年 1 月，美拍推出“直播”功能，同年 6 月推出“礼物系统”功能，不管是拍摄短视频还是直播都可以接受粉丝的在线送礼，迅速成为最有代表性的娱乐直播平台，黄子韬米兰时装周直播、TFBOYS 美拍直播挑战和戛纳电影节直播等经典案例。参与直播的不仅有明星，还包括网红、国际机构、媒体、品牌等。截至 2016 年 6 月，美拍用户创作视频总数达 5.3 亿，日人均观看时长 40 分钟；美拍直播上线半年，累计直播数已达 952 万场，累计观众数 5.7 亿。2016 年 6 月 14 日，美拍举办 2 周年生日会，超过 500 位网红出席，邀请在其平台上活跃的近 500 名网红参与，成为史上网红最多的生日趴，生日会上还颁出了美妆、美食、音乐、旅行等 18 个奖项。

想一想

有哪些企业利用美拍进行营销推广？有哪些基本特征呢？

3.1.4 微视

微视（图 3-1-4）是腾讯旗下短视频创作与分享平台，用户可通过 QQ、微信账号登录，可以将拍摄的短视频同步分享到微信好友、朋友圈、QQ 空间。

图 3-1-4 微视界面

拓展阅读

2018 年春节，腾讯微视通过 QQ 走运红包合作发放微视礼包，新增数百万用户。

2018 年 4 月 2 日，腾讯微视发布 2018 年首次重大更新，推出三大首创功能——视频跟拍、歌词字幕、一键美型，并打通 QQ 音乐千万正版曲库，进行全面的品牌及产品升级。首创歌词字幕玩法，用户在选择背景音乐之后，录制视频时可选择显示歌词字幕，实现轻松跟唱。

2018 年 5 月 30 日，腾讯微视发布 ios 4.3.1 版本，新增“长腿功能”，搭载了腾讯 AI Lab 的黑科技；帮助用户在录制视频时一键调节腿部长度，修饰自己身材比例，微视也成为国内首款自研瘦腿的短视频 App。

2019 年 6 月，微视开启 30 秒朋友圈视频能力内测。用户在微视发布界面勾选“同步到朋友圈（最长可发布 30 秒）”按钮，即可将最长 30 秒的视频同步到朋友圈。

2021 年 4 月 15 日，腾讯平台与内容事业群宣布进行新一轮组织架构和人事调整。在腾讯平台与内容事业群（PCG）下，成立“在线视频 BU（On-line Video Business Unit，OVB）”，由腾讯视频、微视、应用宝整合而成，继续深耕视频赛道。

想一想

有哪些企业利用微视进行营销推广？举例一下你熟悉的案例。他们有哪些基本特征呢？

任务 3.2　抖音运营与推广

3.2.1 抖音平台的特点和功能

抖音是由北京字节跳动有限公司推出的一款音乐创意短视频社交软件。该软件于 2016 年 9 月 20 日上线，是一个面向全年龄的短视频社区平台。

1. 抖音的推荐机制

大家可能会有这样的疑问：为什么我的每个视频曝光量就只有 100 多？为什么我的曝光量固定在 1 000 多上不去？

抖音每个视频诞生初期都在一个初级流量池内，视频会被推荐给那些最有可能对视频感兴趣的用户，然后根据第一批用户对视频的行为反馈，系统会生成对视频质量的评价，从而决定视频是否进入下一个流量池获得更大的流量推荐。

相对的如果初级流量池内表现不好，就无法进入下一级流量池。如果流量较低，可以新发视频并合理地运用 DOU+（抖音的付费推广工具）增加一下流量权重，但是视频要优质，如果视频质量不高，用什么工具都没有效果。

每个账号都会有一个属于自己的标签，比如电影标签就会推给经常刷电影视频的人观看，从而获得更好的转化。

垂直领域：首先视频必须大于 7 秒，风格统一，如颜值账号，就一直发主角固定的视频，不要发其他的视频。流量变得杂乱后，标签没有办法精准定位，无论怎么发视频账号都火不起来。

视频完播率：只有视频被看完，抖音才会认为该视频很受用户们欢迎。

影响视频质量的因素主要有：点赞量、评论量、转发量、完播率。

2. 人群分析

抖音的使用人群大部分是 90 后和 00 后的年轻人，他们喜欢潮流时尚的新鲜事物，更乐于表现自己，所以抖音的流量特性是较为个性化和中心化的，并且有 70% 的高活跃度用户来自一二线城市，他们更加活跃、开放，也具有较高的消费需求和能力。

3. 市场规模

抖音在全球市场发力，增长势头迅猛，活跃用户规模从 2018 年 1 月的 0.55 亿人增长至 2020 年 11 月的 4.9 亿人，凭借内容分发和流量入口优势以及良好的海外发展势头将行业的优势地位愈发树立稳固，入驻 KOL 数量多，带货推广情况良好，也成为国内用户最多的短视频平台，如图 3-2-1 所示。

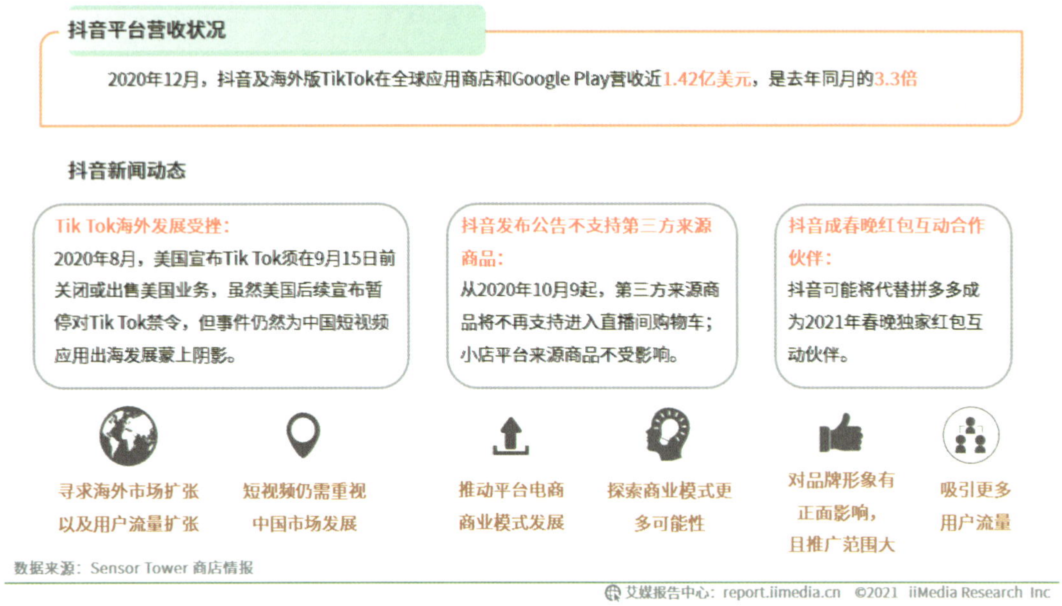

图 3-2-1　2020—2021 年中国短视频头部平台发展——抖音

4. 渠道分析

抖音更适合品牌商家做品牌宣传的活动，做品牌宣传就需要拍摄高质量有创意的宣传视频，对于商家而言，做短视频的目的就是为了吸引用户关注和下单购买。华为和小米公司的抖音官方账号主页设置如图 3-2-2 所示。

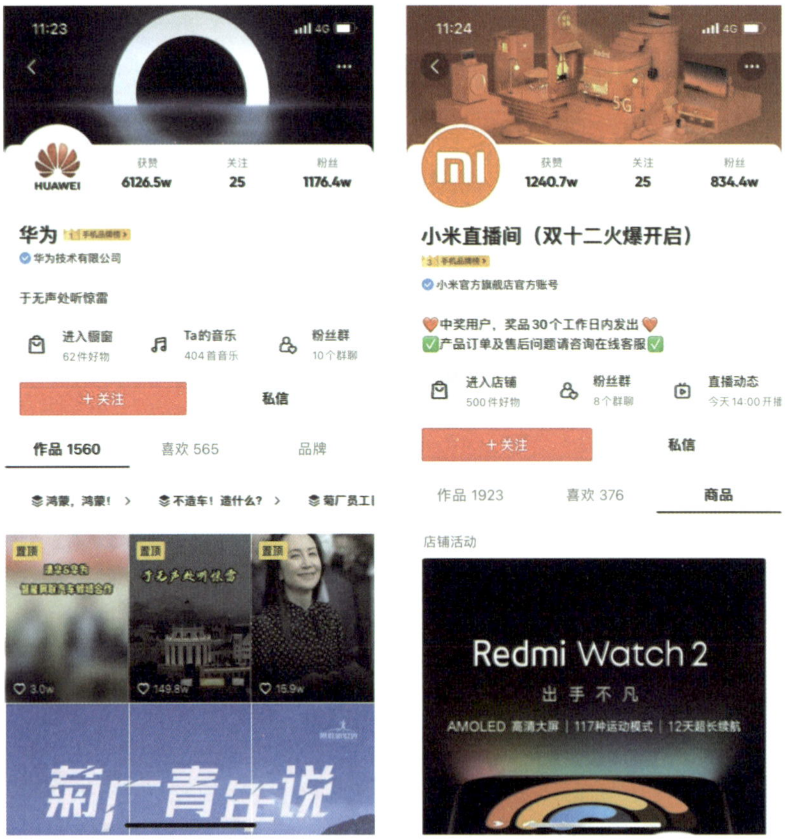

图 3-2-2　华为（左）和小米（右）公司的抖音官方账号主页

5. 在抖音上投放广告的优势

抖音上的视频曝光量极大，每天的视频播放量在 20 亿次左右，抖音有算法的优势，可以将广告的投放真正做到千人千面，能够让广告的投放更为精准。

3.2.2 抖音拍摄制作技巧

抖音已经发展到成熟阶段了，很多抖音视频都是有团队在运作，当然一些没有团队的人也可以把抖音玩转。下面给大家介绍几个抖音拍摄制作的技巧，帮助大家拍出爆红的抖音视频。

1. 剧本题材内容需符合平台爱好

我们在刷抖音的过程中发现抖音视频内容大部分都是搞笑娱乐的，因为这种搞笑娱乐性强的视频抖音平台会主动推荐给用户们观看。

目前抖音平台大部分的视频都是通过编写剧本拍摄出来，而不是自然发生的。这种有剧情设置的视频更吸引用户，如果我们想让短视频有更多人观看，就必须要根据平台的导向和用户的喜好来制作视频。

2. 视频内容领域需要垂直

我们在制作视频的过程中，首先要确定抖音的视频内容是要往哪个方向发展的，如人物搞笑剧情、办公室日常生活、户外运动、技能展示、情感共鸣等等，明确我们今后视频内容的输出方向。这样有利于获得更多的推荐量、播放量和点赞量。我们的内容领域做得越垂直，账号的权重就越高，视频的点击率就会越高。

3. 拍摄与剪辑手法要有技巧

在制作抖音视频的过程中，拍摄的技巧和剪辑的手法都是非常重要的，因为抖音视频的爆红不一定是因为内容，有可能是因为视频的拍摄和剪辑做得比较好，抖音称这种视频是“技术流”。下面介绍一下拍摄和剪辑的实用技巧。

（1）拍摄环境的搭建

拍摄环境很重要，抖音很看重主播的拍摄环境。需要空间最低几平方米，人物和座椅至少就占屏幕的百分之 60% 了，拍摄环境三要素：拍摄背景、灯光、设备。

（2）拍摄背景的布置

抖音视频中 70% 以上的主播都是坐着直播的，人物和座椅至少占到了摄像头能拍到的面积的 60% 以上。常见的背景有窗帘、壁画或 DIY 的墙壁挂件等，如果空间比较小，东西尽量少一些。背景推荐：墙壁置物架、装饰画、挂毯。

（3）灯光的布置

灯光主要有三个光源：主灯、补光灯、辅光灯。

主灯：室内吊灯，通常为冷光（白色灯光）。

补光灯：作用就是综合光度，让灯光看起来更加柔和自然。常见的补光灯样式有摄影棚拍照片的样式、圆圈样式、台灯样式，如果个人使用可以选择后两个样式。补光灯只需要弱光就可以，不要高强度照射到脸上，容易产生画面曝光。如果觉得刺眼，可以合理地运用反光板，或者把光源打到墙上再反射到脸上。

辅光灯：辅光灯常用的有 LED 窗帘灯和墙壁灯，大部分都是暖光。

（4）设备的选择

设备主要包括主拍摄备（手机、单反、微单、迷你摄像机、专业摄像机）、话筒、声卡和支架，价格从几百到几万元不等，我们根据实际情况量力购买。如果想在抖音视频的录制过程中播放音乐，需要两部设备，一部用于录制，一部用于播放。

（5）拍摄的技巧

①前 5 秒法则：想办法保证在前 5 秒内有个亮点，否则很容易被用户关掉。

②每 5 秒反差法则：最好在视频的不同时段设置反转点，对用户产生不断的刺激，吸引用户从头到尾看下去。

③视频时长大于 7 秒，视频越长越好，但是如果不能保证大部分用户能看到最后，请控制时长，提高完播率。

（6）热门音乐的选择

抖音是一个注重音乐的平台，我们在拍摄视频的过程中，要注意选择视频的配乐。首先熟悉抖音拍摄的功能：倒放、慢拍、快拍、长按、倒计时等，然后学会根据内容配上合适的背景音乐。如果我们配乐选的恰当，视频播放量也会变高。如果配乐好听，用户可能会听完之后才换下一个视频，这样不仅可以提高视频的完播率，系统还会把我们的视频推荐给更多的用户观看。

（7）视频编辑软件的选择

推荐一款手机视频编辑软件——“视频剪辑合并”，它不仅可以剪辑视频，还可以将自己剪辑好的多个视频拼接在一起，操作简单、方便快捷。

①在手机应用商店找到软件“视频剪辑合并”并下载（图 3-2-3）。

下载安装之后点击进入界面，然后点击“+”号（图 3-2-4）。

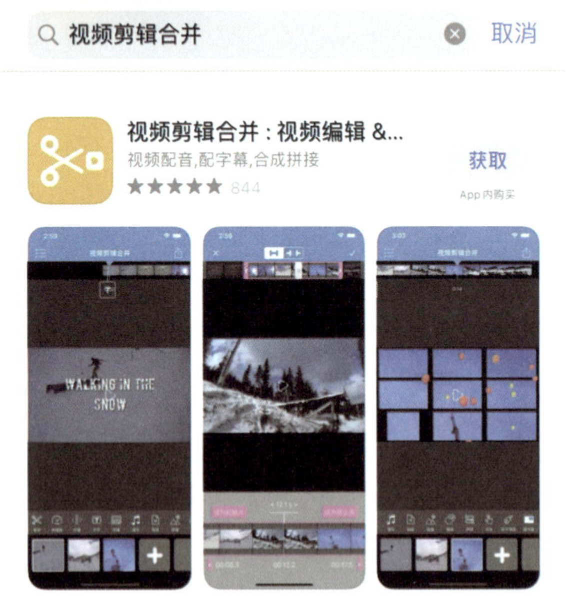

图 3-2-3　视频剪辑合并

图 3-2-4　视频剪辑合并软件界面

②点击视频，添加自己想要编辑的视频（图 3-2-5）。

③任意选择多个自己想要剪辑合并的视频（图 3-2-6）。

图 3-2-5　添加视频

图 3-2-6　选择多个视频

④选好视频后，在工具栏中点击“分割”(图 3-2-7)。

⑤拖动视频到自己想要剪辑的时间点，然后点击分割（图 3-2-8）。

图 3-2-7　分割

图 3-2-8　分割视频

⑥分割后视频会自动分成两段，之后可以任意编辑这两段视频，并且长按还可以拖动视频位置。视频剪辑好后，直接点击右上方的保存，完成制作。

常用的视频编辑软件还有以下几款：剪映、PR、Final Cut Pro、爱剪辑、快剪辑、Videoleap、VUE、一闪（onetake）等。

3.2.3 抖音运营与推广

1. 做抖音运营如何选产品

要想在抖音上做好运营，除了需要有好的创意点和高颜值之外，我们的商品也要有自己的独特之处。拿卖字画的来说，假如该字画没有什么独特之处，只是纯粹的展示成品字画，相信大家也不会有太大的兴趣花时间来看，而如果在抖音中展示书写作画的现场视频，用一种意境和功底来吸引用户，这样就能获得较高的点击量。

因为有的用户本身就是冲着制作过程和工艺来的，而不是因为产品的外观，这类容易形成视觉崇拜的手工产品以及手工制作的过程，可以为网店引流，从这个角度分析，抖音就是一个营销渠道，有了关注的人群，有了咨询，就可以引导用户到网店上下单购买产品。

2. 主播带动商品的营销

产品选好之后，需要一个有表现力和感染力的主播来为这个产品做动作营销，其实我们脑海中第一时间想到的就是让“帅哥”和“美女”来做这种视觉动作营销。这种方案是直接方案，也是一种必选方案。

还有另外一种方案，就是个人魅力，意思就是让粉丝因为主播的个人魅力被吸引，这种方案所带来的成交量和影响力是非常大的，甚至比第一种效果更好，此时即使主播推一件简单的 T 恤，也能销售得非常火爆。

3. 创作高质量搞笑视频

大家在刷抖音的时候，经常会遇到这种情况，就是一个搞笑视频流行之后，瞬间会迎来众多粉丝的模仿，用这个视频的声音来做自己的场景。

当粉丝们刷到这个视频的时候不乏好奇者想看看谁是原创，这种传播方式会带来不错的引流效果。我们需要靠智慧和想象力创造出一个搞笑的营销场景，例如，我们如果想推销衣服，就可以在特定的场景下展示衣服，吸引更多的粉丝前来观看、转发和购买。

4. 抖音视频的发布技巧

（1）技巧一：调整发布时间

根据抖音平台的调查数据分析，有 62% 的用户会在饭前和睡前刷抖音，最好的发布时间点没有统一的标准，一般是工作日的 12：00，18：00 以及晚上 21：00—22：00，或者周五的晚上以及周末等，就是在大家可能比较闲的时间段发布。

（2）技巧二：提升 4 个指标

抖音平台在评价我们在冷启动环节中的表现时，主要看点赞量、评论量、转发量、完播率这 4 个指标。因此，如果想获得抖音平台的更多推荐，我们就必须在视频发出之后，发动所有资源去提升这 4 个指标。

在视频描述里，引导用户完成点赞、评论、转发或看完视频的动作。很多短视频会在视频描述和视频开头结尾写到“一定要看到最后哦”或“亲们给我点赞吧”等文字，就是为了提升完播率。

在视频描述里，还可以设置一些互动问题，引导用户留言评论，提升评论量。通过回复用户评论，提炼视频核心观点，引导更多用户参与到话题讨论中来，进一步提升评论量。也可以提前准备好评论，视频发出后，邀请粉丝或好友写在评论区，引导用户围绕这个话题展开更多互动，以达到提升这 4 个指标。

（3）技巧三：积极参与挑战

在抖音上，每天都会有不同的挑战，我们可以根据综合的对比来判断话题火爆的潜力，然后选出认为最可能会火的话题进行模仿，这样可以提高被推荐的概率。

（4）技巧四：持续维护

根据抖音平台的推荐规则，有时候可能会推荐以前发布的视频，从而带火一些优质的老视频。所以，对于比较优质的视频，我们要持续做点赞、评论、转发，不断运营，也许过段时间这个视频就会被推荐了，还可以合理利用 DOU+ 进行快速推广。

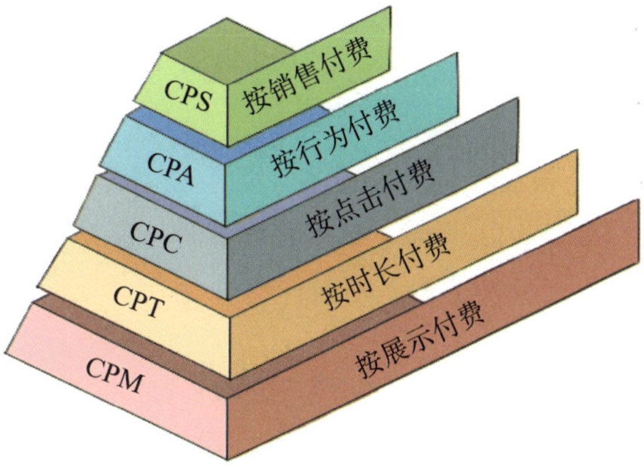

图 3-2-9　广告付费模式

5. 抖音广告付费模式和投放方式介绍

（1）广告付费模式

按销售付费（cost per sales，CPS）：以实际销售产品数量来计算广告费用，是最直接的效果营销广告。

按行为付费（cost per action，CPA）：按投放实际效果计价的广告。这里的行动成本可以是：电话咨询，即一个客户咨询电话所需费用；表单提交，即用户提交一次个人信息所需费用；单次下载成本，即 App 被下载一次所需要的费用。

按点击付费（cost per click，CPC）：根据广告被点击的次数收费。关键词竞价一般采用这种模式，在信息流广告系统中比较常见。

按时长付费（cost per time，CPT）：按用户使用时长或使用周期计费。

按展示付费（cost per thousand impression，CPM）：只要向足够量级的用户展示了广告主的内容，广告主就为此付费。按此计费的广告一般是以品牌展示和产品发布为主。总体来说效果不是很好，但是却能给客户带来稳定的展示流量。

优化千次展现出价（optimized cost per mille，OCPM）：本质还是按照 CPM 付费。采用更精准的点击率和转化率预估机制，将广告展现给最容易产生转化的用户，在获取流量的同时，提高转化率、降低转化成本。

广告主可以选择和设定投放广告的目标，并给出目标转化价格，广告系统投放预估点击率和转化率，向最有可能发生转化的用户展示广告，保证转化成本尽可能或者低于广告主的目标出价。

（2）广告投放方式

主要有竞价购买和保量购买两种方式。

竞价购买方式可通过今日头条广告后台直接操作投放，有大图、小图、组图和视频 4 种素材格式，可选 CPC、CPM、OCPM 任意一种计费方式，这种方式适合绝大多数广告主。

保量购买方式（GD）需要和工作人员具体对接，按 CPM 计费，确定好预算后一次性投放。这种方式的优点是确保了未来某段时间能够获得预期的流量。

抖音投放广告是在今日头条后台上的，收费模式、价格及广告精准定向是与今日头条一致的，只需要开通今日头条广告，在广告后台自己设置投放就行。

6. 抖音广告需准备的资料

广告主投放的视频广告在抖音推荐频道的信息流中进行展示，同时支持从视频广告点击跳转至广告主设置的落地页面。在投放前需要准备以下资料：较为优质的视频素材；优质的广告落地页面，并且该落地页面也需要在开户前进行审核。

准备好资料之后就可以在广告后台操作推广了。后台设置包括：性别、年龄、兴趣、关键词、城市地区、作息时间、天气、职业、运营商、手机操作系统、手机品牌、网络类型、文章类别，根据用户的不同兴趣动态显示广告标题和消费者网购行为等。

任务 3.3 短视频传播与引流

近年来，随着新媒体技术的快速发展，我们的信息传播形式和接受方式急剧变化。短视频传播的快速兴起在于它适应了当前人们的新媒体生存需求，如短视频对碎片化时间、生活化认知、个性化创意的填补、契合和张扬。

3.3.1 短视频传播的特点

“短视频”一般是介于 15 秒到 5 分钟之间，这中间有 15 秒、30 秒、1 分钟、3 分钟、5 分钟等几个经典的时长，这几个时长也常常是各大短视频平台对用户所上传视频的时长限制。短视频的传播渠道，主要有通过短视频类、社交类、媒体类 App 客户端观看，通过微信群、朋友圈分享和微信公号发布观看，通过微博发布观看等。

相对于长视频的影视作品，短视频具有“易于传播”“适于传播”的特点，最大可能的使观众在碎片化时间里看完视频内容。同时，如抖音，会通过大数据算法实现用户观看的“千人千面”，即根据每一位用户的观看喜好为他们精准推送个性化内容，这更增强了用户的短视频观看黏度，提升了短视频传播效果。

除了简约之外，网络技术和新媒体技术的发展，是短视频传播逐渐成为互联网空间“爆点”的又一个基础性因素。

就网络技术来说，如今我们的智能手机已经能够普遍而便捷地连接 Wi-Fi 和 4G 网络，并且网速也在不断提升。同样重要的是，从 2018 年开始，手机流量的资费大幅降低，普通民众的手机月流量套餐里常常有几 G 甚至几十 G；因此即便看视频会耗费较大流量，我们也不用再担心资费，未来的 5G 时代，情况更是如此。

就新媒体技术而言，这得益于高品质千元智能机的普及化，让我们可以轻而易举地安装并快速运行多类型的短视频 App；同时，手机视频拍摄和剪辑技术的发展让我们在界面简洁友好的短视频 App 中能够便捷地拍摄、剪辑、上传、分享短视频作品。

3.3.2 短视频传播的原因

如今网络和手机已经成为我们“身体的一部分”。曾有戏言，当下的人们，无论你身处何地、周边时空如何，只要拥有“手机、网络和充电宝”，就可以长时间、自主性地沉浸在一个与现实世界隔绝的网络世界之中。这种状态虽然会带给人不少问题，但却着实是短视频传播兴起和发展的关键性基础。

短视频传播火爆的主要原因有 3 个。

1. 填补了人们的碎片化时间

新媒体时代带给我们的一个重要生存变化，就是将我们的时间打碎。原本应该是完整的阅读时间、写作时间、亲子时间、工作时间、旅行时间，常常被反复的或突如其来的微信、短信、邮件消息打断；同时，我们也经常习惯性的每隔一段时间就去刷微博、朋友圈、短视频等，这些都加剧了我们时间的碎片化。

况且，我们的生活中本来就有许多零碎的短时间，如候车、等人、睡前、吃饭、排队、小憩等。可以说，时间碎片化已经成为当前我们生活的常态。而在碎片化的时间里，蕴含着我们对信息吸纳的大量需求，人们可能是想充分利用各种零碎的时间来学习，也可能只是想在无聊的零碎时间里休息娱乐。

短视频恰好满足了我们的需求。短小精悍、可以随时开始又可以随时停止，有效地填补了生活化、碎片化的时间。因此，短视频传播的快速发展，正是新媒体产品满足了当代人的生活需求的结果。

2. 契合了人们的生活化认知

网络新媒体的主流使用人群是中青年人，他们大多是第一代“网络移民”，已经自觉适应、熟悉并喜爱新媒体时代的信息传播方式，这种方式的突出特点就是生活化。

短视频传播火爆的原因也在于它契合了我们的生活化认知方式。除了前面所提及的，我们是在生活化、碎片化的时间中来观看短视频的原因外，还在于短视频不仅形式短小，且内容大多是生活化的。

如今，无论是主流媒体的主流内容，还是商业化短视频平台的创意内容，大多数短视频都注意到用软性、灵活、生动、创意甚至带有网感、后现代的方式表达出来，激发观看者的情感、情绪和社交分享欲，发挥了潜移默化的传播作用。

3. 张扬了人们的个性化创意

目前，抖音、快手等依赖用户贡献短视频的平台，正如火如荼地发展，短视频创作者的草根化正是短视频传播快速崛起的又一重要因素。

在网络新时代，网民的创意是无限的，网民为短视频平台贡献了大量带有戏剧性、创意性、视觉性、奇特性、知识性、喜剧性、情感性的短视频内容。同时，主流媒体在主流内容的短视频化实践中，也顺应了“期待创意”的用户观看期望，展示了很多富有创意的内容。

这种用户个性化创意的张扬，一是使短视频的内容海量、丰富且可视性强，提升了短视频的传播效果；二是在创作上强力吸引用户制作、上传视频的同时，也带来了传播上的用户大量观看视频，形成草根网民之间的互动和对话，二者相辅相成，共同提升了用户粘度。

短视频传播给我们带来了很多益处，如拓展了我们的休闲方式，提升了我们用视频表达自己的能力，为我们提供了施展创意的平台，搭建了我们和社会对话的一个良好渠道，也让我们在观看中增加了见闻和见识，同时它还是主流媒体在媒介融合时代发展转型的重要载体。

想一想

结合自己生活和学习的实际情况，选择一款适合做短视频营销的产品，并思考如何进行营销推广。

3.3.3 引流方法

1. 直接推送

直接推送就是在视频的片头、片尾或主页中直接推送微信或者微博账号的信息，让用户加关注。虽然用户体验差一些，但是引流效果还是很好，初创型的团队可以使用这种方式吸引流量。

2. 活动推送

活动推动的形式也比较常见，如通过短视频分享一些实用干货技巧或者操作工具等内容，用户关注微信公众号或者微博之后就可以免费领取这样的学习资料，或者通过发布容易引发争议的讨论主题，吸引大家到微信公众号或者微博查看答案。

3. 内容转化

内容转化就是通过不断地输出高质量的内容，吸引用户产生比较强的黏性和高活跃度，然后将自己打造成这个领域的优质内容创作者，不断提高自身的影响力，最后实现转化。

做内容引流的时候需要注意两点：一是不要生硬地将广告植入到视频当中，这样的用户体验感比较差，容易产生用户流失，留存效果不好；二是我们在做内容的时候需要不断地测试和优化自己的选题内容，寻找用户喜爱的主题，提高用户活跃度。

4. 鼓励网友转发视频

短视频平台中的大部分视频都比较贴近生活，让网友们感觉真实，在这种情况下，他们更加放松、无防备，更容易接受推荐，并愿意主动转发推荐。例如，餐饮商家想用短视频平台引流，不妨从顾客着手，我们可以在实体店门口挂个招牌，鼓励顾客在店内拍摄小视频，赠送礼品；或者开展集赞活动，如凡在本店就餐拍视频 20 赞抵 1 元，100 赞打 8 折，1 000 赞半价，2 000 赞免单等活动。这样顾客既得到了实惠，商家也进行了宣传推广。

5. 发挥店内特色

很多商家都有自己的特色，这样就可以结合短视频的传播来加大推广力度。如特色餐厅的环境、菜式、服务甚至只是菜单，我们可以把这些特色的内容以顾客的视角用视频晒出来，引起网友们的关注，吸引他们前来就餐。

6. DIY 创意

如抖音视频中火爆的星巴克隐藏菜单和海底捞的 DIY 秘制料理等（图 3-3-1），这些简单的 DIY，可以让顾客手动参与，不仅有乐趣，而且操作简单、容易模仿。如果吃法比较新奇，网友们就会乐此不疲地进店模仿尝试，从而转为店铺的线下流量。

图 3-3-1　星巴克隐藏菜单（左）和海底捞 DIY 秘制料理（右）

以上六点就是常见的短视频引流方法。除此之外，做好短视频引流转化还需要遵循以下四个原则。

①做引流之前首先确定自己的推广方式或转化形式，常规的可以用内容转化或活动转化方法。

②做内容一定要找到用户喜欢的选题或者非常需要的内容，对于转化影响力非常大。

③一定要考虑用户的体验度或友好度，尽量不要打搅用户观看视频。

④做引流时还需要考虑渠道的规则和接受度，不同的短视频平台对于植入广告的管理规范要求不同。我们在做短视频引流的时候应该针对不同的渠道做转化，这样可以获得更好的效果。

3.3.4 数据分析

1. 分析基础数据

在短视频运营中，数据分析是非常必要的一个环节，重要的数据概念有播放量、评论量、点赞量、转发量和收藏量。

播放量是一个基础数据，是评判一个视频好坏的重要标准之一。通过分析一些已有的播放量和相关数据，可以帮助运营人员作出决策。如一个合格的标题应该多长？在手机端和网页端能够完全显示的标题字数为 26 个字。根据统计，历史累计播放量前 5 名的视频中有 4 个标题的字数在 20 个左右，另外一个是 30 个字。然后我们将前 50 与前 100 名的标题字数求平均值，分别都是 20。此时我们再进行第二步统计，前 50 名中标题字数超过 25 个字的有 7 个，第 51 名到 100 名中标题字数超过 25 个字的有 6 个。证明标题超过 26 个字也不一定播放量就很低，只是我们应该尽量将视频标题缩减到 26 个字，效果可能更好。在这个案例中我们就是通过对播放量进行对比和分析，得出了一些有规律性的结论。

根据渠道的不同，需要分析的关键数据也不同。如优酷和爱奇艺这两个渠道，最关键的数据就是播放量，从页面上也可以看到，几乎没有显示评论量或点赞量等这些量的入口。事实上从我们的统计工具中也可以看出，这几个经典的视频播放渠道上就没有转发或收藏，除了播放量和极少的评论之外，点赞的数量也可以忽略不计。那么分析这两个渠道的数据时只看播放量就可以了。

但是在美拍和秒拍这两个渠道上，我们除了看播放量还需要看点赞量，微博上要看转发量和评论量。总之，我们要全面了解各个渠道的特点，找到关键数据进行分析，不然得出的结论也是无用的。

2. 处理关键数据得到比率

除了分析基础数据量之外，我们还可以对数据做一些处理之后再分析。就是在播放量的基础上，对另外四个数据量做一些处理，得出四个比率：评论率、点赞率、转发率、收藏率。就是用评论量、点赞量、转发量和收藏量分别除以播放量得到的比率。

比率的意义是什么呢？很多视频的播放量差距非常大，有的视频播放量上百万，有的只有一两万，数据量是可以变化的，但是相除得到的比率基本是稳定的。我们就是通过做这种除法求出的比率，使得播放量相差许多倍的视频也具有了可比性。所以除了对播放量以及观看者的评价进行分析外，这四个比率也是非常重要的数据指标。

3. 数据分析的作用

（1）数据分析决定视频的发展方向

我们在制作和发布视频之前一般都会制定大致的规划及方向，但是我们掌握不了用户真正喜爱的方向是哪个，有些用户的喜好往往会偏离我们的认知，所以，我们不能主观的凭自己的猜测来断定。

这时候就要借助数据的力量了，通过数据来分析我们前期所做的内容效果，看看哪些内容的数据量是比较高的，哪些内容是不太受用户欢迎的，等等，从而掌握视频的发展方向。

（2）数据分析决定视频的发布时间

视频的发布时间是非常关键的，有时候相似的一段视频在不同时间发布出去，出现的结果却是截然不同的。所以我们就需要借助数据来分析一下，看看哪些时间段是用户浏览的高峰期，掌握发布时间的规律，在下次发布短视频的时候就可以选在一些特定的时间段中，增加曝光的概率。

（3）数据分析帮助构建用户画像

用户画像是根据用户社会属性，生活消费习惯等行为信息抽象出的一个标签化的用户模型。因此构建用户画像的第一步便是进行数据的收集，将用户的行为信息进行挖掘。同时，也要了解一下关注我们的用户有什么样的特征，比如年龄层次的分布和男女的比例等，如果是青年男性居多，在制作内容的时候可以多从青年男性的角度出发，更能引起共鸣。根据这些特征分析出用户们的喜好，然后运用到视频内容的策划和制作中。

总之，我们要时刻关注数据的变化，并对其进行不断的分析和研究，才能发现各种规律，以便及时调整我们的运营思路和方案。

思政园地 ‖ 短视频是作品吗?

2018 年年末，北京互联网法院挂牌成立后受理的首起案件“抖音短视频”诉“伙拍小视频”侵害作品信息网络传播权案宣判，法院认定涉案短视频《5·12，我想对你说》是受我国著作权法保护的作品，这也让短视频的版权问题成为大众关注的焦点。

根据《中华人民共和国著作权法实施条例》规定，著作权法所称的作品是指文学、艺术和科学领域内具有独创性，并能以某种有形形式复制的智力成果。这意味着，如果短视频被认定为著作权法所保护的作品，需要符合以下两个条件：一是必须具有可复制性，著作权法保护的作品是能以物质复制的形式加以表现的智力成果（复制形式包括印刷、录制、摄影、绘画、表演等）；二是必须具有独创性，也是著作权保护对象的核心要件，即由作者独立构思而成的，不能是抄袭、剽窃或者篡改他人作品。我国的著作权法没有给独创性的具体含义进行界定，但在司法实践中，一般要求作品必须体现作者的“选择、判断”，即作品是作者独立创作，并体现出某种程度的取舍、选择、安排、设计等个性。

我们日常所见到的短视频一般分为两类：一类是自行创作、录制拍摄的，通常包括短纪录片、网红 IP、情景短剧、技能分享、随手拍等。另一类就是对已有视频进行剪辑、加工、制作而成，包括创意剪辑、精彩片段等。一般认为，如果作者在制作短视频时有想表达的主题、对拍摄的画面进行了选择和剪辑，就认定其具有一定的独创性。

拓展阅读 ▶ 头条号“巧妇 9 妹”农家自媒体年入千万

“巧妇 9 妹”的头条号发布了一条微头条，告诉大家近期摘果和即将停售的情况，配上了几张摘果和称重的照片。

这条微头条发出去后，“巧妇 9 妹”头条小店里的沃柑，一天直接卖出去 7 000 多斤（1 斤 =0.5 千克）。这些沃柑从广西灵山县的乡村，寄送到全国各地的粉丝手上，在 400 多条评论里能看到从广东到黑龙江的顾客身影。

凭借日更两条的短视频，以及自己和村民们自产自销的水果特产，如今，“巧妇 9 妹”一个月的电商销售额能到 150 万，最高时突破 200 万。除此之外，与今日头条和西瓜视频签约后，流量和直播收益每月有 50 万左右。“巧妇 9 妹”的年收入预计达到千万。

案例分析：

信息传播可以创造价值。自媒体不仅可以帮助政府推行扶贫政策，有效帮助贫困地区脱贫，而且还记录乡村美景，传播了农村文化。头条号“巧妇 9 妹”所创造的价值，一方面体现在经济价值方面，帮助信息封闭的农村走出去，使农产品不再堆积，带动农民就业创业，增加经济收入，另一方面体现在人文价值上，该头条号记录了乡村的美丽风光和民俗风情，使得当地的美好风情和民俗文化得以持续不断的传播。今日头条用“巧妇 9 妹”的实际事例证明了这一点，依托大数据和人工智能推荐技术将合适的信息推荐给需要的人，实现了信息价值的最大化。

项目实训 3-1　短视频平台运营实训项目

1. 实训目的

通过对比分析短视频平台后，撰写脚本，制作短视频，并在合适的平台上发布，最后进行数据跟踪分析，培养学生短视频制作和运营的能力。

2. 实训要求

4~6 人一组，以小组为单位，分工合作。在拍摄之前要对拍色对象“五芳斋”做全面的调研，脚本写作尽可能详细，共同完成短视频拍摄和发布。

3. 操作步骤

①以小组为单位，查找资料整合信息，对目前短视频平台进行对比分析，填写分析表。

平台	目标用户	平台定位	内容类型	变现方式	平台特色 / 优势
西瓜视频					

②以嘉兴五芳斋为拍摄对象，在表格中撰写分镜头脚本，要求脚本合理，结构完整，情感丰富，突出品牌 / 产品特点。

镜头	摄法	时间	画面	解说	音乐	备注
1						
2						
3						

③根据脚本进行短视频的拍摄和制作，选择合适的短视频平台发布拍摄好的短视频。

④短视频发布后进行效果跟踪，分析运营数据，不断优化。

4. 温馨提示

在撰写脚本前要充分收集五芳斋的资料信息，拍摄之前自学短视频拍摄技巧。

5. 实训回顾

①好的脚本是优秀视频的基础，如何撰写出好脚本呢？

②爆款短视频都具有什么特点？

③短视频运营，需要重点分析哪些指标？

项目小结

短视频平台运营作为新兴出现的职业，它属于新媒体运营或者互联网运营体系下的分支，即利用抖音、快手、微等短视频平台进行产品宣传、推广、企业营销的一系列活动。通过策划品牌相关的优质、高度传播性的视频内容，向用户广泛或者精准推送消息，提高品牌知名度，从而充分利用粉丝经济，达到相应的营销目的。

复习思考题

一 单项选择题

1. 抖音短视频的时长最长是（　）。

A.20 秒　　B.30 秒

C.60 秒　　D.90 秒

2. 微视，是（　）旗下的短视频平台。

A. 百度　　B. 阿里巴巴

C. 腾讯　　D. 新浪

3. 在抖音短视频的制作中，内容领域需要达到什么标准？（　）

A. 系统　　B. 垂直

C. 水平　　D. 专业

4. 抖音投放的广告是在哪个平台后台上实现的？（　）

A. 巨量引擎　　B. 大鱼号

C. 今日头条　　D. 微信

二 多项选择题

1. 抖音的拍摄技巧中有以下哪几种？（　）

A. 前 5 秒法则　　B. 视频时长大于 7 秒法则

C. 每 5 秒反差法则　　D. 视频时长大于 13 秒法则

2. 影响视频质量的因素有哪些？（　）

A. 点赞量　　B. 评论量

C. 转发量　　D. 完播率

3. 数据分析的作用有哪些？（　）

A. 决定视频的发展方向　　B. 决定视频的发布时间

C. 提高收藏量　　D. 帮助构建用户画像

三 简答题

1. 请列举一下短视频运营中的数据分析方法有哪些？

2. 抖音平台能够吸引大量的用户，它的特点和优势是什么？

项目 3　习题答案

四 论述题

现在越来越多的企业都青睐短视频营销，开始培养自己的企业网红品牌，你认为企业认可和青睐这种新媒体营销模式的原因有哪些？

项目 4

网络直播运营

目标导航

知识目标

1. 了解网络直播的概念、特点、分类。
2. 了解网络主播。
3. 了解网络直播平台。
4. 了解网络直播营销的优势。
5. 了解网络直播发展的原因。
6. 熟悉网络直播的流程。

能力目标

1. 能够独立完成网络直播。
2. 能够开展淘宝直播运营。
3. 能够独立对直播产生的数据进行有效分析。

思政目标

1. 树立大学生正确的意识形态安全观。
2. 培养自身奋发向上的团队精神，积极参与社会主义现代化建设。

项目导图

- 网络直播运营
  - 认识网络直播
    - 网络直播概念
    - 网络直播特点
    - 网络直播分类
    - 网络主播
    - 直播平台
  - 认识网络直播营销
    - 网络直播营销概念
    - 网络直播营销优势
    - 网络直播营销的发展原因
    - 网络直播营销流程及注意事项
    - 淘宝直播运营
    - 淘宝直播运营步骤

导入案例

（聚焦东博会）中国网络直播热让东盟商品成为“网红”

“仅仅五秒，近 2 万盒榴梿月饼在中秋节被一抢而空，太不可思议了。”马来西亚榴冠王食品生产有限公司运营总监俞耀胜没有想到，当前中国的网络直播平台，有如此超强的“带货”（指通过视频直播推介商品，并接入电商平台直接网上购买）能力，让榴梿在中国成为名副其实的“网红”产品。

近年来，随着中国互联网的发展，互联网直播等销售方式兴起。一支话筒、一台电脑、一个摄像头，主播便可通过直播“带货”。

中国社交软件抖音、快手及电商平台淘宝、京东等都已开通视频直播渠道，并借此“带货”。据《2019 年淘宝直播生态发展趋势报告》显示，2018 年仅淘宝直播平台“带货”就超过 1 000 亿元（人民币，单位下同），同比增速近 400%。

进入中国市场多年的东盟特产——榴梿见证了网络直播的兴起。23 日，在广西南宁市参加第 16 届中国—东盟博览会（简称东博会）的俞耀胜介绍说，十几年前互联网并不发达，榴梿还不被太多中国人知晓。2003 年初到中国时，公司很难打开市场，处于亏损状态。

随着中国—东盟往来日益频密及互联网的普及，越来越多的中国民众了解并喜爱榴梿，俞耀胜的生意开始出现转机。2012 年，俞耀胜瞄准中国互联网市场，将销售渠道从线下开拓到“线上”，入驻中国电商平台后便一下打开中国市场。

近两年，俞耀胜又追上中国网络直播“带货”的步伐，与中国直播平台合作，与主播在互联网上“聊天卖货”。俞耀胜说：“现在顾客更喜欢沉浸式体验，聊天聊开心便促进购买。”

与此同时，泰国乳胶枕、印尼猫屎咖啡、柬埔寨香米等东盟商品，也日益成为受中国民众追捧的“网红”产品。麟与实业（泰国）股份有限公司负责人许正贤在东博会上接受记者采访时表示，他们通过淘宝、京东销售乳胶枕产品，并寻找“网红”直播“带货”。

开创数字经济时代的新贸易模式，受到中国和东盟各国政府和企业界的大力支持。今年

9 月，中国电商集团阿里巴巴联手马来西亚政府举办马来西亚周，让马来西亚的燕窝、榴梿、白咖啡等特产通过互联网直播走进中国。“三秒钟售出 3 000 盒马来西亚拉茶，十几分钟内售出价值百万的燕窝。”马来西亚国际贸易和工业部长达雷尔·雷京曾在马来西亚周曾赞叹中国网络直播的“带货”力。

“想进入中国市场，一定要善用科技手段。”总结在中国市场打拼多年的经验，俞耀胜更看好未来这个市场的活力，“中国 5G 技术也走在前端，更快速的网络将迎来更新的销售模式。”

思考讨论：

为什么直播带货越来越火？直播是怎么火起来的呢？

任务 4.1　认识网络直播

4.1.1 网络直播的概念

网络直播

网络直播（图 4-1-1）是基于互联网平台，将现场直播以视讯的方式上传，以供用户进入网站观看的传播方式。凭借互联网的传播快速、内容直观等优势，以及无地域限制、交互性强等特点，网络直播带来的现场推广效果，较传统的传播方式明显增加。

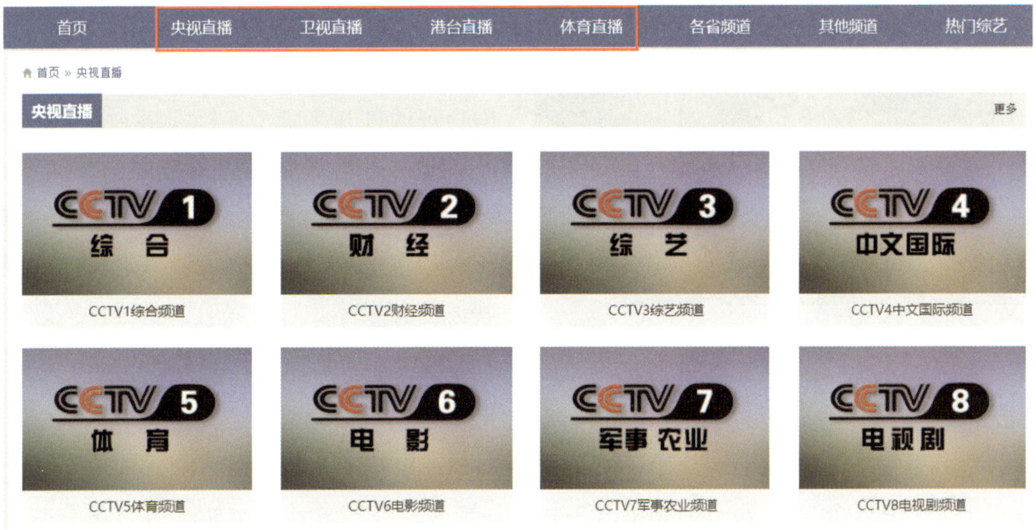

图 4-1-1　网络直播

“网络直播”大致分两类：一类是在网上提供电视信号的观看，例如各类体育比赛和文艺活动的直播，这类直播原理是将电视（模拟）信号通过采集，转换为数字信号输入电脑，实时上传网站供人观看，相当于“网络电视”。它是网络的最初形式，也是至今沿用的形式之一，如春节联欢晚会的直播、体育赛事的直播等；另一类是人们所了解的“网络直播”：在现场架设独立的信号采集设备（音频 + 视频）导入导播端（导播设备或平台），再通过网络上传至服务器，发布至网站供人观看。

在没有互联网的年代，大家的生活方式都比较单一，而随着互联网的不断发展，人们的生活越来越便利，联系一个人不再需要书信，只需要用手机发送一条信息，就可以实时与对方联系，想要购物也不用出门，直接在网上就可以买到各种需要的物品。衣食住行，样样都可以通过互联网搞定。无论是我们想学的、想做的、想认识的，基本上都可以从网络上解决。互联网不仅可以让人们纵览天下事，还提高了人们的生活质量。

随着互联网的快速发展，网络流媒体技术日益强大。相较于2015年之前的网络技术，今天的流媒体技术在功能实现上有了飞跃的发展。在原有的文字浏览、图片发布等功能的基础上，实现了音频和视频的应用。这为网络直播的发展奠定了良好的基础。随着5G技术的发展，网络直播更是会成为未来新媒体营销的主战场。可以说，网络直播是互联网时代诞生的产物，是伴随着互联网新技术发展的产物。

4.1.2 网络直播的特点

结合网络直播的应用，我们可以清晰地知道网络直播所具有的特点，具体表现为以下几点。

1. 实时性

随着互联网技术和移动网络的发展，笔记本电脑、手机、PAD的大量普及应用，人们越来越倾向于通过以上设备获取资讯。如今，随着无线局域网的快速发展，网络运营商技术的不断成熟，结合智能移动设备的普及，手机、PAD等对流媒体信息的接收能力显著提高。

图 4-1-2　实时网络直播

过去，由于技术的不成熟，直播存在时间上的限制，不能在指定的时间内观看，往往只能看重播，在获取信息方面较为滞后。实时网络直播（图4-1-2）出现以后，给观众带来了极大的便利。用户可以打开手机，连接网络，搜索直播链接或App即可进行观看。简单来说，在网络直播中，视频采集、数据发布、观众收看等可同时进行，所有的信息可以实现实时共享。同时，相比较于其他信息载体，直播具有非常强的实效性。观众在直播间中掌握到的内容往往是最新的信息。

2. 交互性

传统媒体在直播时，只能采用文字、图片、音频和视频等加工好的内容，将现场时间的发展传递给观众。双方之间是传递和接收的关系，无法进行彼此交流。网络直播跟传统直播大不相同，网络直播不仅可以让用户及时掌握事件的动态，还可以与观看同一直播的用户进行沟通，用户可以将自己对事件的观点、想法、感受等发表在意见栏、弹幕上面，实现多方互动（图4-1-3）。同时，在网络直播下，多元素的共享平台使直播内容的采编、发布、收看都是在平等的基础上进行的。内容的制作者与用户之间是平等的，双方均拥有自主选择权，并可基于平台进行互动交流。就内容而言，直播的制作者和用户之间也是彼此平等的，均具有同样的权利并必须遵循相关的法律和平台规则。

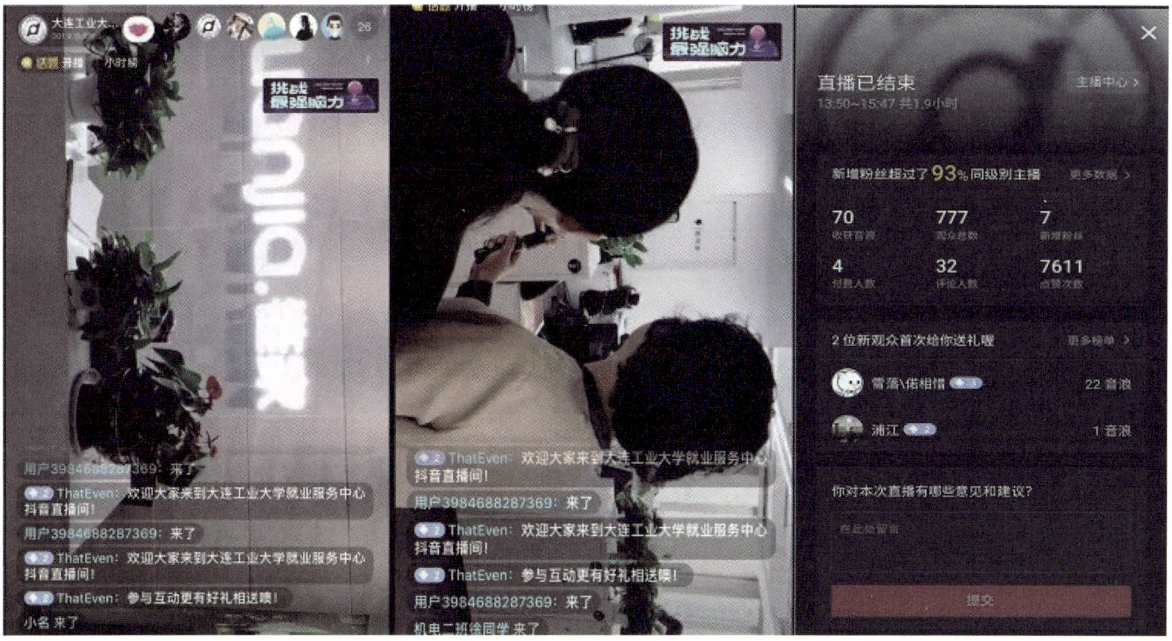

图 4-1-3 网络直播互动

3. 灵活性

以电视为主的传统直播普遍存在一个特点，播放顺序较为单一。简单来说就是所有节目存在一定的播放顺序，观众只能根据自己的喜好决定自己喜欢的节目。基于这一特点，观众在传统的传播模式下，若不能准时观看节目，则需要在特定的时间下等待重播。

伴随着互联网技术的发展，网络媒体的兴起，观众的选择自主性逐渐提升。网络直播视频等一经播出便可以储存于该平台，观众即使错过了直播，也可以随时随地登录网络平台进行点播（图 4-1-4）。由此可见，网络直播具有较强的灵活性，可以更好地满足受众需求。

图 4-1-4 网络直播点播

4. 大众化

随着互联网技术的发展和应用，网络直播的内容生产和发布门槛越来越低。摄像头、麦克风、声卡、监听耳机这几种设备搭配在一起很快就能产生效果。根据直播场景的不同，部分设备也会不同。当然最简单的直播就是直接用手机。可以说，直播已经不再只是一种娱乐方式，更成为对网络大众普遍使用的情感表达方式。无论是明星、网红，还是普普通通的网络用户，均可以登录网络直播平台发布自己想要分享的内容，并以此为媒介与其他用户进行互动。当然，由于直播的低门槛，也造成了直播内容的参差不齐，这一方面就要求直播平台做好内容监控，同时监管部门也要做好政策引导。

5. 空间性

直播能够打破地域限制，仅仅依靠手机或电脑就可以将人聚在一起，方便快捷，也节省了一大笔开支。

对于企业来说，直播也是零距离接触消费者及客户的一种手段，变被动为主动，不同于其他媒体传播及广告，直播更多的是吸引目标受众群体主动参与，而不是单纯的广告形式。

想一想

企业、个人为什么要做网络直播？如何做网络直播呢？

4.1.3 网络直播的分类

1. 秀场直播

秀场直播是指通那些能唱会跳的女生将唱歌、跳舞等才艺表演以直播的内容呈现给用户，是“美女经济”与音乐等经济的有效结合。这一直播的形态发展较早，内容和规模相对较为稳定。主播的个性特质相对其他直播形式而言较弱，容易被复制替代。通常情况下，在做秀场直播时，比较看重形象好、会唱歌、具有亲和力和善于表现自己的这类人。

2. 购物直播

购物直播主要通过各类网络达人在“电商 + 直播”平台上和粉丝进行互动社交，达到出售商品的目的。购物直播平台如抖音、淘宝、京东、唯品会等，其用户以女性居多。这类直播平台的盈利方式以商品销售为主，增值服务（虚拟道具购买）为辅，吸粉方式主要是网络达人入驻和明星入驻。

3. 专业领域直播

专业领域直播主要针对的用户人群与其他直播有很大不同，它们针对的是有信息知识获取需求的用户，如抖音用户天元邓刚、成都蜀骏老唐等。这类直播可以将人们的注意力从原本枯燥的文字转移为人和口语表述上或者生动的演示，通过演讲、现场演示等表现力十足的方式呈现在大众面前。专业领域直播，其专业门槛较高，因此对主播的要求很高，更加关注主播的解说和内容，为用户提供专业信息知识和技术服务。

4. VR 直播

与普通的视频直播相比，VR 直播能为用户提供 360 度全景画面，将会给用户带来更强的视觉体验效果。触手可及的场景道具及逼真（真实）的直播环境，将极大地增加用户的参与感及忠实度。

以往，带宽和延时是直接影响 VR 直播体验的两个重要网络指标，但随着我国互联网技术的发展和国家一系列政策的支持，特别是随着 Cloud VR 的出现，这种兼具轻量化和低成本优势、且能摆脱传统线缆束缚的 VR 业务模式迅速征服了众多的消费者，正以星火燎原之势将身临其境式的沉浸体验送入千家万户。

2019 年的阅兵仪式借助 Cloud VR 业务和千兆宽带，使人们宛如被带到了天安门阅兵式现场，甚至看得更加清楚、全面。对消费者而言，通过 VR 直播观赏节目既节约了门票费用，又能突破空间的限制任意切换观看角度，用最低成本的感受 VVIP 的观看体验；对主办方来说，则可以突破现场座位数量的限制、扩大收视群体，让更多观众参与进来。

4.1.4 网络主播

1. 网络主播概念

网络主播是指在互联网节目或活动中，负责参与一系列策划、编辑、录制、制作、观众互动等工作，并由本人担当主持工作的人或职业。网络主播是一个综合能力很强的职业，一个优秀的网络主播常常要一个人面对线上数万、几十万甚至上百万的观众，并且实时与线上观众交流互动。

图 4-1-5 VR 直播

2. 主播形式

直播形式与录播形式。目前国内以直播形式居多，90% 的网络主播都在各大直播平台网站拥有自己的直播间。观众可以在主播所在的直播平台网站，输入主播名称或频道号以及房间号等方式查找进入其直播间。

录播形式需要提前录制节目，然后将录制好的节目视频文件上传到视频网站，视频网站对其节目进行审核发布，观众可以进入视频网站观看主播的节目。

3. 主播分类

第一种也就大家常见的各平台娱乐主播（才艺、颜值、星秀、户外等）收入大多为直播间观众的礼物分成。当然还有其他收入方式，如接广告，商务合作。

第二种就是电商主播，淘宝、抖音、快手平台居多，是个人店铺或者说是品牌店铺直播卖货，收入为产品利润 + 观众礼物。多数店铺为外招主播，属于雇佣关系，常见中型商铺。少数为个人店铺，主播是店铺老板本人或者长期签约的主播。

第三种就属于前两部分都涉及的，粉丝量有很大的基数，有属于个人 IP 的标签。个人直播时跟自己粉丝互动，收入为观众礼物分成，有品牌方邀请带货时则为礼物分成 + 产品坑位费和分成。

当然，除了以上三类外，音乐主播也是现在比较流行的主播类型。

4.1.5 直播平台

当下最火的一种职业就是网络直播，其包括了音乐直播、娱乐直播、电商带货等。网络直播已经成为一个非常受欢迎的行业，只要是自身有才艺、有梗的人更容易具有“火”的潜质。依赖网络直播诞生了一大批的网红，这些网红凭借着自己的实力、形貌、搞怪等吸引了一大批的粉丝，通过短视频 + 主播形式吸引了不少人关注和观看。那么直播平台有哪些呢？让我们一起来了解一下。

1. 抖音

抖音实质上是一个专注音乐短视频的社区，但也涉及直播服务。

2. 酷狗直播

酷狗直播坚持主打音乐品牌，深耕音乐垂直市场，与酷狗 4.5 亿数字音乐用户一起，开拓性地创建在线视频互动演艺平台，谋求在线演艺平台突围之路，探索数字音乐发展新模式。同时提供明星主播、素人主播视频直播音乐互动服务，也为主播艺人与粉丝进行音乐互动提供一个交流渠道。

3. 一直播

一直播是一款独具特色的视频直播软件，在一直播 APP 中，你可以看到形形色色的直播风格，还可以与主播点赞互动，也可以随时观看你关注的主播的新直播内容，观看热门直播。

4.YY 直播

YY 直播是一个包含音乐、科技、户外、体育等内容在内的国内全民娱乐直播平台，移动端月活跃用户超 4 100 万，其最早建立在一款强大的富集通信工具 YY 语音的平台基础上。

5. 哔哩哔哩

哔哩哔哩，简称 B 站，现为中国年轻时代高度聚集的文化社区和视频平台，该网站于 2009 年 6 月 26 日创建，被粉丝们亲切地称为“ B 站”。B 站早期是一个 ACG（动画、漫画等）内容创作与分享的视频网站。

拓展阅读 ▶ 初学者如何做直播?

1. 直播前，写下你要直播的基本提纲

清晰地目标规划流程，可以告诉自己先干什么后干什么。拿出一张白纸，清晰地写出你的直播提纲以及需要准备的事情。在整个描述写字的过程中说不定会突然有好的想法，这时就可以写在纸上，直播的时候可以测试下自己的想法，说不定会带来不可思议的效果。

2. 列出事情的轻重缓急

即列出哪些事情先做哪些事情后做。直播前，检查调试好手机直播的效果，搭设直播场景环境，直播光线如何，麦克风音质如何，常用的以及本场直播可能用到的音乐伴奏是否准备妥当，等等。

3. 多学习多总结

多去看、多学习、先模仿，再创新，从最基础的内容开始学习和实践。当你不知道怎么直播时，多多关注同行的大主播，看看别人是怎么直播的，直播前又是如何热身开场、中途又是怎样点燃气氛、调动粉丝激情的，最后又是如何结束直播同时怎么切入下一场直播的。

任务 4.2 认识网络直播营销

4.2.1 网络直播营销的概念

直播营销是指在现场随着事件的发生、发展，同时制作和播出节目的营销方式，该营销活动以直播平台为载体，以达到企业获得品牌提升或销量增长为目的。

网络直播营销

4.2.2 网络直播营销的优势

直播营销是一种营销形式上的重要创新，也是非常能体现互联网视频特色的板块。对于广告主而言，直播营销有着极大的优势。

1. 某种意义上，在当下的语境中直播营销就是一场事件营销

除了本身的广告效应，直播内容的新闻效应往往更明显，引爆性也更强。一个事件或者一个话题可以更轻松地进行传播和引起关注。

2. 能体现出用户群的精准性

在观看直播视频时，用户需要在一个特定的时间共同进入播放页面，但这其实是与互联网视频所倡导的“随时随地性”是背道而驰的。但是，这种播出时间上的限制也能够真正识别出并抓住这批具有忠诚度的精准目标人群。

3. 能够实现与用户的实时互动

相较传统电视，互联网视频的一大优势就是能够满足用户更为多元的需求。不仅仅是单向的观看，还能一起发弹幕吐槽，喜欢谁就直接献花打赏。这种互动的真实性和立体性也只有在直播的时候能够完全展现。

4. 深入沟通，情感共鸣

在这个碎片化的时代里，在这个去中心化的语境下，人们在日常生活中的交集越来越少，尤其是情感层面的交流越来越浅。直播，这种带有仪式感的内容播出形式，能让一批具有相同志趣的人聚集在一起，聚焦在共同的爱好上，情绪相互感染，达成情感气氛上的高位时刻。如果品牌能在这种氛围下做到恰到好处的推波助澜，其营销效果一定也是四两拨千斤的。

4.2.3 网络直播营销的发展原因

网络直播营销的发展原因主要有以下三点。

1. 移动网络提速和智能设备的普及

像花椒直播这样的完全诞生在移动互联网时代的视频直播 App 开始涌现，并受到资本市场的关注。这其实得益于移动网络的速度的提升，以及流量资费的降低，视频直播能够比以往更加的流畅，并且更为重要的是智能手机的普及，让人们逐渐完全摆脱无线网络和电脑而可以直接通过智能手机进行视频拍摄上传，这就使得视频直播能够有更多的场景，从而让企业有了全新的营销机会，可以随时随地和更加立体地展示企业的文化、发出企业的声音，而不再仅仅依靠微博和微信。

图 4-2-1　观看网络直播

2. 企业需要更立体的营销平台

在过去几年，很多企业、政府机构已经在微博、微信开通账号，将其作为自身品牌营销和文化传播的标配。不过，这些传播主要还是基本以图文为主的，然而这是远远不够的。图文始终不够立体，用户看到

的还都是静止的，在如今这个信息泛滥的时代，单纯的文字传播很可能被忽略。而现在视频直播的兴起和广泛应用，正好弥补了以前企业进行营销传播时的缺憾，在微博、微信之外，多了一个更为立体生动的营销阵地。

3. 网友看视频玩视频的习惯养成

无论是移动互联网时代的机遇也好，还是企业营销的需求驱动也罢，这一切最重要的根基是用户愿意在这个平台上进行“玩耍”。越来越多的人愿意在视频平台上花费时间创造内容和浏览内容，这都得益于用户习惯的培养完成。

拓展阅读 ▶ 柳岩在聚划算平台上直播楼兰蜜语枣夹核桃

2016 年 5 月 24 日柳岩在阿里巴巴聚划算平台进行的一场直播。柳岩在这 1 小时里，推荐了艺福堂蜂蜜柠檬片、楼兰蜜语枣夹核桃等商品。在一小时的时间里，柳岩以聚划算消费者的身份与网友分享自己的剁手经验，并介绍这些商品。据统计，本次直播观看的人数接近 12 万，直播结束后的产品页面显示：枣夹核桃卖出 2 万多件，柠檬片卖出 4 000 多件。

互联网催生了很多的新型经济模式，网红经济便是其中的一种。这里的网红可以是名人明星，可以是当红网络女主播，也可以是卖家自己打造的“村红”。

通过这个案例，让我们知道了在平台上进行直播，好处在于可以亲眼所见，足以提高购买信心。广大消费者积极参与互动，在互动过程中，获得了满足感。对于大众而言，也是新鲜感的体现。

同时，农产品 + 网络直播能解决信任问题。通过网络直播可以让用户增强产品的信心，还可以快速传播推广。因为，网络没有边际，网络直播的方式能很好地推广农产品及品牌。

阅读分析：

新媒体时代，农产品的电商直播效果也是非常惹人注意。但是问题又来了，究竟如何做农产品电商直播才能事半功倍呢？

1. 激发消费者的购买欲

和其他的电商直播不同，一般来说做农产品电商直播时，“网红”自带流量，但是直播的主角是农产品。选择的农产品最好是品牌农产品，有区域品牌或者公共品牌。这样更能激发消费者的购买欲。

2. 注重原产地直播

对于农产品来说，在线直播是一个产品增值与提升信任的过程。大多数消费者对农产品的源头环节是很感兴趣的。在食品安全问题频发的当下，原产地直播（图 4-2-2）是农产品电商先发性取得发展产业的先机。

图 4-2-2　原产地直播

3. 提前准备、精心设计

如何推荐自家的产品？可以是个人演讲，也可以是与观众互动或者直播产品（采摘）的过程等，只要能够突出产品特点就行。如个人演讲可以讲产品的起源故事，也可以讲产品种植技术；与观众互动，可以现场邀请路人、游客参与到直播当中，给出评价。一般来讲，这几种方式融合起来效果最好。

图 4-2-3　农产品直播

同时，做好农产品直播（图 4-2-3），以下做法或许可以让你做到更好。

①设定适当直播时间、时长。有些人为了表达自己种植天然无污染，24 小时对着田地直播，没有任何内容，您想想用户会天天盯着一块儿地看吗？这跟装个监视探头有什么区别？所以要规范直播时间，直播时间设定在 1 小时左右，不能太长，也不能太短。

②精准表达直播内容。因为我们要直播给用户看，肯定不能拖沓，要精准地将想表达的内容告诉给用户，所以我们要提前写好脚本，有了脚本加上临场发挥，给观看者不确定的小刺激。

③传播农业里的文化。因为是农业 + 直播，所以我们种植的过程也应该播一些，包括种地是怎么去种的，有什么技巧，遇到了什么挫折，都可以讲一讲，这是农业里的文化，普及一下农业知识。

④注重产品品质。最后提醒一句，买卖要的是长久，一定要注意自己产品的质量，不施化肥、不打农药，得说到做到，不能只顾眼前小利而失去了粉丝的信任。

4.2.4 网络直播营销流程及注意事项

1. 网络直播营销流程

无论是大品牌还是个人，在利用直播进行营销时往往离不开以下几个流程。

（1）精确的市场调研

直播是向大众推销产品或者个人，推销的前提是我们深刻地了解用户需要什么，我们能够提供什么，同时还要避免同质化的竞争。因此，只有精确地做好市场调研，才能做出真正让大众喜欢的营销方案。

（2）项目自身优缺点分析

精确分析自身的优缺点，如做直播，营销经费充足，人脉资源丰富，可以有效地实施任何想法。但对大多数公司和企业来说，是没有足够充足的资金和人脉储备的，这时就需要充分的发挥自身的优点来弥补，一个好的项目也不仅仅是人脉、财力的堆积就可以达到预期的效果，只有充分的发挥自身的优点，才能取得意想不到的效果。

（3）市场受众定位

营销能够产生结果才是一个有价值的营销，我们的受众是谁，他们能够接受什么，等等，都需要做恰当的市场调研，只有找到合适的受众才是做好整个营销的关键。

（4）直播平台的选择

直播平台种类多样，根据属性可以划分为不同的几个领域。如果做电子类的辅助产品，直播推销衣服、化妆品将会带来意想不到的流量。所以，选择合适的直播平台也是关键。

（5）良好的直播方案设计

做完上述工作之后，成功的关键就在于最后呈现给受众的方案。在整个方案设计中需要销售策划及广告策划的共同参与，让产品在营销和视觉效果之间恰到好处。在直播过程中，过分的营销往往会引起用户的反感，所以在设计直播方案时，如何把握视觉效果和营销方式还需要不断的商酌。

（6）后期的有效反馈

营销最终是要落实在转化率上的，实时的及后期的反馈要跟上，同时通过数据反馈可以不断地修整方案，将营销方案的可实施性不断提高。

2. 网络直播策划注意事项

网络直播主要由直播客户端、直播网页端以及管理后台构成。众多商家利用互联网的直观、快速，表现形式好、内容丰富、交互性强、不受地域限制、受众可划分等特点，将其用于在线研讨会、市场营销活动、虚拟活动、产品推介会等网络活动场景。现场直播完成后，还可以随时为读者继续提供重播、点播，有效延长了直播的时间和空间，发挥直播内容的最大价值。通过网络直播，商家可最大限度地扩大市场活动，有效提高管理和运营效率，直接促进企业销售业绩提升，使企业竞争力得到极大提升。既然网络直播有如此优势，在网络直播策划中有什么事项需要注意的呢？

以产品推介会为例，在网络直播开展前要做到如下几点。

①明确产品的特点，并以最简洁浅显的文字来描述。现在是信息爆炸时代，人们每天接收到的信息成千上万，在如此的大环境下，人们已经没有耐心和时间去细读并记住一段文字了。

②做好产品优点的主次排位，让观众对产品始终保持好奇心。在直播时对产品优点的介绍顺序也很重要，好奇之心人皆有之，抓住好奇心，那么整个活动的气氛都能把握好。这里不是说把产品卖点都尽量放前，而是要合理编排，如果将所有卖点都扎堆放在前面，这样很容易会出现观赏疲劳和活动后期的冷场，所以需要合理安排顺序。至于如何才能做到合理安排呢？可以先通过内部员工或者找一些小团体模拟一下发布会现场，通过他们的反应与提议对顺序进行调整。这个过程也许需要反复进行，所以要安排足够的时间做实验。

③做好发布会的前期宣传工作计划。海报与视频网站的广告插播必不可少，不过由于观众对直广告的视觉疲劳逐渐严重，这方面可以适当降低投入，转移做其他的宣传。随着移动互联网逐渐成为主流，微信推广的作用逐渐显现，可以将产品特点做成一张张连贯的带有故事剧情的连环画发布于朋友圈中，如果条件允许还可以拍摄视频短片，以微电影的形式进行传播。

④设置好奖品及优惠政策并将其作为发布会卖点之一进行大力宣传。当观众了解完产品之后喜欢上了这款产品，然后再加上这些优惠政策，那么对产品的喜爱程度就会加倍增长，从而为产品的口碑做出了一个很好的推广，再加上限时优惠的饥饿营销模式，会吸引更多人慕名而来。

⑤网络直播结束后的营销工作安排。不要以为直播结束了整个策划工作就完成了，其实只是完成了一半。由于互联网的特点，直播结束后，用户还能重播与点播，这个可以在官网完成。另外还可以将视频进行切割，把重要的内容做成几分钟的精华片段，在各大视频网站上传，再配合限时的优惠活动，相信还能迎来一波销售高峰。另外，通过互联网的互动特点，可以在官网或论坛开设专门的讨论区，收集用户的即时反馈，并可根据这些反馈对后期的营销机会进行实时调整。同时通过微博、微信进行即时报道，使活动的生命周期延长。最后，根据产品的销售情况，可为部分幸运用户发放特殊优待，如赠送一些产品周边配件或者一些优惠券等。这样做是为了组建一些公司铁粉，

也为下次活动做一些储备。

互联网营销是一种互动性很高的口碑营销模式，营销的关键在于抓住用户心理，并设法在他们心目中建立良好的公司形象，直播是一种非常不错的途径，既直接又不失互动，所以是建立企业形象、品牌形象的很好的途径。

4.2.5 淘宝直播运营

淘宝直播运营是类似淘宝直通车的一种店铺推广工具，直通车需要运营，直播同样运营。先让我们来了解下直播运营的工作主要有哪些。

淘宝商品图制作

①做分析记录的直播中及直播后的数据，然后针对数据从而制定及策划一场高效的直播。

②根据店铺运营需求结合直播打造爆款及测款。

③根据直播策划的需要进行直播付费钻展的玩法。

直播运营如何才能做到较好的观看效果？

首先是思维问题。我们要将做运营的思维来做淘宝直播运营，在淘宝直播里我们也会有螺旋的因素，也会有直播权重的因素，也会有销量、转化、GVM 等因素来决定你直播是否能拿到高转化。

在打算做直播这个项目时，必须要承受一个静默期，一般约为 1~3 个月，类似打造一个店铺爆款也大概是这样的一个时间段，也就是说你不会一开始播就立即有很多的人观看，就像开个淘宝店也不会是一下子就能让你的店铺火爆起来。所以需要我们做直播运营，但是如果你的产品利润或是产品款式或是产品质量不行的话，那么就算一个懂直播运营的人来做直播策划，也不会有我们预想的观看人数出现。

那么，哪些因素会决定直播观看量是否增加呢？转粉率、同时在线人数、观看时长、点击率、转化率、销量、营业额、观看指数、互动评论指数、分享直播间、粉丝回访、进店访客数、收藏、加购数。

做新业务，要记住，冷一点热一点都不重要，重要的是稳定。

淘宝直播很火，你不得不去了解的一个事实是淘宝直播为什么这么火？对于直播运营，又会给我们什么启示。

第一，在线直播过程可以极大地提高销售效率，降低销售成本；第二，对于高颜值、高技能网红的要求要远低于其他类目；第三，可以利用直播提高品牌知名度，增加直播宣传方式，方式多样化；第四，降低推广成本，与传统推广相比，费用极低，直播回放长期影响受众，巩固效果；第五，提升信任度，直播生产工艺，好坏立判，直播购买场景、直播服务环节打消顾虑；第六，直播可以结合店铺运营打造爆款产品，提高店铺权重；第七，直播的忠实粉丝传播的力量很大，可以让你的店铺和品牌被更多人知道；第八，直播时可以测款。

4.2.6 淘宝直播运营步骤

1. 直播策略

了解直播数据维度有哪些。根据数据维度内容，在直播前提前准备营销活动内容，把握好直播的时间的节奏，做好表格（图 4-2-4）。

直播运营（叶秀洁）
直播运营管理：跟踪官方活动，落实设定和策划的优惠福利，并及时沟通总结以及能力提升
直播数据维度：直播开始实践、直播结束时间、累计观看、粉丝人均观看时长、观看指数、新增粉丝 生意参谋：店铺引入流量、支付件数、支付转化
1. 落实直播相关分配工作
2. 确认官方直播活动
3. 整理直播所需的样品库存
4. 主持定期执行样品清仓活动
5. 设定直播预告、负责正常直播工作
6. 提高直播销量为主要目标，为达成目标做优化
7. 定时收集和分析同行同层竞争者资料和案例，自我提升
8. 熟悉当下直播方式，并根据官方通知做调整
①每月 11 日——真惠选，封顶 199 元活动 ②每月 27 日——超级直播日，行业内直播排位日
关于直播节奏： 开播签到抽 5 人送 30 元无门槛优惠券（联系客服领取） 关注店铺可领取 5 元无门槛优惠券（亲密度领取） 单人点赞满 2 000 可领取 10 元满减券（亲密度领取） 直播点赞每满 5 万抽取 30 元优惠券（满 90 减 30） 在直播间购买冲刺款，联系客服可以收货返现 20 元

图 4-2-4　直播策略

2. 准备工作

①准备产品去直播仓，提前一天创建直播预告（图 4-2-5）。

图 4-2-5　直播预告

②添加宝贝（图 4-2-6）。

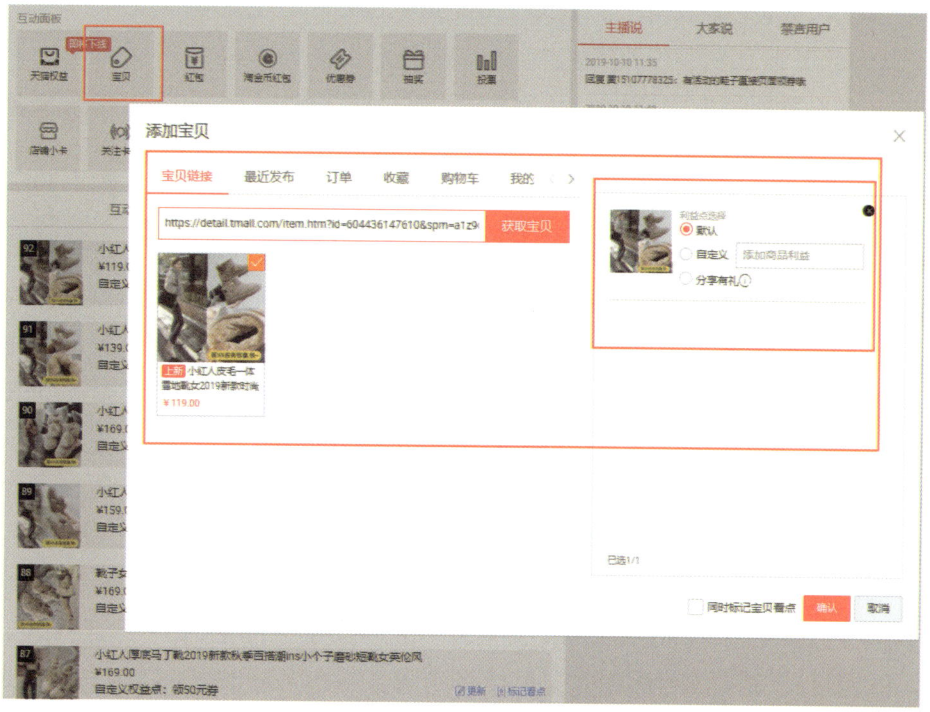

图 4-2-6　添加宝贝

③制作贴片信息（图 4-2-7）。

图 4-2-7　制作贴片信息

④第二天即可开始直播、推流、粉丝推送、同步微博、引导下单。

思政园地 ‖ 弹幕互动直播思政课

弹幕 1.5 万条，围观量 32.6 万……4 月 17 日晚，一则直播视频在哔哩哔哩弹幕网上引来众多年轻人围观。它既不是二次元动漫，也不是鬼畜视频，而是上海杨浦区“大家微讲堂 · 社区政工师”项目专题讲座第二讲。

当天的主讲人是旅美钢琴家、上海理工大学音乐系主任、副教授陈洁。人工智能会不会代替音乐人，对国内音乐教育和西方音乐教育的区别，如何定义优秀的音乐人，传承是否意味着墨守成规，陈洁抛出一连串问题，展开她对“音乐提升文化自信”的阐述。讲座中，陈洁还将二次元文化与钢琴结合，改编创作《 B 站入站歌》。“ B 站党建课堂 66666”“为陈洁老师打 call”……围观粉丝听得兴致勃勃。

“大家微讲堂 · 社区政工师”项目是由杨浦区联合区域内 10 所高校，将园区、社区“解疑释惑”的需求清单与高校科教人才清单精准对接、联手搭建的社区党建服务平台。中共杨浦区委常委、组织部部长黄红告诉记者，杨浦区在“大调研”中发现，面对日益多元复杂的社会文化生活，园区与社区中的青年们除了物质生活外，还有大量精神生活上“解疑释惑”的需求。高校里被学生点课秒杀的“网红思政课”同样受到园区和社区青年的欢迎。一些企业还向高校表达希望这些思政老师去企业讲、去园区讲的意愿。

“大家微讲堂”正是在这样的需求下诞生的，这也是杨浦区在新时代深化城市基层党建新格局，强化“三区联动、党建联建”的一项重要举措。来自复旦大学、同济大学、上海财经大学等区域内 10 所院校的 12 位人文、思政“大家”担任社区政工师，与杨浦区的 12 个街镇一一结对，组成明星阵容，走上哔哩哔哩等直播平台。黄红说，“大家微讲堂”的“大家”既指授课主体——高校思政、人文专家教授，也指听者——园区的创业青年、社区的居民们。

在第一讲中，复旦大学中国研究院教授张维为走入科创园区，以“中国自信”为主题，为在场的白领创客、青年党员们带来一场有理有据又不失情怀的“公开课”。“中国模式有何制度优势”“中国的国家自信又从何而来”……张维为用简洁生动的语言，将理论讲深讲透。

以直播方式开展社区党建、思政工作，不仅为更多群众带来了知识和思辨的声音，也进一步提升了社区党校的课程质量和影响力。在杨浦区，各街道镇社区党建服务中心还将建设“社区政工实验室”，保障社区政工师在街道镇以及向下延伸至园区、楼宇、居民区党建服务站点开展属地服务。黄红说：“我们希望搭好社区政工师与青年、居民们面对面交流互动、近距离答疑解惑的平台，让更多高校的思政大家走进社区和园区，和我们的青年朋友共同探讨中国的未来，让个人思考和中国发展更紧密地融合起来。”

拓展阅读 ▶ “直播”成家居行业营销新招

“直播 + 家居电商”是家居行业近两年喜闻乐见的玩法。2019 年，泉州一些建材联盟和家居建材卖场也加入直播的行列。伴随着互联网技术的不断变革，以及消费者对家居消费场景及需求的不断演变，如何将更加快捷、高效的直播手段与家居营销相结合成为家居行业共同探讨的新话题。

9 月，泉州红星美凯龙广场在中秋假期举办线上直播活动，线上互动热烈，最多在线人数达到 2.5 万多人次。消费者在直播间参与互动，不仅有红包可以抢，还有机会免费获得油、米、锅等礼品，而最吸引人眼球的是每家品牌都拿出一两款超低价商品参与秒杀活动。泉州格瑞软装高端定制谢总表示，第一次参加这样的活动感觉挺新颖，整个商场的品牌几乎都参与了，整场活动氛围很好。

据了解，泉州较早举办直播活动的是建材联盟，活动形式相当于过去团购活动的升级版。泉州方太电器的颜总表示，活动在引流方面效果不错，尤其通过朋友圈传播，拓展了不少潜在客户，达到较好的传播效果。作为一种全新的内容生产方式，直播凭借信息的多样表达、实时共享和高效触达等优势，正从年轻一代热衷的消遣方式，变成各行各业看重的营销新路径，家居行业也不例外。

业内人士表示，家居电商进行直播是因为家居消费作为大宗消费非常强调体验感，但仅凭商品的详情介绍无法给用户足够的信任感，因为不能预测实物的效果。而“直播 + 家居电商”可以让商品实物真真切切出现在画面中，使消费者看得更为清楚明白。从目前的直播人群来看，除了卖场组团或建材平台组织活动，还有不少个人或品牌卖家也投身其中。

据介绍，目前建材平台上的直播模式主要分为四大类型：首先是在建工地的直播，由监理、设计师、用户一起验房，进行质量检验，解决“小白用户”买房盲点；第二是样板间展示，通过视频展示装修前后的视觉效果对比；第三是餐厨用具测评，实景展示产品及其实际使用情况，以故事化的手法表现制作过程；第四是搭配方案传播，即软装家饰等的搭配展示。

与服饰等从外部聘请当红主播不同的是，在家居类直播活动中，担当主播重任的往往是店铺掌柜或骨干店员。因为店家最熟悉全线售卖的产品情况，还可以在直播过程中决定抽奖、商品折扣等事宜，更好地与消费者直接沟通，从而促进成交。

业内人士表示，家居企业想将直播转化为实际的销量，还需要进行多方面的努力。比如，卖场可以在直播活动中推出优惠信息，把消费者吸引过来；个人或品牌卖家则可以通过讲授建材家装知识与消费者形成良性互动，并最终影响消费者的消费决策。当直播活动真正贴近消费者需求，其营销效果自然就会显现。

案例分析：

随着互联网的兴起，越来越多的企业参与直播，从 PC 端到移动端，直播出现井喷趋势，主要原因是消费模式的转型升级。首先，传统电商模式虽然改变了传统的线下购物模式，让购物更便捷，让比价更方便，但是以图片为主的形式过于抽象，消费者对商品看不见、看不全、感受不到，这无法满足现在消费者对商品更详尽的了解需求。毕竟单从展示效果来说，视频 > 图片 > 文字。而直播的信息维度更丰富，使得消费者能够更为直观且全面地了解产品内容及服务信息。直播最大的优势就是让消费者融入购物场景中。

因为直播的互动参与度高、形式多样化，家具直播模式通过“生活体验 + 销售购买”的方式优化平台的整体消费行为和结构，帮助商家将直播活动栏目化，形成品牌效应，并锁定精准粉丝用户，进行直播资源的推介。同时，升级直播内容、不断提高转化率。从目前家居行业“直播营销”的发展来看，商家最开始进行直播时，一般是展示产品外观和性能，后来则根据用户反馈，不断增加一些户外、团建等场景化的直播内容，这样能够进一步提高用户的参与度，从建立个人信任开始，逐步吸纳一群稳定的老顾客形成网络社交圈子，从中发掘固定客源。

最主要的是消费者通过直播，和主播（卖家）可以直接沟通，实时问答。不仅融入了社交属性，还极大地提升了购物体验，对商品有着更细致的了解。既可以充分了解商品，同时也拉近了消费者与商家之间的距离。

项目实训 4-1　组建直播团队

1. 实训目的

通过组建直播团队，了解各自的工作职责。

2. 实训要求

3 人一组。设置主播、场控、运营三个工作岗位。

3. 操作步骤

①直播前，先进行人员组队。

②合理分工。清楚各自的工作职责。主播负责直播、拍摄、协助选品；运营负责直播中控、小店后台、客服管理及发货；场控一方面作为主播的搭档，能够在台下与主播搭配直播，另一方面也是假人气互动、现场调配的重要角色。

③筛选直播产品，做好直播前设备调试等各项准备。

④直接到抖音平台开播。

4. 温馨提示

作为一个初期的直播间，3 个角色足够，以下两种情况下，直播间开始需要增岗增人。第一种情况，订单量激增时，可以通过增加一名单独的客服岗，分担运营的客服管理、发货；第二种情况，直播间开播时间延长，需要在各个岗位上进行人员增设。

一个合格的直播间，运营的岗位是核心，重要性远远大于主播的岗位，如果想要团队成熟化、规模化，培养一个操盘手的运营，将在未来为其提供强大的赋能。

5. 实训回顾

①人员分工是否合理？

②直播过程中，配合是否默契？

③如何与粉丝进行有效互动？

项目实训 4-2　“五步法”设计直播营销

1. 实训目的

通过“整体思路→策划筹备→直播执行→后期传播→效果总结”五个步骤设计一场直播营销，亲身体验直播营销全过程。

2. 实训要求

4~6 人一组，以小组为单位，分工合作，严格按照“五步法”完成实训任务。

3. 操作步骤

①以小组为单位，每组同学讨论选取自己感兴趣的产品，从目的、方式、策略等方面设计直播整体思路。

②撰写并完善直播方案，检查设备，前期预热宣传。

③主持人及小组成员尽可能按照直播方案将直播开场、直播互动、直播收尾环环推进顺利完成直播。

④通过新媒体平台传播，让直播效果最大化。

⑤分析直播数据，团队总结经验教训，做好复盘，为下次直播提供借鉴。

4. 温馨提示

直播方案要尽可能的详细，要考虑到一些突发状况。

5. 实训回顾

①你喜欢的明星在直播中推荐某产品，你会去购买吗?

②你认为直播营销的优势有哪些?

③比较分析抖音直播和淘宝直播的异同点。

项目小结

直播营销是一种营销形式上的重要创新，也是非常能体现出互联网视频特色的板块。某种意义上，直播营销就是一场事件营销。除了本身的广告效应，直播内容的新闻效应往往更明显，引爆性也更强。一个事件或者一个话题，相对而言，可以更轻松地进行传播和引起关注。

直播营销最大特点在于能够实现与用户的实时互动。相较传统电视，互联网视频的一大优势就是能够满足用户更为多元的需求。这种互动的真实性和立体性，也只有在直播的时候能够完全展现。

在这个碎片化的时代里，在这个去中心化的语境下，人们在日常生活中的交集越来越少，尤其是情感层面的交流越来越浅。直播，这种带有仪式感的内容播出形式，能让一批具有相同志趣的人聚集在一起，聚焦在共同的爱好上，情绪相互感染，达成情感气氛上的高位时刻。如果品牌能在这种氛围下做到恰到好处的推波助澜，其营销效果一定也是四两拨千斤的。

复习思考题

一 单项选择题

1. 下列关于直播的说法错误的是（　）。

A. 网络直播是互联网时代的产物　　B. 网络直播具有较强的时效性

C. 网络直播可以更好地与客户进行互动　　D. 网络直播跟电视直播没有任何区别

2. 以下关于网络直播的特点表述不正确的是（　）。

A. 空间性　　B. 灵活性

C. 复杂性　　D. 实时性

3. 农产品 + 直播可以有效解决的问题是（　）

A. 信任问题　　B. 产品质量问题

C. 物流问题　　D. 与粉丝保持互动

4. 酷狗直播是以（　）为主的弹幕式互动直播平台。

A. 音乐直播　　B. 交友

C. 文化讲座　　D. 社交媒体

5. 网络直播营销中，以下不属于其优势的是（　）。

A. 实时互动　　B. 体现用户群的精准性

C. 深入沟通　　D. 内容不需要严格的审核

二 多项选择题

1. 网络直播营销流程有（　）。

A. 市场调研　　B. 优缺点分析

C. 市场定位　　D. 平台选择

2. 网络直播运营的好处有（　）。

A. 提高销售效率　　B. 提高品牌知名度

C. 打造爆款产品　　D. 降低广告成本

3. 以产品推介会为例，在网络直播开展前要做到（　）。

A. 明确产品特点，简洁描述　　B. 做好宣传工作

C. 做好产品优点主次排位　　D. 设置抽奖活动

4.（　）因素来决定淘宝直播观看量的增加。

A. 同时在线人数　　B. 转化率

C. 互动评论指数　　D. 进店访客数

5. 以下哪些做法可以做好农产品直播？（　）

A. 设定适当直播时间、时长　　B. 精准表达直播内容

C. 传播农业里的文化　　D. 注重产品品质

三 论述题

1. 关注 5 个涉及农产品的淘宝直播，试着分析农产品直播营销火的原因。

2. 试分析，网络直播结束后还需要做好哪些工作。

项目 4 习题答案

项目 5

头条运营

目标导航

知识目标

1. 了解今日头条的特点。
2. 熟悉头条号的后台功能。
3. 熟悉头条图集、微头条等产品。
4. 了解悟空问答的特点与功能。

能力目标

1. 具备头条号的运营能力。
2. 掌握西瓜视频的运营策略。
3. 掌握悟空问答的运营方法。

思政目标

1. 提高团结协作的意识。
2. 网络新闻资讯平台要积极弘扬社会正能量。

项目导图

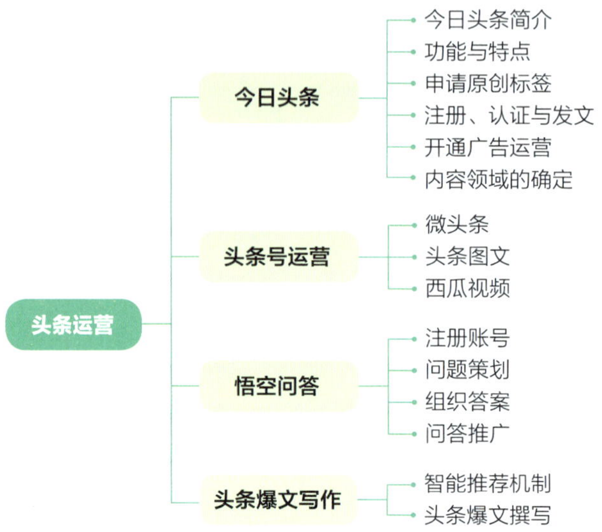

导入案例

华为 nova 5 头条宣传

华为 nova 5 新品上市，今日头条甄选平台 20 位科技数码达人量身打造“众测团”，从拍摄功能、外观呈现、硬件搭载等多角度深度测评，先后发表多篇高质量文章，使 nova 5 产品力深入人心。

华为 nova 5 机型搜索指数急速上升，登上热搜机型榜 TOP3。同时，华为品牌也收获超高影响力，品牌关注度持续领跑其他各大厂商，华为终端头条侧粉丝增长率高达 14.8%。

nova 5 Pro 这部手机外观精致，颜值超高、艺术感爆棚。所选择的代言人也是广受欢迎的影星，在头条媒体上曝光率较高，所有元素组合，活动取得了良好的传播效果。

思考讨论：

华为 nova 5 选择今日头条甄选平台 20 位科技数码达人作为推广的主力军的原因是什么？

任务 5.1 今日头条

5.1.1 今日头条简介

今日头条（图 5-1-1）是北京字节跳动科技有限公司开发的一款基于数据挖掘的推荐引擎产品，为用户推荐信息，提供连接人与信息的服务，是国内移动互联网领域成长最快的网站之一。

今日头条不是传统意义上的新闻客户端，它没有采编人员，也不生产内容，运转核心是一套由代码搭建而成的算法。算法模型会记录用户在今日头条上的每一次行为，在海量的资讯里分析用户感兴趣的内容，甚至能知道用户有可能感兴趣的内容，并将它们精准地推送给用户。

图 5-1-1　今日头条首页

截至 2021 年 6 月，今日头条累计激活用户数已达 7.5 亿，日活跃用户超过 1.8 亿。据统计，今日头条创作者们发布的文章平均字数为 845 字，视频长度平均为 3 分钟。这些内容在今日头条平台上收获了良好的分发效果，平均每 150 篇文章中有一篇阅读量超过 10 万，平均每 230 个视频中有一个播放量超过 10 万。

今日头条还推出了开放的内容创作与分发平台——“头条号”，是针对媒体、国家机构、企业以及自媒体推出的专业信息发布平台，致力于帮助内容生产者在移动互联网上高效率地获得更多的曝光和关注。由于今日头条的访问流量比较大，对运营者而言，一般可以作为内容的首发平台，可以保证文章的曝光度。

5.1.2 功能与特点

今日头条本身就是个新闻 App，因此头条号生产或从合作伙伴处获取的内容，直接作为新闻信息推送给用户，形成了良好的闭环，其中高质量的内容流量非常大。

1. 头条号

头条号（图 5-1-2）是今日头条为摆脱内容原创性不足，避免侵权传统媒体而打造的自媒体创作平台，借助头条号能实现用户和广告商的连接，形成了一个更加稳定持续发展的内容生态体系。当前今日头条致力于扶持优质的原创内容，培养有潜力的创作者。截至 2020 年 12 月，头条号平台的账号数 60 亿次内容消费。

图 5-1-2　头条号首页

2. 微头条

2017 年 4 月，今日头条上线了自己的微博功能：微头条（图 5-1-3），支持用户快速地发表最新动态和热点资讯。

微头条本质上是今日头条的 UGC 产品，内容生产是一种低门槛和低成本的创作方式。目前平台上主要邀请了一些名人明星、垂直领域的达人、顶级媒体机构、各级政府部门、知名企业入驻，未来更倾向于头条号作者和有表达欲望的普通用户，为了吸引更多的目标人群。

图 5-1-3　微头条界面

微头条是一款类似微博的产品，是今日头条集中体现粉丝价值的重要产品。

3. 西瓜视频

西瓜视频是今日头条旗下独立短视频 App。基于人工智能算法为用户做短视频内容推荐，它能让用户的每一次刷新都发现新鲜、好看并且符合自己口味的短视频内容。2016 年 5 月，西瓜视频的前身——头条视频正式上线；2017 年 6 月 8 日，头条视频正式升级为西瓜视频；截至 2021 年 1 月，西瓜视频用户量突破 2.4 亿。

4. 悟空问答

2016 年 7 月 14 日，问答频道正式于今日头条 App 内上线。经过一年的 App 孵化、上线运营，2017 年 6 月 26 号，头条问答正式升级为悟空问答。这次升级是为了加强品牌辨识度，还开拓了独立运营能力，比如推出独立 App 和 PC 端网站，用户既能在今日头条 App 内访问悟空问答，也可以通过下载悟空问答 App，或直接访问 PC 端等方式使用。

悟空问答致力于提供一个跨越地域、人群和年龄，成为包容所有人、被所有人热爱的问答平台。截至 2021 年 1 月，已有 9 000 万用户先后入驻问答社区，在社区分享他们所拥有的信息、经验、知识和观念。

5. 头条指数

头条指数是今日头条推出的一款数据公共服务产品。不同于微信指数、百度指数和微指数等指数产品，头条指数基于今日头条智能分发和机器推荐所产生的海量内容数据。

头条指数基于今日头条大数据分析，反映出用户在智能分发下的阅读及互动行为。您可以通过使用头条指数捕捉用户的兴趣和关注点，监测社会舆情，为精准营销、舆情应对乃至学术研究提供重要的数据参考。作为内容生产、传播、营销、舆情监控的重要工具，头条指数致力于用数据服务个人和机构，提供丰富及时的数据维度。

5.1.3 注册、认证与发文

1. 注册账号

今日头条的账号与旗下相关服务或 App 是共享的，一个账号多处通用。

用户一般需要借助自己的手机号注册，并作为网站账号，通过手机验证码验证用户账号的真实性。当然，用户也可以借助 QQ 或微信第三方平台的账号登录（图 5-1-4）。

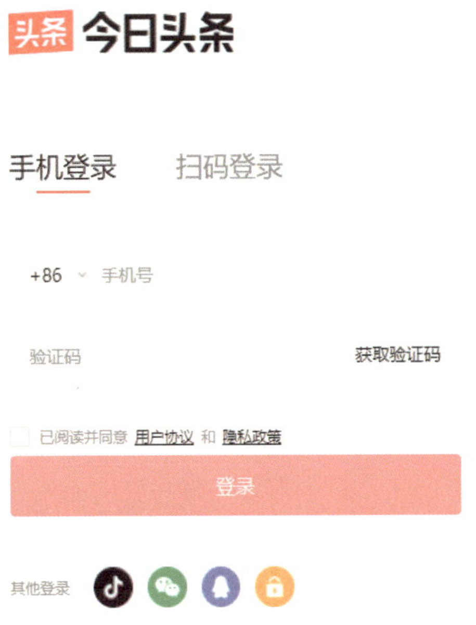

图 5-1-4　注册账号

2. 账号认证

今日头条的账号认证共有三种方式。

①对于企业用户，需要用电脑浏览器打开 renzheng.toutiao.com，并登录今日头条账号，支付认证审核服务费，提交认证所需的资料（通常包括企业营业执照等），平台预计在 2 个工作日内审核完成。对于大多数媒体和企业来说，通过认证，有助于提高企业的品牌知名度、诚信度，以及来自众多粉丝的关注度。

②对于个人用户，则与淘宝网类似，需要提供手持身份证的半身照、身份证的正面照片，以及能够证明自己身份的资料，如工作证、盖章的其他证件等。平台预计在 7 个工作日内审核完成。

③个人用户还可以申请通过兴趣认证，成为创作者，要求必须是在某个领域内持续贡献内容的用户。创作者申请条件包括：清晰的头像、合法的用户名、绑定手机号、发布过微头条的内容，考核规则是申请认证后的 30 天内，要有 4 条本领域优质回答。创作者通过考核后，会拥有独家标志，彰显独特的身份；平台将会优先推荐作者发布的内容，增加曝光、快速涨粉；而且还想有其他的专属特权。

3. 发文规范

在今日头条发布文章没有太多的限制，只要不触犯网站规则，像军政事件、恶意传谣、色情涉恐等，以及利用头条做噱头哗众取宠、负能量文章、对今日头条不利言辞等，其余基本上不会有太大的问题，对推广信息也有一定的容忍力。

在今日头条发布内容，需要先通过审核，否则文章不予推荐。文章进入审核流程后，如果被机器确认为重复文章，则不予推荐；内容将退回作者修改，直至内容合规。

常见被审核程序拦截的情况：标题全部为英文或外文或含有繁体字；全文有大段乱码；标题含特殊或敏感的信息；标题冒用头条名义；标题涉嫌不雅甚至恶俗；内容含有二维码、电话号码、网址链接等信息；内容低质、不完整、不丰富等。

5.1.4 申请原创标签

今日头条平台鼓励原创内容，开通了原创文章可以受到相应的保护，而且推荐及广告费都会相应增加，这也是作者们非常想获得的一项权限。

要申请开通图文原创，账号类型要为个人、群媒体、新闻媒体、企业；前期账号已实名认证；账号入驻时间超过 30 天；最近 30 天内已发文超过 10 篇，且没有图文原创标签审核记录；账号无违规处罚记录；账号内容原创且优质。

头条平台鼓励原创、鼓励优质内容，先后出台了“青云计划”“千人万元”签约计划、“优质创作者服务包”打包权益等，努力构建良好的内容生态。

2018 年 6 月推出的“青云计划”，头条号平台每天奖励至少 100 篇优质文章，每篇奖励 300 元。截至 2019 年 3 月“青云计划”奖励文章数突破了 5 万篇，7 426 个优质头条号累计获得了超过 2 000 万元的现金奖励。这 5 万篇获奖文章覆盖了 53 个垂直领域，既有文化、科技、体育等常见大类，也有宠物、摄影、家居等小众领域。而获得奖励最多的 3 个领域是历史、财经、科技，其次是影视娱乐、体育、育儿、文化、健康、旅游、三农。

要申请原创标签（图 5-1-5），用户需要先登录头条号，在进入“个人中心”后，单击“我的权益”→“账号权限”，即可在功能列表中申请“图文原创”“视频原创”“连载功能”“千人万元”，以及设置或申请“头条广告”“自营广告”“外图封面”等功能。

想一想

请查询相关资料，仔细研究一下“千人万元”签约计划、“优质创作者服务包”、“礼遇”计划、“千万粉末”计划各自的内容是什么样的？主要目的是什么？

5.1.5 开通广告运营

作为一个移动资讯平台，今日头条的最主要营利模式是广告费，其次是打赏费、品牌合作、电商销售等，头条号广告会自动与系统匹配，并且平台与运营者共享广告收入。

作为头条号的运营者，主要收入为广告收入，头条号界面中设有广告位，而且阅读量与自媒体的广告收入成正比。据统计，粉丝产生的广告收入是路人的 3~5 倍。因此，增加粉丝数量至关重要。

第二种是自营广告，相当于运营者自己的广告空间之一，可以宣传自己的内容，也可以与广告商合作。自营广告需要提供相关资格，例如，如果账号代理某产品，则必须获得制造商的合法授权。运营者在头条号广告和自营广告中只能选择一个。

第三是平台补贴。当前来自今日头条官方的补贴，逐渐成为运营者的主要收入来源之一，自 2015 年 9 月，头条号平台先后推出了“千人万元”计划、“礼遇”计划、“千万粉末”计划、“青云计划”等，都是为了鼓励创造优质内容，补贴优秀创作者。如“千人万元”计划，用以支持 1 000 名头条号个人创作者，每人每月可获得至少 10 000 元的收入。

开通广告运营功能（图 5-1-5）可以在“成长指南”→“创作权益”→“基础权益”中通过设置原创标签来实现。

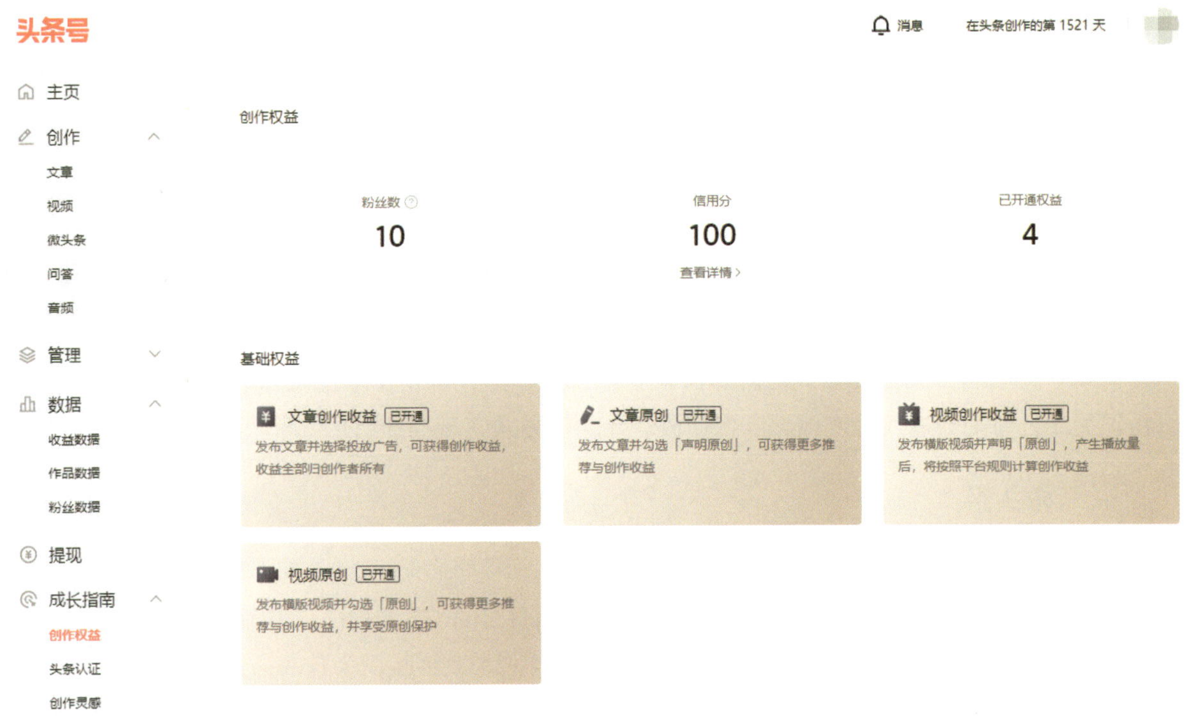

图 5-1-5　开通广告运营功能

5.1.6 内容领域的确定

今日头条用内容不断拓展着自己的边界，通过小视频、内容分发、问答等在全球范围内矩阵布局，并不断向细分垂直领域伸出触角，努力打造内容帝国。

当前，今日头条中热门的内容领域主要包括娱乐、时尚、育儿、社会、情感、旅游、影视等，尤其以生活、娱乐、历史，排名平台阅读量的前三名。这些领域用户人群大，潜在的阅读量高，但是流量大竞争压力也比较大，大的阅读量被大号占了，许多文章被别人写了，同类太多，容易重复，难于做好特色。

一些冷门领域，竞争压力小、平台扶持稀缺、要求作者专业度高、粉丝精准、前期流量小，可以是一个大领域中的一个垂直方向，通常有三农、科技、职场等。

还有一些特殊领域：通常这些领域需要职业资质证明，或者是个人不可操作的，如健康、财经、法律、社会、新闻事件、国家政策等。

所以，运营者在选择头条号的内容领域时，可以选择自己感兴趣的、有特长的领域，这样才有动力长久写下去，也比较容易寻找素材。而且，即使不能做原创图文，也可以尝试做原创视频。账号一旦选定领域，轻易不要改变，否则系统会降低账号的垂直度评分。

头条号账号定位一定要垂直，垂直度体现的是账号在擅长领域发表内容的专注程度。要提高账号的垂直度：非原创内容需要每日更新 1 篇，原创内容坚持每周更新 2~3 篇，视频内容坚持每周更新 1 篇，这样持续更新会对维持垂直度有重要促进作用。

课堂练习

访问今日头条的官方平台，选择 2~3 个账号做重点分析，分析不同账号的内容特点。

任务 5.2 头条号运营

个人或企业运营头条，主要是借助头条号这一自媒体，持续传播优质内容，树立企业形象，吸引粉丝关注，后期通过内容变现、广告投放、导购等方式实现商业目的。

5.2.1 微头条

头条号营销

微头条是今日头条旗下一款类微博性质的轻资讯阅读平台，它基于数据技术聚合社交媒体热点内容，使用者可以通过微头条找到自己喜欢的内容，如搞笑段子、心灵鸡汤、健康养生、萌宠美食、八卦娱乐等。自 2017 年起，今日头条宣布 400 亿流量扶持微头条；随后推出“千人百万粉计划”，即在平台上扶持 1 000 个拥有 100 万粉丝的账号。

微头条运营（图 5-2-1），主要以文字和图片内容为主，篇幅不能太长。主要运营策略包括以下六点。

①篇幅：大概二三百字为宜，讲清楚一个事情，讲好一个故事，通告一篇新闻，有头有尾、标题新颖、逻辑清晰，可以满足大部分用户的阅读欲望。

②作用：运营者可以利用微头条与读者互动，提升亲和度，在互动的过程中，提升读者的好感度，让读者直接关注，这对于积累头条号的粉丝有较大价值。

③福利：作者可以巧妙利用微头条进行福利放送，如转发微头条加关注，可以领取免费的课程或福利，等等，以福利引导读者关注。

④问候粉丝：微头条作者利用微头条，对读者节日问候提升读者好感度，如此可以提升读者的忠诚度和信任度，从而提升增粉效果。

⑤“蹭热度”：众所周知明星一向不缺话题，也是大众关注的焦点，微头条运营时可以关注明星的动态，在明星微头条上占据前排，从而在其他读者阅读明星动态的时候，加大我们的曝光量，提升加粉的效率。

⑥配图：微头条也可以搭配相应的图片，或者直发图片帖（图集），最多支持上传 9 张图片，可以进一步加深用户对资讯内容的直观认知。

一篇优质的微头条，最好具备以下 5 大要素。

①垂直度。运营者所写的微头条最好与自己从事的领域一致，这样更能获得读者的认同，彰显自己的专业性，从而吸引粉丝关注。

②原创度。一篇好的微头条肯定不是单纯的信息搬运，最好是原创微头条，这样才有利于系统的推荐，一个没有原创的作者很难持续提升影响力。

③差异化。微头条账号最好有自己的品性和风格，越是差异化的东西越容易被粉丝识别，从而快速积累影响力。如霓岙山就是展示洞头原生态的海产品及原创内容。

④健康度。任何作者都不要违反平台的规则，不要投机取巧，或者利用低俗违等话题引起关注，要想长期健康运营，必须使所发的内容与配图，符合平台内容审核的要求。

⑤传播性。好的微头条要具备传播性，不管是内容创意还是配图都能激发读者的阅读欲望，从而提升内容的传播，微头条缺少传播性、互动性、话题性很难引起读者的转发欲望。

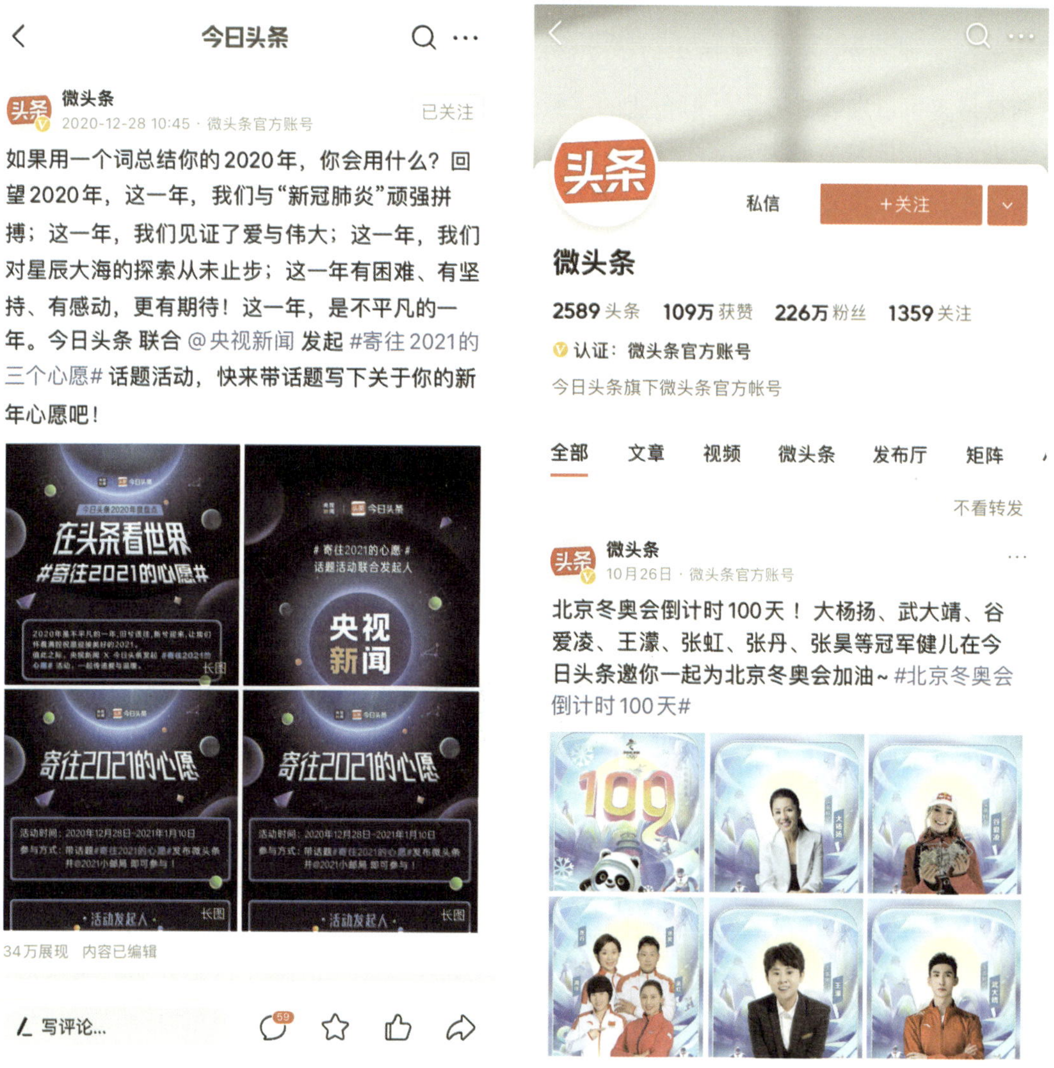

图 5-2-1 微头条运营

5.2.2 头条图文

发表图文是头条号的主要功能（图 5-2-2），支持用户发表最新的资讯、文章、图文消息。

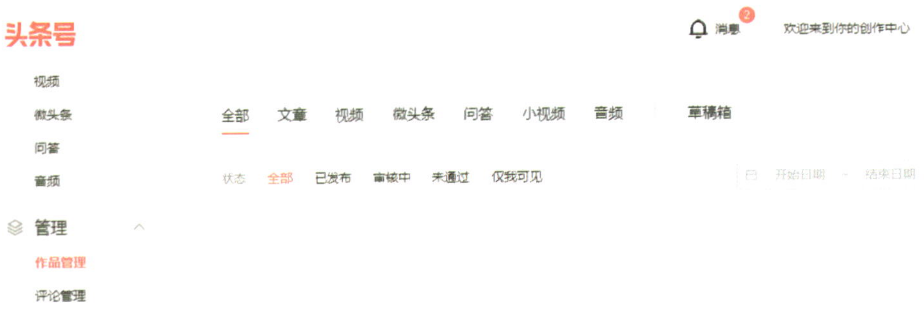

图 5-2-2　头条图文

1. 发表图文

发表头条图文（图 5-2-3）需要先拟定文章标题，标题限 30 个字以内。正文支持图文混排，一篇图文消息最多可以发表 2 万字，但合适的字数为 1 000~1 500 字。

在文章编辑时直接选择插入图片，图片可以来自本地图片或素材图片，根据用户的需求选择。头条图文还支持插入文章链接、小视频、音频、小程序、投票等，提高文章的可互动性，以及发文助手、错别字检查等功能。

图 5-2-3　发表图文

发表图文时，还可以添加拓展链接（图 5-2-4），为保障“扩展链”功能良好的使用体验和用户体验，头条号平台反对链接任何反动、暴力、色情、低俗、涉嫌欺诈、违规医疗、理财投资等内容，否则将面临平台删除文章、暂停或关闭“扩展链接”功能、所属账号禁言、限制或禁止使用部分或全部功能、所属账号封禁等不同程度的处理。

为了增强文章的吸引力、优化预览效果，头条图文还支持用户设置封面图片（图 5-2-4），可以选择单图、三图、自动三种模式，图片可以从正文所有配图中选择或者从素材库中选择。

图 5-2-4　设置拓展链接和封面图

2. 图文页的结构

移动互联网时代是快速阅读时代，大多数读者都有碎片化阅读的特点，因此头条号里的内容尽可能做到图文并茂，以增强文章的可读性强、阅读的便利性，缩短用户阅读时间，确保读者可以快速浏览完整篇文章；避免因为太繁多的内容、杂乱的排版，让用户失去耐心、跳出页面。

所以，头条图文的排版要注意标题新颖、文章简短、合理分段、排版规范、内容连贯。

中国人写文章一般有“三段式”(图 5-2-5）的说法，所谓三段式就是将一篇文章的表达按三段的写作模式谋篇布局：第一段开门见山，提出要解决的问题和观点，或者把时间地点、人物和主要事件及时点出；第二段要摆出事实或提出论据，或者把事情发展的经过详细写出来；最后一段得出结论或理由。

图 5-2-5　文章“三段式”结构

虽然网络文章不是写论文，但这种文章结构仍然可以广泛借鉴，可以用来讲故事、介绍产品、写新闻稿、写游记等。

文章既要有大标题，还要有小标题。大标题要概括全文、吸引读者；小标题介绍段落主要内容，给用户继续读下去的理由，确保文章前后衔接、内容连贯、结构清晰、过渡自然，用户根据大小标题便可以略知全文，如图 5-2-6 和图 5-2-7 所示。

图 5-2-6　产品文案的结构

今日头条　首页　热点　西瓜视频　财经　科技　娱乐　体育　直播　更多

想吃新鲜的杨梅吗？选不悔农业的丁岙杨梅吧

2021-11-10 10:27

杨梅在中国南方广泛分布，但杨梅的原产地在浙江余姚。“闽广荔枝，西凉葡萄，未若吴越杨梅”，显然，杨梅是浙江的骄傲。浙江的杨梅种植面积和产量居中国首位，比较著名的是浙江四大杨梅，即：荸荠种杨梅、丁岙杨梅、东魁杨梅、晚稻杨梅。

1.丁岙杨梅的特点

丁岙(ào)杨梅，原产于浙江省温州市瓯海区茶山镇丁岙村。果实肉柱饱满圆钝，柔嫩而略下割口，色泽紫黑发亮，果柄为绿色长柄，果柄基部有一红色圆球形突起，被誉为“红盘绿蒂”。

3.丁岙杨梅的食用

杨梅中含有维生素C、维生素B，都对对防癌抗癌有积极作用；杨梅果仁中含有氰氨类、脂肪油等，这些也有抑制癌细胞的作用。杨梅含有多种机酸、维生素C，有助于降血脂。杨梅含有多种有机酸、维生素C，可增加胃中酸度，消化食物，促进食欲。

烹饪杨梅前，要把杨梅用盐水泡下，以免有农药物残留，对身体造成伤害。食用杨梅后最好及时漱口或刷牙，以免损坏牙齿。

4.丁岙杨梅的购买

温州市不悔农业开发公司拥有全省最大的杨梅种植产业园，占地面积85亩，丁岙种杨梅树650多棵，年产量5.8吨，出产的杨梅大量销往省外，甚至国外。目前公司的主要销售渠道包括，茶山杨梅基地直销点，人本超市，以及网络销售渠道-不悔天猫店铺。欢迎大家直接访问天猫店铺购买。

图 5-2-7　产品文案的例文

3. 图文编辑策略

人人都希望在头条号运营时写出 10 000+ 的爆文，那就需要先了解头条文章的推荐机制。

为让受欢迎的内容被更多用户看到，不受欢迎的内容不占用过多推荐资源。头条号文章在推荐时，会分批次推荐给可能对其感兴趣的用户。文章首先会被推荐给一批对其最可能感兴趣的用户（用户的阅读标签与文章标签重合度最高，被系统认定最可能对该文章感兴趣），这批用户产生的阅读数据，将对文章下一次的推荐起到决定性作用。数据包括点击率、收藏数、评论数、转发数、读完率、页面停留时间等，其中点击率占的权重最高。

文章的首次推荐如果点击率低，系统会认为文章不适合推荐给更多的用户，会减少二次推荐的推荐量；如果点击率高，系统则认为文章受用户喜欢，将进一步增加推荐量。以此类推，文章新一次的推荐量都以上一次推荐的点击率为依据。此外，文章过了时效期后，推荐量将明显衰减，时效期节点通常为 24 小时、72 小时和一周。

头条的这种扩大推荐机制，使作者想获得更多的阅读量，就必须努力把各维度阅读数据（点击率、用户阅读时间、收藏数、评论数、转发数等）维持在高位水平。这也就要求文章要：①标题和封面图具有足够的吸引力、表意清晰，以便提高点击率；②图文并茂、通俗易懂，内容接地气，从而提高页面黏性和用户阅读时长；③内容翔实，给读者干货般的充实感，以提高收藏数和转发数；④观点鲜明，有自己的风格，能引发读者讨论，以增加评论数和转发数。其中，至关重要的是点击率，因此文章标题和封面图很重要，这是当前注意力稀缺时代下文章获得广泛传播的关键要素，据说一篇爆文 70% 的功劳来自标题。

要写好标题，最重要的是刺激人的情感，理清标题的写作思路（图 5-2-8）。

比如：

《中国机长》电影看完了，但是挡风玻璃为什么会碎你知道吗？

中国服装销量一年减少 178 亿件！中国人不爱买衣服了？

90 后女硕士乡村支教好几年，她说曾经孤独得想哭！

穿越千年！看看中国古人是怎样过重阳节的。

有吸引力的标题能带来更多点击，但这不意味运营者要成为惯用夸张标题的标题党。恰恰相反，标题党反而会被平台通过技术手段识别和打压，限制推荐量。除了标题夸张，用户举报密集、负面评论过多、无效异常点击、时效期已过都是限制文章推荐量的因素。

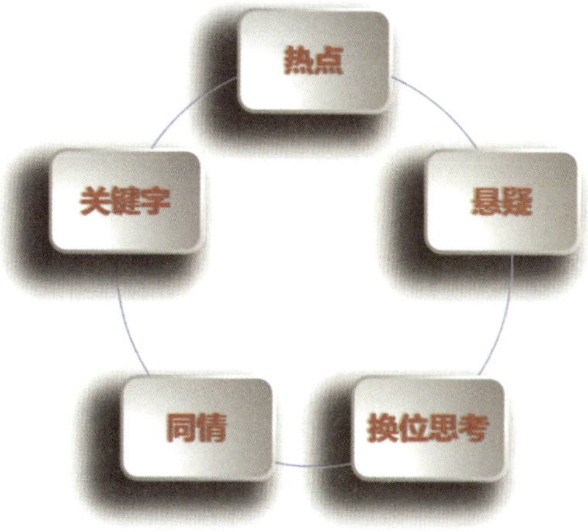

图 5-2-8　标题写作思路

头条封面图片的选择，最好是清晰、新颖、美观，与文章内容密切关联的图片，图片实际像素不低于 172×120，选一张大家一看就有点击欲望的图片。

4. 内容发布与推广

头条号内容建设首先要坚持原创，围绕个人或企业运营，撰写个人动态、企业新闻、行业资讯、专业内容分享、热点评述等，发布文章后，需要经过平台的审核，借助完善的审核机制，平台才能保证用户接收到的信息合法合规，才能给用户提供优质的阅读体验。内容审核不通过的原因往往包括"疑似旧闻、内容重复、乱设链接、视频无版权、内容不适合收录"等。即使文章审核不通过也不要着急，创作者可以修改内容然后重发，但要遵循"不做标题党、自制短视频、避开敏感词、勿用模糊截图、避免只靠搬运"等规则。

头条号内容建设与发布，要注意提高内容质量，做原创，开通图文原创，做垂直领域，内容观点新颖，并确保内容持续更新，图文视频搭配，努力加 V 认证。

头条内容推广时，可以遵循如下策略：善于转发热门资讯，提高关注度；借助微信群、公众号、微博等开展站外推广引流工作；可以关联一些大 V 的账号，吸引粉丝关注我们的账号；文章要配合头条问答，提高阅读量；可以学写策划头条爆文。

图 5-2-9 为头条爆文案例，这篇文章成功的原因：标题用满 30 个字，内含刘伯承（名人）、警卫员（特殊身份）、居然（热词）、贵州（地名）、100 和 16（强调数字）、长征（大事）、枪伤（悬念）等关键信息，让本地读者欲罢不能，想进去一睹为快，所以阅读量、评论量有很高的表现。

图 5-2-9　头条爆文案例

拓展阅读 ▶ 今日头条算法推荐系统原理

今日头条算法推荐系统，主要输入三个维度的变量。一是内容特征，图文、视频、UGC小视频、问答、微头条等，每种内容有很多自己的特征，需要分别提取；二是用户特征，包括兴趣标签、职业、年龄、性别、机型等，以及很多模型刻画出的用户隐藏兴趣。三是环境特征，不同的时间不同的地点不同的场景（工作/通勤/旅游等），用户对信息的偏好有所不同。结合这三方面纬度，今日头条的推荐模型做预估，这个内容在这个场景下对这个用户是否合适。

5.2.3 西瓜视频

“西瓜视频”（图5-2-10）是今日头条旗下的独立短视频App。它基于人工智能算法为用户做短视频内容推荐，它能让用户的每一次刷新都发现新鲜、好看，并且符合自己口味的短视频内容。其视频分类包括：音乐、影视、社会、农人、美食、儿童、生活、体育、文化、时尚、科技等。

2016年5月，西瓜视频的前身——头条视频正式上线，2017年6月，用户量破1亿，DAU破1 000万；2017年6月，头条视频正式升级为西瓜视频；目前西瓜视频已与央视新闻、澎湃新闻、BTV新闻等多家知名媒体机构达成版权合作。

目前，西瓜视频的内容以PGC短视频为主，定位是个性化推荐的聚合类短视频平台。其分发模式是通过算法分析用户的浏览量、观看记录、停留时间等进行视频推荐，非常注重内容平台建设。西瓜视频App最大的价值不仅在于资源，它还是新的流量入口。

图 5-2-10　西瓜视频网站界面

1. 主要功能

西瓜视频的主要功能包括视频主页、发布视频、分析数据、视频直播等。

（1）视频主页

在头条号中可以直接进入西瓜视频，视频主页中主要展示了当前短视频运营的核心数据，包括粉丝数、视频播放量、发布的视频总数等，以及展示了当前平台在开展的“创作活动”；“进击课堂”主要包括新手指南、实操教程、进阶指导、大咖对话四个部分，汇聚了很多学习素材，可对新手，运营者进行运作培训，提高操作技能。

（2）发布视频

如果想发布视频（图 5-2-11），可单击“发布视频”，将自己准备好的短视频上传到自媒体中，可以发布单个视频，也可以创建和发布视频合辑。头条号平台会审核作者要发布的内容，违反相关政策和法律法规，视频低质，违反公序良俗，含有违禁、敏感内容，视频内容无版权，发布不实内容等，无法通过审核，且有可能被平台处罚。

图 5-2-11　发布视频

发布视频时，需要填写视频标题（图 5-2-12），在 5~30 个字之间，不要简单堆砌关键词，最好准确概括视频内容、突出主题、展现特色。由于西瓜短视频也属于内容营销的方式，所以要保证标题的可读性、流畅性，能引起用户的兴趣。

图 5-2-12　填写视频标题和简介

发布视频时，还需要填写视频简介（图 5-2-12），最多可以填写 400 字，这里可以较为详细地介绍某个场景、某个产品、某个故事，让用户感受到视频的独特视角，情节新颖有趣，内容有价值，也有必要介绍视频的深层含义，引发读者思考和参与讨论。

2. 运营策略

（1）明确目标

运营西瓜视频之前，首先要明确运营目标，是为了打造品牌还是提高访问量。Papi 酱、办公室小野都是打造个人品牌及影响力；另一种是打造节目视频，将视频节目化戏剧化，类似奇葩说这种节目，从而有针对性地制作短视频。

（2）选好领域

制作短视频时，最好找准领域，做自己感兴趣或者擅长的事情，如美食、旅游、校园、职场等，否则难以持续运营，发现了自己感兴趣并擅长的方向，就可以稳定固定地产出，从而积累影响力。

（3）要素分析

短视频有三大要素，包括核心元素、差异化内容和价值观。只有融入了这些元素，短视频作品才具有生命力，能够快速脱颖而出。

①核心元素是指视频要突出的重点是什么，是人物？还是产品？要做产品推荐，就要将产品在视频中加以强调突出；要打造个人品牌，则应该担任整个视频的主角，避免喧宾夺主。短视频的核心元素要确保统一，以便不断增强在用户心中的印记，从而积累出影响力。

②差异化内容：网络上每天都有大量的短视频被创作出来，如果不具备差异性，很难有效果；制作短视频的时候，一定要制作差异化和稀缺感，从而在用户心中占据一席之地。

第一，要尽量固定演员，特别是有特色的演员，比如相貌，口音，肢体语言，职业习惯等。如西瓜视频的“我是小熙”，每个视频中主角都是小熙，并且小熙说了一口有标识性的方言，与众不同。

第二，情节要具有颠覆性，可以是性别的互换，也可以是情节的反转，如职场小钢炮经常反串女性角色，陈翔六点半的故事情节经常反转。

第三，展示不一样的视角，拍视频可以从不同的视角来展示效果。如刘二豆经常从宠物猫的视角进行演绎，很容易在众多视频中脱颖而出，快速积累影响力。

第四，努力创作差异化的内容，如同是美食大号的办公室小野、李子柒、野食小哥，内容的差异性很大，办公室小野呈现的是办公室美食，李子柒呈现的是远离城市的“仙女”，野食小哥描述的是野外生存有美食。

③价值观：每个短视频要想传播的更广，更深入人心，就一定要有价值因素赋值其中；短视频的价值观可以是有趣的灵魂，可以传播美好的生活，也可以是善意的提醒，引发人们注意什么、改善什么、领悟什么。这样才能引起用户共鸣和收藏，将影响力传播开来。

任务 5.3 悟空问答

悟空问答（图 5-3-1）是今日头条提供的一个问答 App，原来叫头条问答，2017 年 6 月，正式更名为悟空问答。作为一款靠谱的问答社区，专注分享知识、经验、观念。在这里，所有人都能找到答案、参与讨论。

悟空问答主要采取算法推荐制，分析用户感兴趣的问题，邀请可能推送给他。头条问答还能自动邀请恰当的用户回答可能感兴趣的问题，进而帮助其他人。形成了所有人问所有人、所有人答所有人的模式。

图 5-3-1 悟空问答

悟空问答有三大作用：涨粉，利用悟空问答提高自己栏目的曝光量，利用优质问答吸引粉丝；提高阅读量，利用我们头条已发布的内容来设计问题，进而提升内容播放量；获得收益，悟空问答中有多种获得收益的方式，如问答红包、成为问答达人、成为签约作者。

其中问答红包是平台设计的一种现金回报方法，对分享优质内容知识的答主进行鼓励，以促进更多普通的用户参与进来。问答达人是今日头条官方认证的身份，可以提高用户在头条平台发言的可信度，增加曝光度与关注，进行提升个人品牌的知名度。悟空问答还采取邀请制，邀请一些权威机构和知名的“大 V”作为签约作者，给予一定的报酬，鼓励持续产出高质量内容。

5.3.1 注册账号

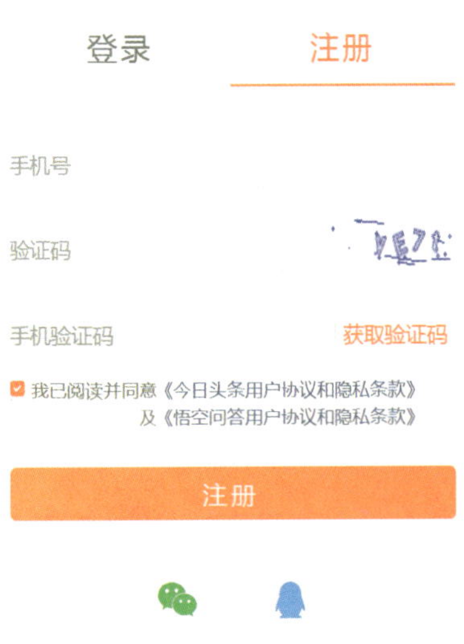

图 5-3-2 注册账号

注册悟空问答（图 5-3-2），可以使用自己的手机号快速注册，也可以通过微信、QQ 等第三方账号登录。另外，头条号的账号和悟空问答的账号是通用的，有了头条的账号就无须另行注册。运营者如果想长期运营，也可以多注册几个账号，共同运营。

之后需要选择账号类型，一般企业和个人，可以选择个人身份；报纸、杂志、电视、电台等可以选择媒体；各级行政机关、党群机关等可以选择国家机构。

作为一个自媒体账号，我们需要设置好悟空问答的头像、签名，选好回答领域。头像最好有个性、易记；签名要体现出自己关注某一领域；回答的领域一定要注重垂直度，便于将来认证这个领域的问答达人。

5.3.2 问题策划

运营悟空问答，首要工作是回答问题。但在回答问题之前，要先学会选题，由于时间有限，没有人可以把所有问题回答完；也不是所有的问题我们都了解和擅长。选择要回答的问题应该是问题本身清楚，语义表达清晰；传播度高的热门话题；自己擅长领域的问题。

例如，人力资源管理总监可以回答面试常见问题“面试官问你‘你期望的薪酬是多少’时，实际上是在问什么？”（图 5-3-3）；年轻人最有资格回答自己的话题“你在青春期都做过什么荒唐事？”；等等。

做悟空问答不能仅仅只是回答，也可以适当地去提问，提问一定要有实用性、逻辑性、讨论性等，是大家感兴趣的，具有指导意义的，或者辩论性强的问题。

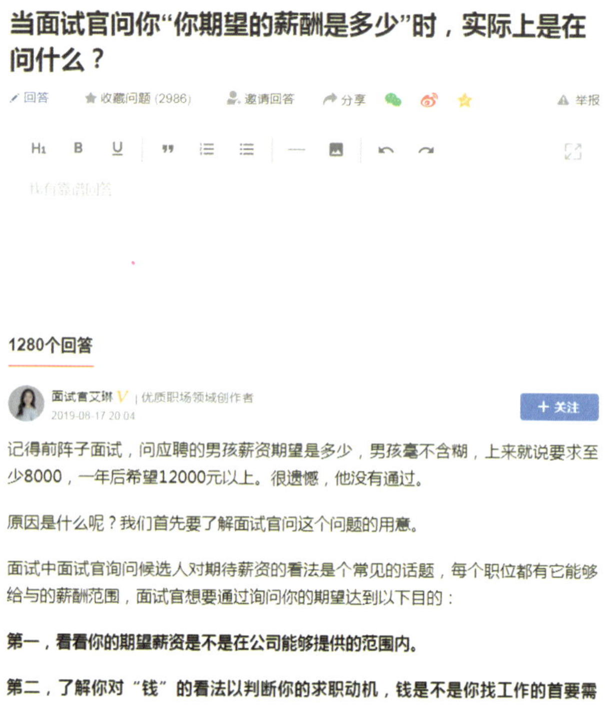

图 5-3-3　有选择地问答问题

想一想

如何将企业要宣传的内容、话题或者产品介绍转化为问题和答案？

5.3.3 组织答案

运营悟空问答，内容的原创性和内容质量才是最关键的。只要内容做得足够的精湛，就一定能够获得大量的阅读。高质量的回答需要满足三个要素：权威性、客观性、准确性。

①回答尽量简单明了、通俗易懂、有条理化，字数要在 300 字以上，800 字之内，还要配上合适的图片。因为图片比文字更容易吸引用户，所以要善于选择一些热门的、有创意的、有争议的图片作为配图或者封面图，这样就会吸引更多的流量。

②也可以自问自答。如先用小号提出多个有意思的热点问题，然后自己提交专业回答，营造出专业性。

③一个时间段内最多回答 6 个以内的问题，也不要在答案发布后再进行优化和修改，这很容易导致账号权重的降低。

④在悟空问答上有效回答问题后，平台会不定期的邀请我们回答一些同领域的相关问题。这时要根据平台指示去做，回答好这些问题，因为这是能否成为签约作者的关键。

⑤也可以将自己的文章配图制作成 PPT，进一步做成视频，今日头条中由于视频往往能够获得

较高的推荐量，所以这样的回答很容易被评为优质回答。

5.3.4 问答推广

悟空问答平台的问答模式是一种互动营销模式，企业可以通过该平台直接与用户互动来达到宣传企业产品信息的目的。问答引流的好处就是长期有效，几年前撰写的答案，可能现在仍然有人在搜索、在阅读。

悟空问答的推荐机制类似于头条的推荐机制：先将某人的回答内容推荐给一部分用户看，如果这些用户看的时间比较长（有效阅读），并且有点赞或评论的行为，那么下次就会推荐更多的流量。

为此，多搜索自己所在的垂直领域的关键字，获取到问题后，将核心内容整理并输出为答案，这样既可以帮到读者，也可以引起读者对我们的兴趣，进而关注我们的账号。开展问答推广（图 5-3-4）要根据自己特长和优势，提出与企业或产品相关的问题，并做出一定的分析或答案，然后引出其他读者的回答，并进行互动、交流，借此输出富有价值的内容，吸引他们的关注。一个优秀的回答可以在悟空问答上获得近百万的阅读量，如此巨大的流量如果没有进行精准的引流让它就此流失，是十分可惜的。如可以在图片里面打上水印，印上联系方式，内容中合理植入商品信息，这样引流到自己的公众号或者头条号。但问答中不宜包含纯粹的广告、头条号自己的文章、站外链接。

图 5-3-4 悟空问答推广

提示注意：如果你找不到悟空问答平台，那么可以在头条号首页中找到“问答”，进入头条问答界面去发布问答。

任务 5.4 头条爆文写作

当前头条的月活数据（MAU）超过了 4 亿，在国内有大量的用户群。而借助算法的推荐，前期不需要有大量用户积累和活动，也能获得一些基础的用户流量，头条运营与推广可以说非常适合中小企业。

运营头条号之前要理解平台的规则，平台对文章首先采取机器消重、算法推荐，即机器会根据文章的词频来给内容打上标签。其次，内容策划时要感知用户，做到选题是用户感兴趣的，标题是用户想点击的，图片是用户想看的，这样才能取得较好的点击率、评论数、点赞数、收藏数、转发数、阅读时间等。明确营销目标是要曝光品牌还是圈定粉丝？要洞察用户的需求，并通过数据分析来优化运营策略及内容呈现，实现真诚地与用户沟通。通过数据指标不断试错和反馈迭代是精准运营的重要法则。图 5-4-1 为头条运营分析的维度示意图。

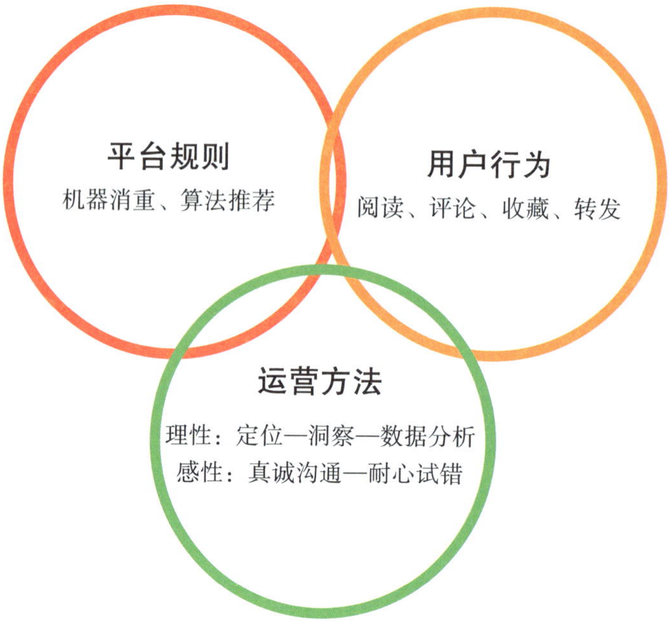

图 5-4-1 头条运营分析的维度

5.4.1 智能推荐机制

今日头条就是通过机器分析用户的阅读习惯，不停地给用户自动打上标签，然后根据标签进行分发。如通过获取与用户阅读过文章的相似文章来进行推荐；基于相同城市的新闻，会推荐与之相似的城市热门文章；与用户阅读的历史文章关键词进行匹配推荐；基于社交好友关系的阅读习惯推荐；基于用户长期标签的推荐；基于相似用户习惯的列表推荐；等等。系统会先将文章推荐给一部分用户看，如果用户看的时间比较长、有点赞评论等行为，那么下次就会推荐给更多的人，否则会逐渐减少推荐量。应对策略如下。

①想要获得高推荐量，需要加强对内容原创与质量的把关，并尽量将内容放在头条中首发。因为头条在内容原创度的考核中，是否首发很重要。

②确保发出的图片与内容是健康的，图片在不失真的前提下大小不超过 500K，图片宽高控制在 600×360 像素左右，确保图片美观、清晰，并且与文章主题切合，黄、赌、毒、标题党等内容不能涉及。

③保证账号的活跃度，每天准时准点推出内容，培养读者阅读习惯。每天产出有用的内容，增加头条内容的权威性。

④提高互动性，创作者要在评论区多回复读者，与读者互动，努力做到最快回应回复，有助于提升互动度。

⑤专业度，是指头条发文领域要垂直，主题相对统一，提高文章专业性程度。

5.4.2 头条爆文撰写

头条的推荐量直接影响阅读量，推荐量提升了，阅读量也会提升。阅读方面，影响头条推荐的数据考核指标主要有三个，分别是阅读进度、跳出率、平均阅读速度。

①给文章选一个好标题，以价值性、有趣性为参考，将关键词具体化。

②在标题、首段、末段、图片注释处加关键词，让平台更容易识别文章的类型。收录一篇文章关键词数字出现 3~5 次最容易抓取跟收录，尤其是在文章的首尾两端，而图片注释处加关键词，可以让图片出现在用户搜索时，进而让文章也得到更多曝光。

③合理利用标签，爆文中经常使用的标签，说明其受众是巨大的，有可能成为爆文；在创作内容时使用这些标签，或者针对这些标签创作内容，在一定程度上使内容具备了爆文的特质。

④一篇文章选择一个问题（痛点），开篇一定要点题，有结果有原因，减少用户的跳出率。

⑤蹭热点，将文章内容跟时下的热点关联起来，增加用户的点击欲望。

思政园地　网络新闻资讯平台要积极弘扬社会正能量

新时期网络新闻宣传要牢牢把握网络媒体的正确舆论导向，不断提高公众舆论引导能力，弘扬社会主义核心价值观，宣扬品牌文化、企业文化和中华民族传统文化，传播企业和社会的正能量，明是非，懂善恶。

在全国“五个一百”网络正能量精品评选活动中，新华网、环球网、舜网等媒体的多个作品受到表彰，包括“青春与祖国同在”“中国航天日：星辰大海，征途在前”“坚守塔里木油田人生无悔”等等，这些优质内容在今日头条媒体中也得到广泛传播。

因此，网络媒体要积极壮大网上的正面声音，传播文明、引领风尚，坚决杜绝自媒体成为某些人、某些企业违法违规牟取暴利的手段。广大网民、媒体和社会各界要共同维护网络传播秩序，营造风清气正、积极向上、健康有序的网络空间。

项目实训 5-1　今日头条运营——查找热点

1. 实训目的

通过微博、今日头条、知乎查找近期 3 个热点，分析三个平台各自的特点，进一步加深学生对常见新媒体平台的认识。

2. 实训要求

4~6 人一组，以小组为单位，分工合作。每个平台的热点要找三个以上进行对比分析。

3. 实训步骤

①以小组为单位，分别从微博、头条、知乎上查找出今日 3 个热点。

②小组讨论，头脑风暴，集思广益。

③完成下列表格。

热点来源	热点	对比分析
	1.	
	2.	
	3.	
头条	1.	
	2.	
	3.	

续表

热点来源	热点	对比分析
知乎	1. 2. 3.	

④将小组成果做成 PPT，向全班同学展示。

4. 温馨提示

查找热点时需要多思考，研究各个平台的异同点。

5. 实训回顾

①不同平台热点有什么不同？

②为什么会有这些不同？

项目实训 5-2　头条号运营实训

1. 实训目标

学生已经基本了解和掌握了头条号的运营知识，通过本实训活动，学生可以了解典型的企业如何开展头条运营，如何在新媒体平台中开展内容创作，并开展内容营销，实现产品展示和品牌推广。

2. 实训要求

①登录温州名购网网站，分析网站在售产品，选择一种商品作为推广对象。

②分析商品的特点，撰写商品简介，拍摄商品图片和短视频。

③根据头条号运营规则，撰写推广软文并在头条图文中发布，在西瓜短视频中发布产品的短视频。

④运营悟空问答，围绕产品提出几个问题，开展问答推广，并积极引导用户参与讨论和交流。

⑤连续三天在头条中推送图文消息、短视频、问答消息，然后分析运营数据，总结推广结论。

3. 实训步骤

①熟悉头条平台的几项核心功能。

②选择推广的产品，撰写推广软文，制作产品图、短视频等素材。

③通过典型案例讲解，让学生熟悉头条营销的策略、技巧、创意与互动。

④老师和学生代表点评各组（学生）的作品，并选择优秀作品予以展示。

⑤分析各项运营推广数据，总结存在问题，制定精准化的营销策略。

4. 实训回顾

如何借助头条号为自己的产品种草？

项目小结

本项目主要介绍了今日头条媒体、头条号的功能、如何创作头条内容，包括头条图文、微头条、短视频等工具的运营方法，头条号是自媒体运营，内容运营是核心，粉丝运营是基础，账号运营是关键，要善于创作优质而原创的头条图文、编辑微头条，要掌握利用短视频吸粉，掌握如何设计好头条问答，辅助内容运营，实现引流。要努力做好内容垂直的头条号，开展内容推广，服务于电商平台运作，为产品种草。

复习思考题

一 单项选择题

1. 内容营销的本质是（　）。

A. 品牌推广　　B. 市场推广

C. 营销　　D. 销售产品

2. 以下属于头条号的内容创作技巧的是（　）。

A. 争做标题党，正文内容无所谓　　B. 正文内容只有文字没有图片

C. 主图与内容无关　　D. 采用 ABC 型标题

3. 西瓜视频的主要功能包括（　）、分析数据、视频直播等。

A. 管理视频　　B. 发布视频

C. 品牌　　D. 广告

4. 短视频有三大要素，包括（　）、差异化内容和价值观。

A. 视频大小　　B. 核心要素

C. 视频创意　　D. 环境要素

5. 悟空问答中，一个时间段内最多回答（　）个以内的问题？

A. 3　　B. 5

C. 6　　D. 8

6. 开通头条商品号的条件是：粉丝数量达到（　）。

A. 1 000　　B. 2 000

C. 3 000　　D. 5 000

二 多项选择题

1. 作为头条号的运营者，在图文的数据统计指标中，包含（　）指标分析。

A. 推荐量　　B. 阅读量

C. 评论量　　D. 收藏量

2. 头条号包括以下哪些功能？（　）

A. 图文　　B. 图集

C. 微头条　　D. 西瓜视频

3. 在今日头条发布内容，下面哪些信息不予发布（　）。

A. 被机器确认为重复文章　　B. 标题全部为英文 / 外文

C. 文章 copy 自其他自媒体　　D. 内容低质、不完整、不丰富

4. 要使头条文章获得更多的阅读量，则以下哪些指标需要重视？（　）

A. 点击率　　B. 用户阅读时间

C. 收藏数、评论数　　D. 转发数

5. 头条号申请原创标签有何好处？（　）

A. 原创文章可以受到相应的保护　　B. 有助于吸引高质量粉丝

C. 账号推荐及广告费都会有相应增加　　D. 有助于升级为达人号

三 简答题

1 微头条与微博有何区别与异同？

2. 头条号数据分析中需要关注哪几个指标？阅读量与粉丝阅读量有何区别？

3. 试分析什么样的内容更容易吸引头条用户？

4. 如何在悟空问答中制作出优质的答案？

5. 如何写出一篇优秀的头条爆文？

6. 企业头条账号的内容建设，可以围绕哪些角度选题？

项目 5　习题答案

项目 6

知识社区运营

目标导航

知识目标

1. 了解知识社区的概念、特点、作用。
2. 了解知乎、喜马拉雅、知识星球等知识社区的产品特点。
3. 了解知乎的产品架构。
4. 掌握知乎的核心功能。

能力目标

1. 能掌握知识社区的基本运作流程。
2. 掌握知乎写回答和写文章的信息编辑及发布流程。
3. 学会知乎引流推广的思路和基本方法。

思政目标

1. 知识社区的运营需遵守国家相关法律法规。
2. 知识社区运营应崇尚科学理性、鼓励独立思考、拒绝愚昧反智、反对过度娱乐。

项目导图

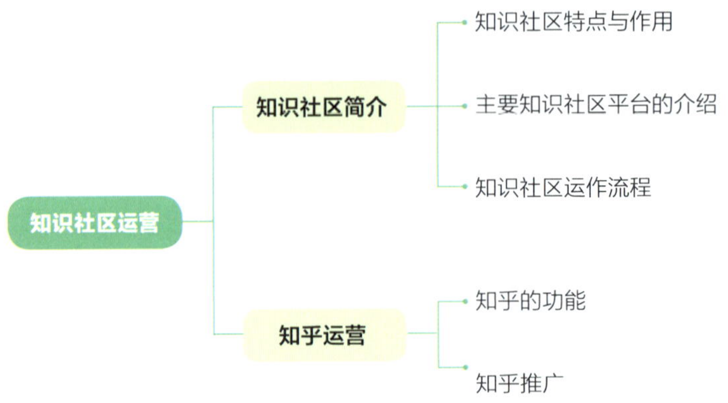

导入案例

口述创业史——知乎十年的创业之路

现在回想起来，创业的种子可能在我上大学期间就已经埋下了。

——周源 知乎创始人、CEO

1999 年，周源考入成都理工大学，学习计算机专业。年轻的周源被两本杂志吸引——《IT 经理世界》《程序员》。在杂志中周源读到太多令他兴奋不已的故事：有人在中国编写共享软件，通过网络传到外国网站上，一个月内竟能获利数万美元！自那时起，周源相信自己的专业前途光明，必将大有作为。然而，年轻人的青春冲动，往往会先遭遇现实的敲打。

2004 年，硕士毕业生周源“随大流”去了上海，在一家加拿大公司的研发中心做起了程序员，参与搭建数据库。奋斗了 8 个月后产品发布，但一个用户也没有。不知道做出来的产品可以给谁用，也不清楚能提供什么样的价值，这对于踌躇满志的周源来说是一个非常沉痛的打击。

2005 年，回老家过春节的周源，在报刊亭里再次翻开了大学时常看的《IT 经理世界》，那期杂志的封面报道是当时的新鲜事物——“3G”技术。“或许在别人看来那只是一个科技名词，但我却被深深吸引了，我仿佛预感到一场颠覆性的商业变革正在到来！”于是，周源立刻给北京的杂志社发了自荐邮件。然而，杂志社的拒绝不但没有让周源气馁，反而促使只身北上，成为一名“北漂”。

知乎的起步：沙漠之中建绿洲。

知乎从 2010 年 12 月 19 日开始运转，内测期历时 40 多天。这个过程就像是在沙漠里建造绿洲，而绿洲在沙漠里不干涸的唯一方法就是要足够大。经历了几十天的积累，知乎终于有了 200 多位用户。令人兴奋的是，知乎的首批绿洲建造者中既有像李开复、王兴、王小川、徐小平这些富有创新精神的企业家，也有一批可能没有听过名字，但在各自专业领域相当优秀的开拓者。在知乎内测的 40 天里，他们创造了 8 000 个问题和 2 万个回答，这个内测结果给了所有人信心。2011 年 1 月 26 日知乎正式发布上线。短短几个月里，知乎微博的评论区和官方邮箱里经常会塞满索要邀请码的留言。

开局顺利，势头向好。但几乎与此同时，知乎社区的一些问题也随之出现。一方面，中文社区和论坛长期盛行吐槽和灌水文化，很多人觉得中文互联网社区娱乐化的状况不可改变；另一方面，想要把成千上万人的“大脑”相连，再把他们的知识、经验、见解都搬到互联网上，从操作上看也的确障碍重重。发现这些问题后，周源立刻决定停止开放。对于一个初创企业而言，这并不是一个容易做出的决定。但即使多年以后，周源依旧对自己当初的果断感到庆幸。虽然知乎需要流量和规模，但如果内容质量没有了，那就连刚开辟的绿洲也会消失。

如果要问知乎在早期最重要的战略决策有哪些，周源认为专注内容质量而不盲目追求速度肯定是其中之一。不同的产品需要不同的节奏。对于知乎来说，慢一点的好处是给社区留出更多时间来沉淀文化和氛围，给团队改进产品的机会。知乎的产品形态是一个积累型的产品。它是一种沉淀性的内容，而不是特别实效性的内容。知乎有大量的内容可能是三年前产生的，但是今天你还是会觉得它对你很有帮助。

周源始终不认为知乎是一个慢公司。今天的互联网竞争非常激烈，竞争是没有太多边界的。所以快速地构建竞争力、产品力和创新力是非常重要的。在这个层面上，知乎希望能够走得更快。知乎上线第一年，用户在知乎花了 200 万个小时，一共产生了 20 万个提问和 60 万个回答。

2019 年初，知乎已经聚集了超过 2.2 亿用户，积累了超过 1.3 亿个回答。知乎开始真正成为一个能够让用户在此生产有价值信息，并且将其沉淀下来的网络知识中枢。在 2011 年到 2012 年，外界看到的知乎可能只是一个“慢社区”，好像使用者总是那一小批用户；但在内部，周源已经发现越来越多垂直细分领域的行家里手在知乎一“题”成名。

随着知乎的月活跃用户的增长，知乎需要解决的问题也随之增多。提升用户体验、改进信息流、自治社区管理和广告垃圾内容等问题都是知乎需要面对的挑战。知乎未来是否可以依旧做到产品的简单、高效？是否能够持续吸引到足够多的流量？在商业化的道路上又会遇到什么困难？这一切，对周源、对知乎都充满了挑战。

思考讨论：

知乎的创立给互联网知识社区带来了什么样的变化？

任务 6.1 知识社区简介

6.1.1 知识社区的特点与作用

知识社区是一种共同体结构，是知识管理中学习理论和社会交换理论的融合，在二十世纪八九十年代，知识社区被看作是源于 BBS、Web 论坛和网络言语社区的一种 Web 上的虚拟构成，随着社会网络网站的增加，知识社区随之被描述为个人参与知识管理的一种工具或方式，现在的知识社区更多地被用来指实践社区（community of practice）或虚拟实践社区（virtual community of practice）。

知识社区由人们自动自发（或半自动自发）组成知识分享的团体，其凝聚的力量是人与人之间的交情及信任，或是共同的兴趣，而不在正式的任务与职责。知识社区成员可自行决定是否要积极参与活动，是否乐于分享经验和知识，互相教导和学习，并从中得到相互的肯定和尊重。知识社区最能发挥内隐知识的传递和外部新知的分享，因此形成组织最宝贵的人力资产。

1. 知识社区的特点

（1）无地域限制

相比传统社会学意义的社区而言，网络知识社区最大的特点是没有地域的界限，身体无须“在场”。传统的知识问答交流是身体在场的传播形式，传受双方需要在特定的场所才能完成交流和互动。知识分享和传播形式主要有课堂教学和依赖于书籍等各种印刷产品作为传播媒介进行的知识扩散。移动互联网时代，由于信息传播方式大为增加，用户的注意力则被大量稀释，如何获取有用信息成为用户亟待解决的问题。随着数字化、网络技术和软件技术的发展，空间被压缩为时间，时间也被永久保存，在技术的推动下，互联网实现了即时沟通交流和反馈，构建了新型的人际关系，形成了新的社会化网络，即网络知识社区。

（2）共享性

传统的自上而下的知识“灌输”在互联网时代不再适用，平等的交流成为一种普遍的知识传播方式，即实现了“所有人对所有人的传播”。共享是网络时代知识传播最大的特征，共享意味着分享，每个用户在共享中实现知识的互通。共享是实现知识均权的保障，知识均权必然走向共享。知识社区聚集了不同行业、兴趣爱好、学习背景的用户，以关系社区的形式帮助用户提出问题和解答问题。

（3）意见领袖依然占据主导地位

新媒体时代的知识社区虽然涌现了多元知识传播主体，但意见领袖依然占据了主导地位。回答者的身份越具有辨识度，在某一领域就越具有号召力，该回答就会引起更多的关注，从而引发集聚效应，同时也会出现盲从的“粉丝”。相反，某些回答相对来说更有说服力，但因无人点赞和关注而会逐渐消失于各种回答之中。知识社区的人们获取知识的权力并不是均等和无差别的。

（4）知识鸿沟依旧存在

网络时代，每个人都可以参与到知识的讨论中来，尤其是在知识问答社区的讨论中，每个用户拥有平等的媒介使用权和话语权。从知识传播效果来看，每个用户都拥有传播和接受知识的同等权利。但是，在知识社区的使用过程中，每个用户虽均能参与到话题的讨论中来，但机械的浏览者依然存在，同时某些用户为了吸引流量，特意引发了很多奇观化和媚俗化的话题，干扰了知识社区的知识传播质量。从这个角度来看，“人人都有使用权”“人人都有发言权”的知识社区能否消除因社会经济地位等不同而造成的知识鸿沟恐怕要打上一个问号。消除知识鸿沟的重点在于人人拥有知识，而不仅仅是参与话题的讨论，况且在此过程中，许多用户并没有发表观点。

2. 知识社区的作用

人类的需求不仅仅只有生理需求、安全需求、社交需求、尊重需求、自我实现需求等基本需求，信息（知识）需求也是人类需求体系的重要组成部分。

在网络知识社区中，社区成员之间的知识互动能够源源不断地产生大量的知识资源，使得用户可以非常方便、快速、低成本地从网络知识社区获取各种知识，从而为现实问题的解决提供了重要支撑。由此，知识社区的作用不仅体现在满足社区成员获取知识，还体现在逐步产生其他功能作用。

（1）满足用户的知识需求

在实体社区中，人类最原始、最基础的需求就是生理需求，包括衣食住行的各个方面。在网络知识社区中，最原始、最基础的需求应当就是知识需求，这也是用户进入网络知识社区的最基本目的。因为在实体社区中，人们为了满足自身的生理需求、安全需求、社交需求、尊重需求、自我实现需求，必然会面临各种各样的现实问题，就需要利用相关的知识解决这些问题。无疑，网络知识社区作为一种典型的生产型知识源，成为用户获取知识的重要来源。用户进入网络知识社区之后，一般是利用社区的搜索功能获取相关的知识；如果用户没有搜寻到相关的知识，往往会通过发帖提问的方式寻求帮助。需要指出的是，此阶段的知识需求是用户已经意识到的，并明确表达出来的知识需求，也称为现实知识需求。

（2）满足用户的社交需求

在实体社区中，社交需求是指人们希望与他人进行交往，与同事和朋友形成良好的关系，成为某个组织的成员，得到他人关爱等方面的需求。同样，在网络知识社区环境下，社交需求也是用户的一种重要需求。然而，网络知识社区并非实体社区的简单复制。网络知识社区用户的社交需求主要体现为与其他用户保持良好的知识互动关系。由此，用户就需要结合自身的知识水平、知识兴趣、知识目标等因素，选择合适的对象进行积极的知识互动，从而逐步构建自己的人际关系网络，不断满足自己的社交需求。需要指出的是，在具体的知识互动过程中，用户既可以是知识的需求者，也可以是知识的创造者、分享者、评论者。

（3）满足用户的尊重需求

在实体社区中，尊重需求属于较高层次的需求，包括自我尊重和他人尊重两个方面。自我尊重主要是指对自尊心、自信心等方面的需求；他人尊重是希望自己能够得到他人的认可。同样，在网络知识社区中，用户也会有尊重的需求。无论是自我尊重需求和他人尊重需求的满足，都需要用户积极参与网络知识社区的知识互动，并在知识互动过程中逐步建立自己的专业自信，进而提升自身的专业影响力，从而获得他人的尊重。需要强调的是，网络知识社区的价值和追求就在于能够包容来自不同成员、不同观点和不同视角，以及来自不同权威的差异性，从而为最大限度满足用户的尊重需求创造了重要条件。

（4）满足用户的自我实现需求

在实体社区中，自我实现需求是指人发挥自己最大的潜能，实现自我的发展和自我的完善，属于最高层次的需求。在网络知识社区中，存在着这样的一类用户，他们期望能够最大限度地挖掘自身的潜力，通过不断的知识创新来帮助网络知识社区的其他用户。如上所述，用户进入网络知识社区的最基本目的就是满足其特定的知识需求。但是，并非任何用户的所有知识需求都能够在网络知识社区得到满足。例如，用户的现实知识需求可能会超越网络知识社区已有的知识范畴，此时就处于一种未满足状态；即使用户的现实知识需求得到了满足，但是相关的潜在知识需求也已经产生，同样处于一种未满足状态。对于那些拥有自我实现需求的用户而言，就可以针对这两种还未满足的知识需求进行知识创新，在努力满足其他用户知识需求的同时实现自我超越。

想一想

互联网时代的知识社区实现了“所有人对所有人的传播”，却为何仍然存在知识鸿沟？

6.1.2 主要知识社区平台的介绍

1. 知识星球

知识星球（图 6-1-1）诞生于 2016 年，一开始名叫“小密圈”，主打私密朋友圈，接着在 2016 年 7 月下旬选择迎接知识付费的浪潮，主动转变为知识社群，提倡知识变现。它的广告语“连接一千位铁杆粉丝”源自凯文·凯利的：任何从事创作或艺术的人，只要能获得一千位铁杆粉丝，就足够生计无忧，自由创作。2017 年 8 月，改名“知识星球”，官方解释为“在知识星球里，用户能通过众多知识达人的引力场，缩短获取知识的时间，实现知识的星际穿越”。

图 6-1-1 知识星球

（1）平台特色

和市面上很多知识社区不同的是，知识星球卖的不是课，是链接、圈子，其推广方式也显得特立独行。

知识星球的机制，很巧妙地跟星主站在一起。一般来说，用户对 App 的耐心不超过 30 秒，但现在因为星球中知名创作者的背书，用户对知识星球的耐心，从最初的 30 秒延长到了 10 分钟。如果星主能够继续深挖用户需求，做好细节，用户的停留时长将会更长。

知识星球中，科技、经济和教育主题的圈子累计占到 80% 左右，近半数的星球年费不到 100 元（所收费用，官方拿走 5%，剩余留存在星主个人账户，可以微信提现）。如果星主很负责，星友的素质较高，这将是一份性价比较高的学习社群。

知识星球的用户主要来自微信微博导流。直接通过应用平台了解到“知识星球”的用户相对较少，大多都是通过微信微博导流铁杆粉丝使用“知识星球”，形成闭环。知识星球以圈子为载体，建立良好的用户互动氛围，生产大量优质 UGC，用户粘性，用户对于产品的依赖逐渐增强。随着时间的推移，也随着各个星主的影响力日益增大，将会影响更多人，也能创造更大的价值。

（2）知识星球的内容产生来源

第一，星球创建者的持续创作或优质内容分享：创作者将书籍、理论知识、信息资讯与自身的认知相融合，创作出相对在微信公众号或微信群、微博平台分享的内容更加优质的付费内容。满足了用户渴望提升自身某一方面认知的需求。

第二，星球创建者提出的学习或分享任务：创作者通过提出学习安排或分享任务，协助普通用户提升自制力。

第三，星球内普通用户有趣的内容或有用知识分享：普通用户通过对有趣的内容或有用的知识进行分享，促进普通用户间的交流，提升星球的活跃度和内容的丰富度。

第四，星球内对创建者和嘉宾的提问：普通用户通过将自身的疑惑与问题以文字的形式向创建者或嘉宾提问，由于星球创建者和嘉宾在某一领域的认知远超普通用户，所以普通用户也能够在大概率上获取到有说服力的答案。

图 6-1-2 为知识星球“圆桌”交流话题事件。

图 6-1-2　知识星球“圆桌”交流话题事件

2. 喜马拉雅 FM

喜马拉雅 FM 上线于 2013 年，早期产品定位为在线音频平台，与豆瓣 FM 的听歌形态相似；后来打造成了 PUGC 的音频平台，为用户提供自己录音并分享的平台，吸引了众多民间、原创音乐人、知名人士在喜马拉雅上开设自己的音频专辑。2016 年知识付费的风口到来后，迅速成为知识付费的先行者和知识社区的当红佼佼者。据喜马拉雅官方最新数据显示，2021 年喜马拉雅的激活用户超 6 亿，2021 年 1 月活跃用户就达到 7 221.6 万。喜马拉雅深耕“音频娱乐”+“知识付费”市场，已成为有声音频行业的领头羊。图 6-1-3 为 2021 年上半年喜马拉雅 FM 的市场份额。

图 6-1-3　2021 年上半年喜马拉雅 FM 的市场份额

（1）商业模式

喜马拉雅是 PUGC 平台，音频形态丰富多元，内容覆盖范围广。向长尾内容方开放报名和审核机制，满足用户个性化的需求，用户既是消费者又是内容生产者，提供晋升 KOL 的机会，草根也能变“明星”的思想吸引大量用户。

用户存在多元化内容的需求，不再以知识大咖作为唯一内容筛选标准。据喜马拉雅提供的数据显示，平台上每个细分垂直领域都涌现出大量的音频创作者，既有来自国内 985 高校一线教师，也有律师、儿童学家、营销专家等。平台积极为这些内容创造者赋能。2018 年年初，喜马拉雅发布“万人十亿计划”，从资金、流量以及创业孵化三个层面扶持音频内容创造者。

图 6-1-4　2020 年喜马拉雅“123 狂欢节”内容消费情况

2020 年，喜马拉雅直播发布“春生计划”，针对优质公会、MCN 机构、声优工作室，推出六大扶持政策，共计投入 10 亿流量，打造 100 家月入百万的直播公会。

（2）产品内容

喜马拉雅平台拥有海量品类，覆盖娱乐、知识、生活、音乐、历史、相声、情感、人文、段子等等，因此也有无数品类形成长尾，平台方很容易在生态链上获取价值，平台价值大。对于用户来说，好的内容是增长用户的最佳方式，也是最重要的方式。其付费内容分为以下三类：与行业知名人士合作推出的专辑，如联合马东制作的《好好说话》；与相关阅读机构的合作，如有声书、IP 改编等；与教育培训机构合作推出的收费节目。

从 2015 年开始，喜马拉雅就相继与阅文集团、中信出版集团、上海译文出版社等诸多一线出版商合作，合作内容包括有声改编、IP 孵化、版权保护等。目前喜马拉雅拥有市场上 70% 畅销书的有声版权，85% 网络文学的有声改编权，6 600 多本英文原版畅销有声书版权。2020 年喜马拉雅“123 狂欢节”内容消费总额突破 10.8 亿元，首次付费用户占比超 26%（图 6-1-4）。

（3）激发活跃

激发活跃新老用户的重点是满足用户需求，对于喜马拉雅来说，用户下载是为了想听到感兴趣或想要听的音频，因此，个性化推荐内容则能很好的让新用户得到激活，引导新用户获取内容，降低获取内容的门槛。

在运营激活手段方面，则通过免费 VIP 体验、新人优惠券的两个方式获得转化，对于新用户或流失用户来说，免费而且价值还高，通过用户敏感的数字、价值对比，引起他们的“痒点”，不要的话是要跟自己过不去，而且领取和使用简单，没有过多的门槛。

智能硬件产品一直都是时代的宠儿，在经过小米、苹果等智能硬件厂商的市场教育下，智能手环、智能手表、智能跑步机等智能产品，用户早已熟悉并且接受度高，而喜马拉雅做智能音箱的优势，则与产品的海量音频内容结合，并且通过场景化的描述，激发起用户对小雅智能音箱的兴趣度，从而达到激发活跃用户（图 6-1-5）。

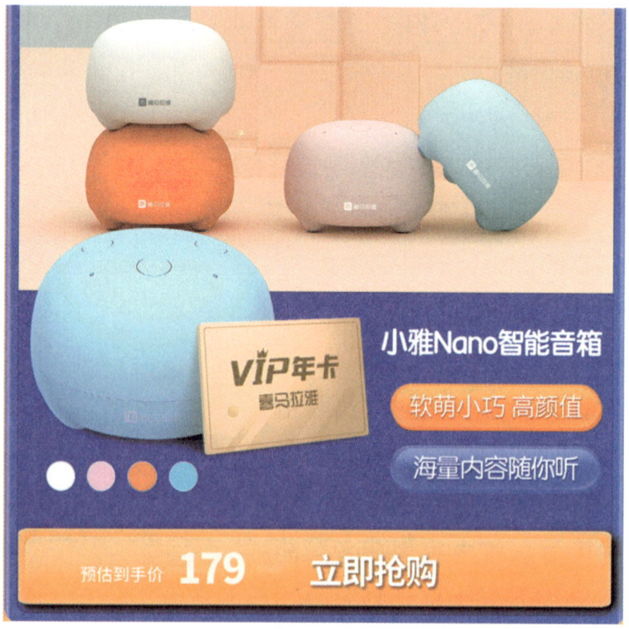

图 6-1-5　喜马拉雅 FM 智能硬件产品激发活跃用户

（4）推荐传播

分享付费专辑赚佣金、0 元购赠送好友得书，以金钱或物质利益作为用户推荐传播的核心点，并且所分享的主题也是正气凛然，“分享新知，收获财富”与喜马拉雅的产品定位相同，通过知识付费获取收益，鼓励全民参与推荐传播。

喜马拉雅通过免费助力获得课程的方式来运营传播。分享者所分享的并不是拼多多平台一类的某些产品，而是在表达渴求知识成长的诉求，对于助力者来说，学习本来就是一件好事，并且在喜马拉雅的背书下，对这样的助力形式更加不会排斥。同时，作为助力者在助力后可获得免费助力名额，通过这样的方式吸引助力者对课程的了解，转化助力者为发起者。

想一想

喜马拉雅 FM 的盈利模式是什么呢？

6.1.3 知识社区运作流程

1. 提高用户对知识社区的信任程度

社区成员间良好互动和信息共享是网络知识社区赖以生存和发展的基础，而信任是影响用户间交互和知识共享的核心要素。一般来说，处于高度信任环境中的人们，会更愿意参与知识共享和社会交换。图 6-1-6 为基于信任的知识社区知识共享框架。

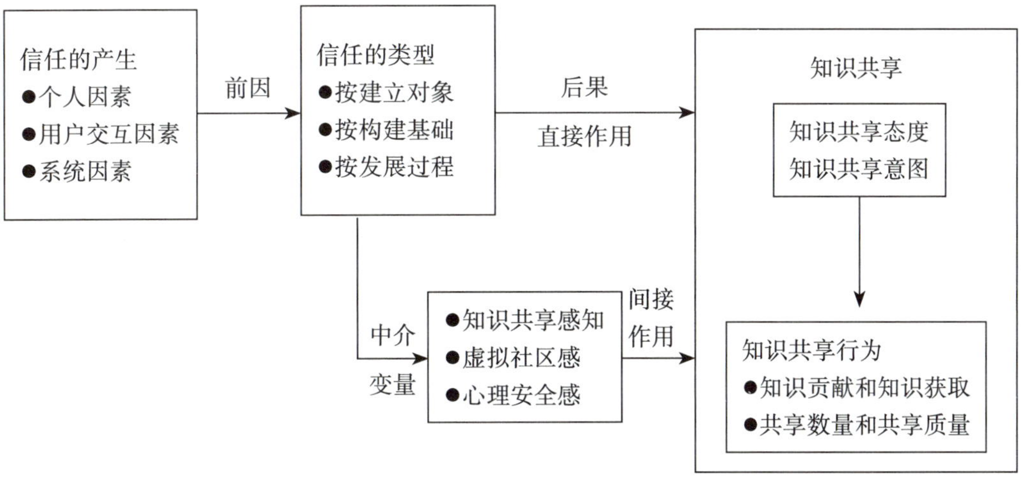

图 6-1-6　基于信任的知识社区知识共享框架

信任是一个复杂的、多维的概念，通常按信任关系建立的对象、信任关系的构成基础、信任关系的发展过程对信任进行分类。

根据信任对象，信任可分为社区成员之间的信任（人际信任）和社区成员对社区的信任（系统信任），人际信任对象是其他社区成员，系统信任的对象是社区系统本身。由于知识社区时空分离的特性，社区成员之间缺乏面对面的交流，彼此之间存在一种陌生感和不信任感，但随着社区成员之间的交互加深，可能产生对其他社区成员的能力、善意的信任。与传统组织不同，虚拟知识社区中，社区成员之间的交流符号化，虽然有一些社区平台制定公共的制度或标准来约束用户的行为，但社区的建设和发展主要依靠社区成员的自制，注册成员均可发布信息，信息质量良莠不齐，另外，社区成员在网络空间的信息交流需依赖于相关技术的支撑，系统是否容易操作、是否能确保社区成员的信息不被非法获取和利用等都决定着社区成员是否信任该社区。人际信任可以营造知识共享的氛围，系统信任是知识共享发生的必要基础。

根据信任关系的不同构成基础划分，有两种方式：一是从人际信任的角度，把信任关系分为能力基础信任、善意基础信任、诚实基础信任 3 种类型；二是从整个社区出发，把信任关系分为个人基础、计算基础、关系基础、技术基础等。

根据信任关系的发展过程（图 6-1-7）划分，信任依次可分为经济基础信任、技术基础信任、信息基础信任、行为基础信任、情感基础信任（或基于认同的信任）。经济基础信任是指社区成员因参与知识共享可降低成本（如花费的时间）、增加收益（如知识的增长）而建立起来的信任；技术基础信任指社区成员对社区所采用的技术机制的信任；信息基础信任和技术基础信任类似，社区成员因社区健全的安全机制、互惠政策、规则等建立的信任；行为基础信任是成员之间因能力（提供知识信息的完整性、可信赖性、准确性）而建立起来的信任；情感基础信任是社区成员通过交互产生情感纽带而建立起来的信任。其中经济基础、技术基础和管理基础是社区成员对系统的信任，行为基础和情感基础是成员之间的信任。

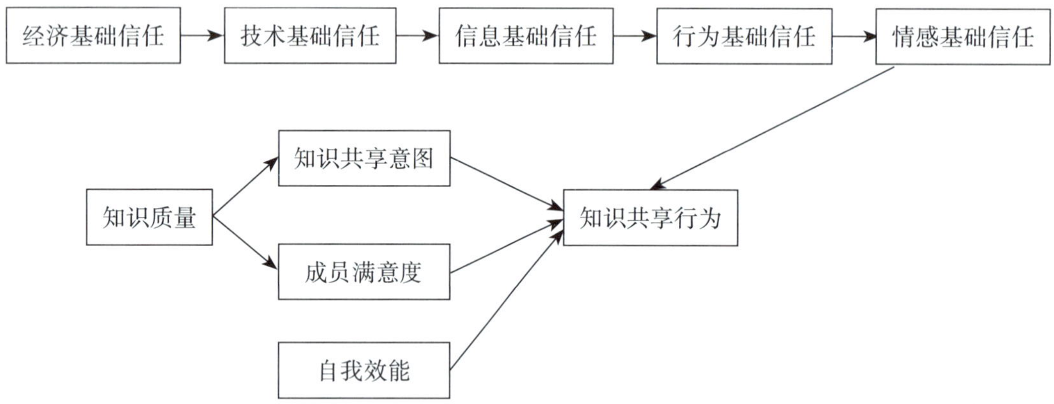

图 6-1-7　知识社区信任关系发展过程

知识社区运营的诸多关键词中，聚焦、黏性、交互等，其背后的核心还是信任，信任是社区经济最核心的东西。

2. 增加用户对知识社区的利用深度

知识社区运营的第二个关键是增加用户对知识社区的利用深度，提升用户参与感，建立高忠诚用户，用户可以帮助维护社区运营，维护社区品牌，形成一个互利共赢的局面。

知识社区依靠用户生产内容，需要采取一定方式激励用户进行知识生产，因此要提高用户的活跃度，多方位开展互动活动。用户互动指的是不同用户之间通过开展各种沟通、联系、交流和互动等活动，而彼此之间相互影响的过程，能够提高社区用户的活跃度和黏性。同时，双向的信息互动，能够帮助知识社区了解用户在想什么，从而进一步获知用户的需求。

在新媒体形式多样发展的今天，内容媒介要想吸引更多的受众参与互动，就需要增加内容的入口，拓宽传播的渠道，成熟立体的传播渠道可以充分发挥渠道优势，把各个渠道中细分的受众聚集起来。知识社区也是一样，只有积极拓宽多种渠道，增加互动内容的入口，才能进一步提高内容的传播力，知识社区才能更好地发展下去。例如："知乎盐 club"是知乎线下用户互动的大平台，"盐"的含义是将每一位参与互动的网友都看作知识海洋中的结晶。知乎通过举办此类线下活动，促使线上用户在线下结成广泛的互动，进一步增加用户对社区的利用深度，拓宽知识分享的范围和广度。

知识社区中的成员存在不同需求，自我需求的满足依赖不同的激励因素。因此，在社区中，建立有效的激励机制是促进用户深度利用社区，增进知识分享的必要手段。例如：问答类知识社区中的用户回答行为，社区应着重于提升注册门槛，优化问答质量，过滤低俗化、无关性提问，激发用户回答意愿，同时建立有效的积分奖励与用户评分机制，多答多得，评分高的回答将额外获取积分，积累一定的积分可以在社区中兑换付费课程或实体物品。对于用户的点赞行为，可以着重于建立用户间的心理认同，提升用户的感知有用性，在社区中利用大数据分析方法，集合用户浏览记录，推送用户相关知识领域或近期关注的问题，促进用户打开率，同时在点赞这一按钮的设计上加入高级元素，引发用户点赞兴趣。对于用户的转发行为，除去可以沿用积分奖励，更多则注重于满足用户的社交需求。知识社区可以和其他社交类新媒体平台建立合作，连接用户原有的朋友圈，调动用户转发分享，塑造本人在知识社区中的形象。

3. 拓展知识社区服务对象和范围

技术作为重要变量，对内容产业的影响和改变是非常大的。内容生产方式、消费者的消费习惯、人们的沟通方式，均被技术完成了"改造"。如今，人们拥有更为便捷的成本去获取和消化内容，社区和平台带来的内容增量非常可观，而内容维度的丰富性也远超传统媒介渠道。"内容单纯作为消费品的时代已经过去"，内容从消费品进化成介质。知识社区可以实现两大连接：第一种连接是让用户去连接还没有产生的知识与内容；第二种连接是通过内容去连接人。未来整个知识社区将诞生两大机会：一类机会是能够产生独特内容价值的人，或者说是机构、生产方，机会在于形式已经被无限延展和打破；另一类机会是制造介质、延伸沟通场景的公司和产品，会把大家各种能够希望、想象的实时沟通方式以及交流场景都连接起来。

因此，技术日益影响内容、影响知识分享的时代，拓展知识社区服务对象和范围成为必然。尽管这一过程往往导致"小而美"变成"大而水"而备受争议。但现实是，只服务于少数精英人群、小而美的小型知识社区缺乏商业上的价值。在获得投资之后，所有创业者必然要思考的问题就是变现以及盈利问题。一个过分纯粹的知识社区必然是脆弱的，只有一个丰富的生态才能让知识社区长久的生存下去。

想一想

为何说"信任才是知识社区所有运营方式的基础?

任务 6.2 知乎运营

6.2.1 知乎的功能

知乎在"2021 知乎商业大会"上对外宣布，知乎的平均月度活跃用户数已经突破 1 亿，知乎在内容、用户、商业三个维度，均展现出强劲增长。知乎聚集着各行各业的用户，用户分享着彼此的知识、经验和见解，为中文互联网源源不断地提供多种多样的信息。与此同时，知乎也从一个备受专业领域喜爱的垂直知识社区转变为一个拥有巨大用户基数的泛知识平台。2021 年 1 月，知乎把广告语变成“有问题，就会有答案”(图 6-2-1)，更强调社区中“人”的属性。

图 6-2-1　知乎全新品牌主张“有问题，就会有答案”

1. 知乎各功能的架构

知乎兼具知识问答社区属性和知识付费社区属性，两者相辅相成，问答社区属性是核心，负责提升用户黏度和留存率；而知识付费社区属性则负责最终商业变现。

知乎的核心竞争力在于其打造了一套高效产生高质量内容的机制。知乎最早通过邀请制的封闭内测营造社区氛围；之后通过举报、公共编辑等功能，形成官方与用户对社区氛围的合力引导，并使其一直延续下来，成为知乎产生高质量内容的基础。在此基础上，知乎通过一系列方式给予内容创作者巨大的成就感，使其持续进行内容生产。此外，在社区发展过程中，知乎对回答排序、首页内容推送机制多次优化改版，确保社区中新的优质内容能够最大限度地被挖掘出来呈现给用户。

知乎上聚集了一定规模的优质用户，沉淀了大量的高质量内容后又相继推出知乎 live、知乎大学等，帮助优秀的内容生产者获得收益，同时实现商业变现。

2. 知乎核心功能介绍

（1）问答

如今，知乎已经不只是一个产品，而是一个品牌。而问答，一直都是知乎最核心的功能。

在知乎，回答是以问题为核心的开放性的“命题作文”。大家以问题为中心，各抒己见，更多的是百家争鸣的观点碰撞，而不是将某一个答案作为终极的标准。同时，随着知乎用户量的大幅增加，单个问题下可能会产生成千上万个回答。当单个问题下答案较多时，知乎采用算法，根据回答质量来排序答案顺序。得分 = 加权赞同数 - 加权反对数。用户在某个问题下的权重，是根据他过去在相关话题下的回答得到的赞同 / 反对 / 没有帮助票数计算的。高权重的投票会对排序有更大的影响。知乎并不计算用户的全局权重，而是分领域计算权重。

（2）知乎专栏

知乎专栏于 2013 年 7 月 18 日上线测试，2016 年 3 月 29 日面向全部用户开放。知乎专栏将不同类型的文章进行分类，放置在不同类型的专栏名下，便于用户寻找相应的答案。知乎专栏需要独立开通，发布在专栏的内容会同步在知乎文章中，而发布在文章的内容不会被收录到专栏内容。通过解放文章与专栏之前必备的从属关系，让很多知识面广、写文章话题涉猎广泛的用户能够进行多个方向和话题的写作，而不必建立好几个知乎专栏。知乎专栏其本质更像是博客。知乎用户能够在这个空间里面生成大量自己关于特定方向的见解，并且由于知乎社区本身的活跃度以及各种点赞、评论功能的设置，让专栏作者能够持续保持热情创作。

（3）知乎 Live

2016 年 5 月 14 日，知乎 Live 上线，以实时语音问答的方式，主讲人对某个主题分享知识、经验或见解，听众可以实时提问并获得解答。从场均关注人数上看，网络用户的兴趣、需求分布，从高到低依次为：教育、心理学、阅读与写作、生活方式、美食、职业、医学与健康、体育、商业、设计、法律、旅行、音乐影视、金融经济、互联网、艺术、科学技术。

知乎 Live 通过实时语音的形式，最大限度的激发主讲人与参与者的互动，问答的形式也有利于主讲人就某一主题形成相对完整的阐述——将碎片化的知识系统化，这样的设计，明显是针对知识付费的需求。知乎在平台建设过程中，已经积累了广大的知识爱好者，既有了广泛的需求；同时拥有了优质的知识提供者及网络大 V，足以支撑知识付费的内容生产。

（4）知乎大学

2018 年 6 月 6 日，知乎宣布，旗下“知识市场”正式更名为“知乎大学”，升级后的“知乎大学”，将基于由“课 + 书 + 训练营”共同组成的内容体系，为用户提供涵盖通识知识、专业知识和兴趣爱好等维度的综合知识服务。

“课 + 书 + 训练营”共同组成的产品体系中，课指 Live 小讲和私家课，书指知乎书店的电子书、有声书，以及“知乎・读书会”，而训练营指更加深度的导师陪伴式学习服务。从形式来看，知乎大学的知识服务囊括了从音频到视频，从小体量到大体量，从短时分享到长期体验，基本实现了初步覆盖。在内容上，知乎大学也分为通识知识、专业技能、兴趣知识三种，以满足受众不同类型的知识的需求。“超级会员”和“读书会会员”构成知乎大学的主导交易模式。会员模式成功的关键，是通过服务的高品质和超预期来做好口碑。知乎推出全站超级会员，就要给会员优质知识服务和超出预期的体验，知乎敢于推出表明其更重视可持续服务而不是一竿子买卖，也说明它对自己服务的自信。

（5）知乎圆桌

知乎圆桌是一款非常具有“知乎特色”的讨论形式。线下活动中的嘉宾讨论环节，往往最能够激发主持人与嘉宾的真知灼见，最大限度的将行业内的一手信息与听众分享。知乎圆桌打破地域的限制，让传统的嘉宾在互联网上讨论。每场圆桌，邀请 1 位主持人和 4 位以上有多年行业经验的嘉宾共同发表见解。而观众和主持人可以向嘉宾讨论的主题提问，邀请参与活动的各位嘉宾回答。也欢迎对嘉宾的回答进行评论，或和嘉宾一同回答问题。

知乎圆桌的独特之处在于：在某一段时间内，引导全站用户集中讨论，具有时效性；讨论的主题往往针对某一细分领域，讨论内容偏向专业性；由站方运营人员发起，邀请相关领域的专业人士作为嘉宾，分享经验和见解，启发普通用户参与讨论。

思政园地

与网络空间中普遍存在的碎片化阅读现象有所不同，知乎向来以篇幅较长，信息量较大的优质内容为最大亮点。在知乎中，用户习惯并喜爱阅读“干货”十足的文章，而对于引经据典，资料完备且篇幅较长的文章更是心生敬意。正是这种良性的阅读氛围，对于答主付出努力的肯定与鼓励，才使得知乎得以良性发展。但是随着知乎规模的不断扩大，知乎内部却出现了“社交蒸发冷却效应”，主要表现：社区成立初期凭借“精英用户”及其生产的优质内容，广泛吸引“普通用户”；众多“普通用户”蜂拥而至，挤压“精英用户”生存空间；“精英用户”离开，社区质量及氛围下滑并最终走向衰退。

在知识社区知乎上，反智主义现象也屡见不鲜。反智主义者利用碎片化阅读带来的“思考惰性”，通过用非理性的简短表述去生产与传播反智主义，用一种简单粗暴的二元逻辑去制造反智主义言论，对于理性缜密的推演逻辑及其所代表的严肃智识加以抵制。“抖机灵”式的短答案更易在短时间内攫取用户的注意力，戏谑的表达方式迎合了享乐主义之风盛行之下的众多用户的趣味。

知乎主张的“以人为核心”的模式本身并无不妥，但当面对以“立场”站队的局面时，“以人为核心”的模式更有可能导致网络群体极化现象。从这个意义上来说，互联网也许并没有拓宽我们的视野与见解，反而使我们变得更加狭隘。

（资料来源：陆佳玮 . 网络问答社区中的反智主义现象研究——以“知乎”网站为例 [D]. 苏州大学，2017.）

6.2.2 知乎推广

从广告的角度来看，知乎提供了在人们有意研究和评估产品的时候，接触和影响他们的机会。与微博和其他社交媒体平台不同，用户访问这些平台是为了消磨时间或与朋友建立联系，知乎纯粹是围绕着需求驱动的问题和答案建立起来的。潜在客户可以在知乎上询问有关你、你的竞争对手、你的产品或服务的问题。正因如此，知乎已成为很多产品运营、品牌市场、自媒体推广的重要推广阵地。在知乎推广引流都需做好以下几点。

1. 使用高权重账号

在知乎的每一个注册用户都有一个 PR（Person Rank），用户的每一个操作都将直接影响个人的 PR 值。在回答的时候，答案顺序按赞同票数排序，赞同票数相同的情况下按个人 PR 值排序，同时隐藏被认为无效的答案。这在一定程度上过滤了相当的垃圾信息。简言之，知乎内容展现和账号权重、投票机制相关；账号权重和账号注册时间、关注人多、回答质量相关。知乎投票机制包括点赞、收藏、喜欢、感谢、评论等。所以，在知乎推广引流要使用高权重的账号。

（1）“盐值”越高账号权重越高

在知乎里，“盐值”对应账号权重，盐值越高即账号权重越高，高盐值也意味着更加稳定有效的外链建设和引流效果。在“我的”界面，可以看到自己的盐值，盐值在知乎的重要程度相当于支付宝的芝麻信用分。

盐值是一个立足于用户行为的智能识别和加权计算的用户成长体系，其价值在于通过多维评测、按分授权后，赋予平台内的不同角色共同管理平台的权责，从而实现与用户一起优化平台氛围，建立构建良好网络生态的标杆平台的目标。盐值，并不仅仅是一个分值，而是一套机制。

知乎将根据用户分值的高低，赋予用户不同的“管理权益”。在盐值第一期中，知乎将开放“绿色通道”、“公共编辑”和“加权反对”三大类权益。这也意味着，盐值达标的用户，可以通过自己的力量优先处理违法违规内容，并且还可以对存在错误或偏差的公共内容或话题进行编辑，同时，达标用户还会获得高投票权重、高权利标记的属性，在社区的话语权更大。

（2）提高盐值的方法

知乎提升新盐值的方式（图 6-2-2）：完善个人账号信息，可以提高基础信用分；通过提问、回答问题、写专栏、发布想法，获得赞同、感谢、收藏则是可以提高内容创作分；通过在不同回答下的友好评论，与其他评论交流，互相关注，赞同，感谢，能提高友善互动分等。

插入一行 隐藏列 筛选 分组 排序 行高 分享

	标题	单次分值	每天可操作...	当天累计可获...	执行推荐
1	发布视频	50分	2次	100	日常在执行
2	回答问题	50分	2次	100	日常在执行
3	使用app时长（5分钟）	10分	6次	60	日常在执行
4	关注知友/问题/话题	10分	5次	50	
5	阅读回答/文章、看视频（每5篇）	10分	3次	30	日常在执行
6	分享内容到微信/微博/QQ	10分	5次	50	
7	提个问题	50分	1次	50	日常在执行
8	写篇文章	50分	1次	50	日常在执行
9	每天搜一搜	10分	5次	50	日常在执行
10	收藏有价值的内容	10分	5次	50	
11	赞同你认可的内容	10分	5次	50	日常在执行
12	发表评论	10分	5次	50	日常在执行
13	邀请知友回答问题	10分	1次	10	日常在执行
14	签到	10至70分	连续签到		日常在执行
15					

图 6-2-2 知乎提升新盐值方式

2. 精准引流路径

目前，知乎有四条精准引流路径。

（1）回答热门问题引流

做到图文并茂，放上一些前后对比图，越真实越好。文字也不用长篇大论，100~400 字左右。内容上尽量做到原创，知乎是一个各知识领域都有很多专业人士存在的平台，如何写出专业的回答文案这点尤为重要。回答的内容，需要自己有足够的专业知识功底，才能够获得知乎用户的芳心。所以，当你选择了某个领域相关的问题，回答问题之前最好查阅相关资料，答案尽量专业，并且有针对性，不要偏题、跑题。

也可以通过阅读学习别人的笔记，内化后用自己的话重新写出来。每次回答别人的问题之后，72 小时内看互动情况，可适当借助好友账号评论点赞，助推回答的内容进入知乎“威尔逊得分”算法机制中，由系统推荐给更多用户浏览。

知乎营销切忌“软文式回复”，因为知乎的大多数用户的阅读量、经历都是惊人的，一眼就直接识破了，最好采取的策略是：直接毫无保留的贡献价值，彻底解决问题，吸引别人查看你的个签（个签留联系方式），或是给你发私信，再一对一引流到微信上。

（2）评论热门问题的答案来截流

针对热门问题已有的答案来做评论，以此来截流，这种方式执行简单，即便刚申请的新号也可随便评论，门槛低，但是答主能直接删除评论，其他用户也能随时举报评论，被删概率较大。

（3）直接发布高质量原创文章

直接发布高质量原创文章来引流的方式非常有效果。注意三点，一标题，二内容，三助推。标题用长尾词拓展工具，找用户对于产品最关注的问题；内容上 600~1 000 字和多张前后对比图片，不要打广告，用户感兴趣会评论私信咨询；助推与上面回答热门问题一样操作，发动好友少量、有节奏的给文章评论、点赞。

（4）自问自答引流

自问自答引流，即：A 账号提问，B 账号回答，C 账号点赞、评论等吸引有需求的用户关注。优点是即便发硬广也不会被举报，存活率高，缺点是曝光量过于依赖系统推荐，非热门问题流量极低。

想一想

知乎“威尔逊得分”算法是什么？

拓展阅读 ▶ 知乎联手郎朗发布钢琴私家课 拓展垂类知识服务领域

2019 年 7 月 22 日，知乎郎朗钢琴课全球首发暨媒体见面会在京举行，知乎副总裁、会员事业部负责人张荣乐与国际著名钢琴演奏家郎朗共同开启《郎朗钢琴课：从入门到进阶的音乐大师课》。据悉，此次是郎朗首度通过线上课程系统亲授钢琴技艺知识。张荣乐表示，郎朗钢琴课是知乎盐选会员的里程碑产品。

现场，郎朗演奏了名曲《致爱丽丝》并阐释与知乎合作的初衷。郎朗表示，与知乎的合作源于自己无法忍受网络上一些音乐付费内容的粗制滥造：“此前我在准备这套课程的时候，也曾看到过网上有一些不太负责的音乐基础课程，有一些基础知识是不准确甚至错漏百出的。这确实让我有一些担心。”通过与知乎合作，郎朗希望能为钢琴爱好者提供一个系统学习的机会。

随着知乎的发展，用户的内容消费需求也在不断释放。在此基础上，知乎将社区内沉淀的各种音乐类需求进行了筛选和整理，最终归纳为 30 个大主题，形成 30 节视频课，以此系统性解答知乎上音乐爱好者们最关注的问题。“我们认为，真正有价值的内容是能够确实解决人的实际问题的，在这一点上，我们和郎朗的看法非常一致。知乎上的问题就是实际问题，郎朗的钢琴课就是可信赖的解答。”张荣乐表示。

作为 2019 年知乎上线的重磅会员内容之一，郎朗钢琴课从“音乐常识”“乐理知识”“演奏技巧”“演奏进阶”四个层面，循序渐进地带领学员完成从钢琴入门到进阶的学习。课程上线之后，引发了用户及钢琴爱好者的高度关注。

阅读分析

知乎此次拓展垂类知识服务领域的尝试取得成功，一方面是由于郎朗自身的强大影响力，另一方面则得益于知乎平台上蓬勃的内容消费需求。大量高热的话题和用户对钢琴知识的渴求，为课程的走红打下基础。

事实上，郎朗与知乎早有渊源。作为一名知乎活跃用户，郎朗曾回答过“一整个交响乐团成员打群架谁会赢”“弹钢琴的时候脑子里想些什么？”等脑洞大开的问题。2017 年，知乎还曾携手郎朗打造过一场钢琴 Live 讲座，好评如潮。

除了课程内容价值的硬实力之外，知乎此次也充分调动多方资源，为郎朗的钢琴私家课造势。在发布会现场，知乎联合郎朗、淘宝启动了一场别开生面的全球直播，面向全球网友互动，对大家普遍关注的“手指短真的不能弹琴吗？”“如果不弹钢琴最想做什么？”“最有惊无险的演出经历？”等问题做出一一解答。

对于知乎而言，郎朗此次在知乎开课，还有着更为深层的意义：它既是知乎对垂类知识服务领域的拓展，更是对会员服务体系整体布局的进一步完善。

想一想

如何理解“知识付费”走向“知识服务”？

项目实训 6-1　申请知乎专栏

1. 实训目的

熟练掌握知乎个人专栏的注册流程，加深对知乎专栏的认识。

2. 实训要求

①独立完成。

②请说明知乎专栏在知乎发展战略中的定位。

3. 操作步骤

①登录知乎账号，完成后在界面的右上角（个人头像下面）会看到“专栏”字样。

②如需开通或者申请属于自己的专栏，单击“专栏”按钮即可跳转至专栏申请界面。

③单击“申请开通专栏”后即可进入到专栏申请界面，在申请界面输入相应的资料并单击“申请”即可完成专栏申请。

④申请通过后，进入知乎界面，单击右上角的个人头像进入个人中心，然后再单击“专栏”分类即可查看开通后的专栏。

4. 温馨提示

①专栏名称一经确认，每180天只能修改一次。

②专栏话题即代表专栏的写作方向，通过申请后将不可进行修改，不同的写作方向可以分别申请并创建多个专栏。

③专栏写作相关背景描述300字以内。

④用户可以拥有多个专栏，但同一时间内只可申请一个专栏，审核通过或失败后方可再次申请。

5. 实训回顾

①申请人创建专栏需满足哪些资格条件？

②接受和不接受申请的写作方向有哪些？

③专栏申请人需具备与写作方向相关的背景具体是指什么？

项目小结

知识社区是由人们自动自发（或半自动自发）组成知识分享的团体，知识社区最能发挥内隐知识的传递和外部新知的分享。知识社区具有无地域限制、共享性、意见领袖依然占据主导地位、知识鸿沟依旧存在的特点；知识社区能满足社区成员获取知识的需求、满足用户社交需求、满足用户尊重需求和满足用户自我实现需求。当前，最有影响力的知识社区有知乎、喜马拉雅FM、知识星球等。知识社区的运营首先要提高用户对知识社区的信任程度，其次要增加用户对知识社区的利用深度，再次要拓展知识社区服务对象和范围。知乎是中文互联网最大的知识问答社区，同时兼具知识付费社区属性。问答社区属性是核心，负责提升用户黏度和留存率；而知识付费社区属性则负责最终商业变现。知乎产品功能丰富而又强大，其中核心功能包括问答、专栏、知乎Live、知乎大学、知乎圆桌等。知乎的信息编辑与发布简单易操作，拥有数量庞大的高质量知识分享用户，因此，知乎已成为很多产品运营、品牌市场、自媒体引流推广的重要阵地。在知乎平台推广引流需做好账号管理，努力获得高盐值，即高权重的账号，并且运用好精准引流的路径。

复习思考题

一 单项选择题

1. 下列关于知识社区的特点说法错误的是（　）。

A. 无地域限制

B. 知识共享性

C. 意见领袖失去主导地位

D. 知识鸿沟依旧存在

2. 以下关于知识星球的特点表述不正确的是（　）。

A. 知识星球中，科技、经济和教育主题的圈子累计占到80%左右

B. 目前，一个人只可拥有一个知识星球账号

C. 知识星球的用户主要来自微信微博导流

D. 近半数的星球年费不到 100 元

3. 下列关于知识社区运营说法正确的是（　）。

A. 一般来说，处于高度信任环境中的人们会更愿意知识共享

B. 增加用户对知识社区的利用深度是社区经济最核心的东西

C. 网络知识社区内容维度的丰富性远不及传统媒介渠道

D. 一个纯粹的知识社区才能生存并发展下去

4. 下列关于喜马拉雅 FM 的说法正确的是（　）。

A. 有声音频行业规模仅次于蜻蜓 FM

B. 个性化推荐内容能很好地让新用户得到激活

C. 喜马拉雅具备智能音箱的制造产能优势

D. 2020 年喜马拉雅“423 听书节”内容消费总额达 4.35 亿

5. 下列关于知乎产品说法正确的是（　）。

A. 问答一直都是知乎最核心的功能

B. 知乎 Live 的付费方式为会员月付费

C. 知乎大学主要满足专业技能需要的受众

D. 每场圆桌一般邀请 3 位主持人来发表见解

二 多项选择题

1. 知识社区能发挥哪些作用？（　）

A. 满足用户知识需求

B. 满足用户社交需求

C. 满足用户尊重需求

D. 满足用户自我实现需求

2. 知识星球的内容产生主要有以下来源（　）。

A. 星球创建者的持续创作或优质内容分享

B. 星球创建者提出的学习或分享任务

C. 星球内普通用户有趣的内容或有用知识分享

D. 星球内普通用户对创建者和嘉宾的提问

3. 提高知乎盐值分数需做好以下几点（　）。

A. 完善个人账号信息

B. 互相关注，赞同，感谢

C. 避免直接回答，最好“软文式”回答

D. 看到反动的回答，点击举报

三 论述题

1. 用户规模、社区氛围和商业化营收三者的权衡，是所有社区类产品的天然难题，知识分享社区这三者之间的博弈难度更高，也加剧了知识社区的摇摆和撕裂。知识社区的发展过程，如何保障良性讨论氛围？如何兼顾内容的质和量？优秀创作者能否获得收益？

2. 所谓“去 FM 化”，即基于音频生产—消费，在传统的内容—广告模式之外，寻求更丰富的变现手段。喜马拉雅为何努力去掉“FM”？

3. 如何提高你的知识星球活跃度？

项目 6 习题答案

项目 7

微博运营

目标导航

知识目标

1. 知道微博的基本概念与特点。
2. 掌握微博注册、定位、认证的基本流程与步骤。
3. 学会运用不同方法手段与粉丝进行互动，有效增加粉丝量。

能力目标

1. 能做好微博内容的规划与定位、会撰写长微博。
2. 能做好话题策划与微博活动策划。

思政目标

1. 遵守国家相关法律法规。
2. 遵守新媒体运营规则。
3. 在微博传播正能量。

项目导图

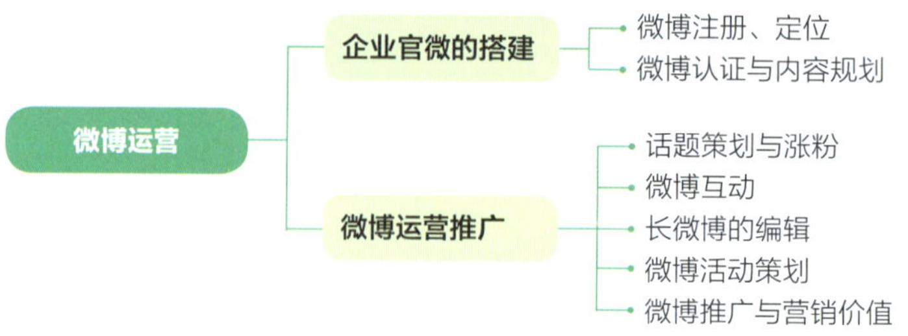

导入案例

巅峰时年销售额破20亿，江小白现在为什么卖不动了?

每年春节是酒水销售的高峰期。茅台、五粮液稳居各电商平台年货酒水销售榜前两位。天猫超市春节茅台加量供应，43度飞天茅台一个月卖出超过1万瓶，而苏宁超市的茅台距离开售还有24小时，已有近45万人预约。

在这番热闹中，曾经的网红“江小白”却有些落寞。记者获悉，近来江小白在线上销售出现了负增长。

当年，江小白凭借病毒式营销迅速走红，风头力压茅台、五粮液，在传统的白酒市场杀出一条血路。江小白切入了一个被忽视的市场——年轻人，并且将女性纳入目标群体。它的产品、渠道、营销，都围绕目标客群进行。之前，白酒品牌的姿态都是“端”着，江小白则直接把产品打造成了一个“文艺屌丝”气质的IP。即通过微博打造江小白语录，即“我是江小白，生活很简单”“最想说的话，在眼睛里，草稿箱里，梦里和酒里”。2018年，成立仅6年的江小白销售额就突破20亿元。它赶上了好时候。江小白诞生之际，恰逢中国白酒“黄金十年”的终结，行业的寒冬却让初出茅庐的江小白有了异军突起的机会。

在中国一个新的品牌要进入市场，要花费众多的人财。而江小白却不这么看——“我是江小白”成立于2011年，以青春的名义创新，以青春的名义创意，以青春的名义颠覆，深刻洞察了中国酒业传统保守的不足，拘泥于千篇一律的历史文化诉求，对鲜活的当代人文视而不见，给老气横秋的中国酒业增添了一股时尚清新的感觉，迅速在年轻消费群体中获得高度认同，并成了各地酒企争相模仿的对象。

不说历史，用创新创造新的历史。

颠覆传统，表达鲜活的当代人文。

回归简单，用心酿造简单的美酒。

江小白致力于文艺的青春感觉、致力于有态度的个性表达、致力于有体验的优质产品，致力于成为一家小而美的个性企业，“江小白”卖的也不是酒，而是一种有表达的青春态度。他们不是“高富帅”，也不是“纯屌丝”，他们是一群怀揣青春梦想的年轻人。

（资料来源：《中国质量万里行》杂志社官方账号 2020-01-23 ）

思考讨论：

1. 江小白在激烈竞争的白酒市场中，是如何通过微博营销打造自己的青春语录的？
2. 在 2019 年，江小白似乎陷入沉寂。它发生了什么？它又能否扭转现在的颓势？

任务 7.1 企业官微的搭建

7.1.1 微博注册、定位

1. 博客与微博概念

（1）博客概念与分类

①概念：博客（blog）为企业或个人思想、观点、知识等在互联网上的共享。博客具有知识性、自主性、共享性等基本特征，博客营销是一种基于包括思想、体验等表现形式的个人知识资源，它通过网络形式传递信息。博客营销是利用博客式开展网络营销的工具。企业或者个人利用博客发布并更新企业或个人的相关概况及信息并回复客户问题，帮助企业零成本获得搜索引擎的较前排位，以达到宣传目的的营销手段。

②按功能分类，博客可以分为基本博客和微型博客两类。基本博客是博客中最简单的形式。单个的作者对于特定的话题提供相关的资源，发表简短的评论。这些话题几乎可以涉及人类的所有领域。微型博客，即微博，是很受欢迎的博客形式，博客作者不需要撰写很复杂的文章，而只需要抒写新浪微博 140 字或网易微博 163 个字以内的心情文字就行。

按照博客主人的知名度、博客文章受欢迎的程度划分，分为名人博客、一般博客、热门博客等；按照博客内容的来源、知识版权还可以将博客分为原创博客、非商业用途的转载性质的博客以及二者兼而有之的博客。

（2）微博的概念和运营步骤

①微博的概念：微博（Weibo），即微型博客（Micro-Blog）的简称，是一种通过关注机制分享简短实时信息的广播式的社交网络平台。微博包括新浪微博、腾讯微博、网易微博、搜狐微博等，一般所说的微博就是指新浪微博。微博是一个基于用户关系信息分享、传播以及获取的平台。用户可以通过 WEB、WAP 等各种客户端组建个人社区，以 140 字（包括标点符号）的文字更新信息，实现即时分享。

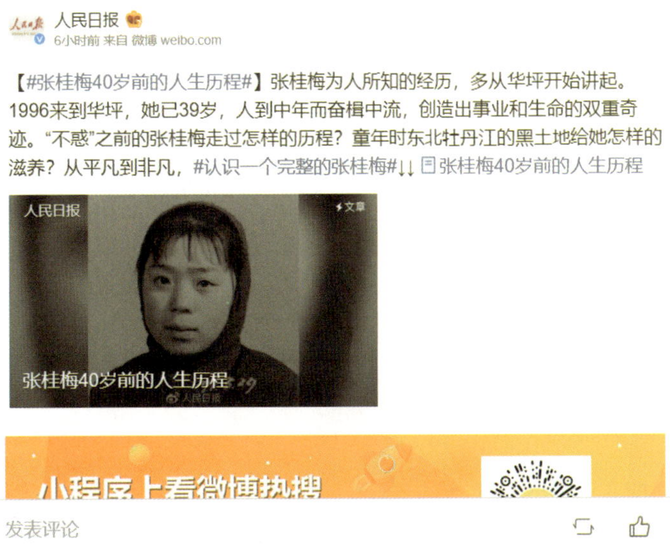

图 7-1-1 人民日报微博

微博本质是一个媒体平台、内容平台。只要持续经营好内容，无论是已成名的品牌，或者是初创企业都有机会获得低成本、高 ROI 的回报。因此，持续经营优秀的内容其实是最考验每一个微博经营者的。第一是内容要优秀，第二是要勤奋，要持续经营。人民日报微博（图 7-1-1）经营者就是一个成功的例子。

②图 7-1-2 为微博运营的基本步骤。

微博是开展品牌营销的有力武器，每一个微博 ID 后面，都是一个消费者、一个用户。越是简短的只言片语，越是最真实的用户体验。微博是建立在微博平台上的事件营销，能够快速吸引关注。

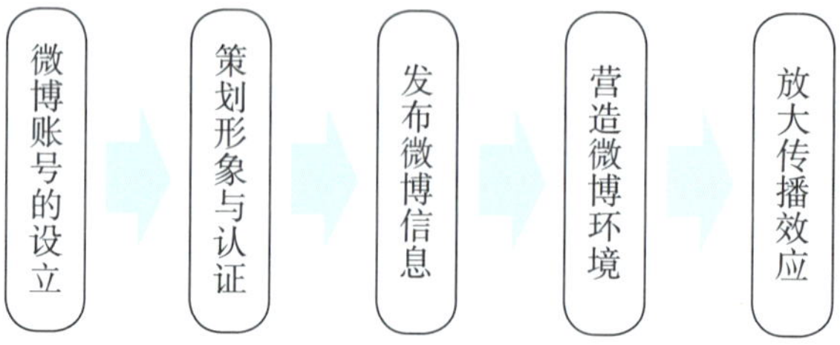

图 7-1-2　微博运营的基本步骤

想一想

微博本质是一个媒体平台，也是内容平台，作为微博运营人员，如何保证微博内容的健康性呢？谈谈你的见解。

2. 微博账号注册、定位

微博运营的本质是对消费者讲话，因此首先应该选择一个有影响力、集中了目标用户群体的微博平台，在此平台上开设企业的官微账号，获得企业发布信息的基本资格。

最早也是最著名的微博是美国 twitter。2006 年 3 月，博客技术先驱 blogger 创始人埃文·威廉姆斯（Evan Williams）创建的新兴公司 Obvious 推出了大微博服务。2010 年左右国内的知名互联网公司也纷纷上线自己的微博网站。新浪微博经过多年的运营，已经在中国市场上消费者使用率占到 85% 左右的份额。

（1）注册基本步骤

以新浪微博为例介绍个人微博账号注册和企业官微注册的基本步骤。

①打开“新浪微博”页面（图 7-1-3）后，单击右下角的“立即注册”按钮。

图 7-1-3　新浪微博首页

②进入“微博注册”页面（图 7-1-4），填写手机号、密码、生日、激活码的信息资料，填写完成后，单击“立即注册”按钮。

图 7-1-4　新浪微博个人注册页面

③单击“立即注册”按钮后，直接进入完善资料页面（图 7-1-5），填写相关信息后，单击“进入兴趣推荐”按钮。

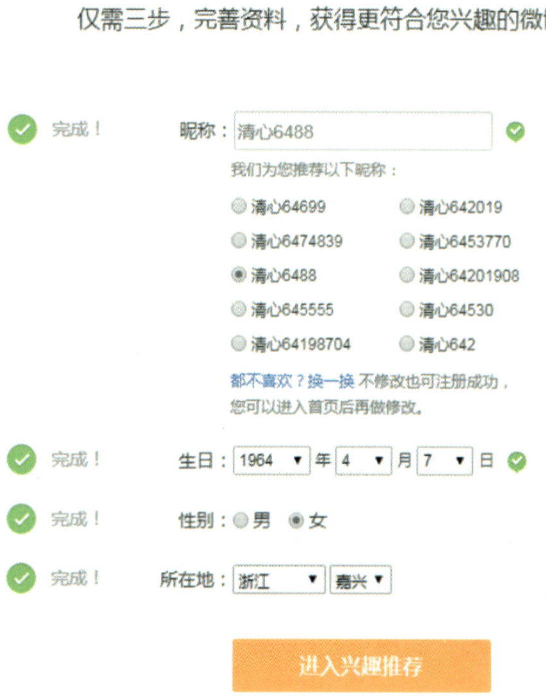

图 7-1-5　完善资料页面

④单击“进入兴趣推荐”按钮后，选择兴趣，找到您喜欢的微博，单击“进入微博”按钮（图 7-1-6）。

图 7-1-6　兴趣推荐

⑤单击“进入微博”按钮，进入个人微博主页面（图 7-1-7），可以完善个人资料、发微博等等。

图 7-1-7　个人微博主页面

提示：

微博账号类型分为两大类，个人账号与官方账号，二者从注册开始就有较大的不同，因此需要特别注意。如果是个人注册，就在注册页面选择“个人注册”，如上述步骤的操作。如果是媒体、名人、企业或者其他官方微博，就选择“官方注册”，如图 7-1-8 所示，其方法同个人注册类似。

图 7-1-8　新浪微博企业官微注册页面

（2）微博定位

不论是个人微博还是企业官方微博，都应该做好自己的定位，特别是企业要根据自身企业目标来正确定位。

①身份定位，即个人微博定位要指明：你是谁？而企业官微定位的品牌愿景是什么？本企业微博承担哪些责任？如销售、市场、公关还是产品等。因此，通过对微博整体定位，呈现出官方微博的虚拟形象——这就是所说的“身份定位”。微博上说的话就代表了一个个人身份，对企业而言就是一种营销推广。

②内容定位，即微博具体内容定位，例如，你想跟谁说？企业的不同职能，面对不同人群开展的内容定位。你想说什么？即企业相关的内容，消费者目标粉丝相关的内容等。

企业的愿景是要作为中国某个领域领先的企业，或者表达企业的其他目的。

例如：小米手机官微（图 7-1-9）通过微博定位，让别人通过小米微博首页了解企业的基本信息并产生信任感，如品牌名称、核心产品、独特优势等，之后可发布若干有关企业介绍的微博，再开始寻求别人的关注。小米手机的官微账号个人资料页面、背景图是最新产品的效果图，展示了主推的产品。左下界面为认证信息，右下位账号的简介，这里放的是小米手机的口号：探索黑科技，为发烧而生。

图 7-1-9 小米手机微博官方账号

③企业品牌定位。通过微博自画像可以把企业品牌定位成一个复合的形象，再通过企业官微博展现出来，让用户感觉到人性化，会有利于更好地沟通。

7.1.2 微博认证与内容规划

1. 个人微博认证

①进入新浪微博的官网，输入自己的账号密码进行登录（图 7-1-10）。

图 7-1-10 新浪微博登录页面

②进入微博后，下拉页面到最低端，可看见认证与合作下面的“申请认证”四个字样（图 7-1-11），单击进入。

图 7-1-11　新浪微博认证页面

③单击“申请认证”后，进入微博认证申请页面（图 7-1-12），可以看到微博认证体系，有个人申请认证和机构认证两项内容。

图 7-1-12　新浪微博个人申请认证页面

④如果是个人微博则可选“身份认证”即橙V认证，单击进入，然后核对自己是否具有图7-1-13中的五个条件。如果具有单击立即申请即可。

图7-1-13　新浪微博个人申请认证具备条件页面

⑤按照页面的要求填写个人信息，填写职位、单位和认证说明（图7-1-14）。

图7-1-14　填写其他信息

⑥填写相关认证的信息资料，完成个人身份认证。最后选择邀请好友，发送微博后等待系统审核，审核成功后就是大V。

提示：

（1）个人认证基本条件

申请个人认证的微博账号需要满足以下条件：①绑定手机、有头像、粉丝数不低于50、关注数不低于50、至少2个橙V互粉好友；②有发微博内容且能体现活跃的真实个人。

（2）个人认证入口

电脑：微博页右上角→设置→V 认证→身份认证“去认证”进行申请即可。

手机：我→客服中心→申请加 V →身份认证进行申请即可。

申请所需资料：可点击 https：//kefu.weibo.com/faqdetail？ id=20831 了解。

审核时效：①有两位及以上辅助认证好友帮您公开转发微博，可在 24 小时内完成审核；②未完成两位及以上辅助好友公开转发，则会在 2 个工作日内完成审核。

2. 企业微博认证

企业微博注册除了在注册页面中直接选择“官方注册”外，还可以在申请的个人注册账号的最底端，找到“企业微博”四个字样后，单击“企业微博”进入如图 7-1-15 所示的页面，再单击“立即申请企业认证”按钮，填写相关企业资料，即可完成企业官微认证。操作如下。

①单击“立即申请企业认证”按钮。

图 7-1-15　新浪微博完成企业认证申请页面

②进入企业认证页面后填写相关企业业务资料、运营者信息、工商营业执照等信息（图 7-1-16）。

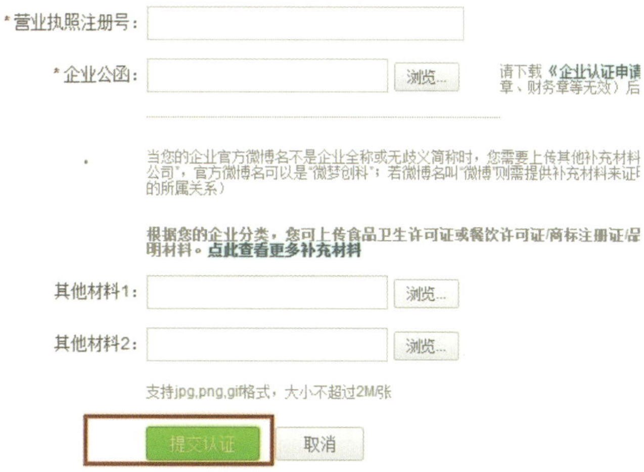

图 7-1-16　新浪微博完成企业认证信息填写页面

③单击“下一步”按钮（图 7-1-17），然后“选择权益”，与“等待审核”。

图 7-1-17　新浪微博完成企业认证信息认证页面

3. 发布微博与内容规划

微博信息发布：这是一项持久的、连续的工作，微博应保持不断地更新，同时注意，微博内容的规划、写作和选择至关重要。

（1）稳定频率更新

以著名公众号杜蕾斯官方微博为例，该官方微博每天约 3~9 条微博更新，大多集中在 6~8 条，基本发布时段分布分别是 10：00，12：00—13：00，14：00—15：00，18：00—22：00 约每隔 1 小时发布一次。从 2011 年 1 月开通微博至今截至 2021 年 8 月 5 日，累计发布微博数 16 938 条，历时 65 个月，2 000 多天，6 年时间。平均每天 8 条微博数！这种持续坚持高质量产出是杜蕾斯能够被大众广泛认知的最重要原因。

（2）精心规划设计微博内容

微博内容是丰富多彩的，从杜蕾斯的微博文案内容，大致可以划分为以下几类。

①节气、节日类。杜蕾斯可谓不放过任何一节日，一年从头到尾，包括春节、元旦节、情人节、妇女节、愚人节、劳动节、端午节、父亲节、七夕、国庆节、圣诞节等，甚至世界湿地日、二月二龙抬头、世界水日等日子也不放过。节气方面包含雨水、惊蛰清明、大暑等。

②借助时事或行业热点。其实研究下杜蕾斯的文案还是能发现一些套路的，例如大众比较关注的滴滴与 Uber 合并、李娜退役、刘翔受伤退赛等事件。

③其他类。包括产品知识介绍，两性知识等。

（3）善用技巧引发话题

借用产品的外形、相关特征和属性，借助图形、数字的关联 / 联想，数字演变、文字符号的变化，谐音，拟人等手法，把各种常见的物品与杜蕾斯的产品连接起来，成为其微博的内容之一。

4. 营造微博环境

营造微博环境是尽可能参与微博平台的互动活动。因为微博是 SNS 的一种形式，独自发布信息而没有别人关注是没有任何意义的，参与互动的方式包括：关注业内重要机构以及重要人、关注与企业相关的行业动态、关注那些关注自己的人，通过转发、评论他人微博等方式获得他人关注，获得尽可能多的关注是微博运营的基础。

5. 放大传播效应

微博最大的特点之一是通过 SNS 好友圈子快速实现信息在更大范围的传播，当拥有一定量的好友资源之后，通过微博内容信息的有效设计，可给予一定的激励，实现在好友之间，以及好友的好友之间信息传播的全方位放大传播。

想一想

微博账号有几种类型？在注册和认证过程中它们的方法是否一致？如果不一致，值得注意的问题是什么？

任务 7.2 微博运营推广

7.2.1 话题策划与涨粉

1. 话题策划

如何引发微博话题，这就需要做好话题策划，如何做一个话题性活动，更要使话题有趣、有用、有竞争性。

①“话题”：在新浪微博中打上两个“#”，“#”中间的字就成了话题。用户可能点击话题进入专属于这个话题的讨论页面（图 7-2-1）。

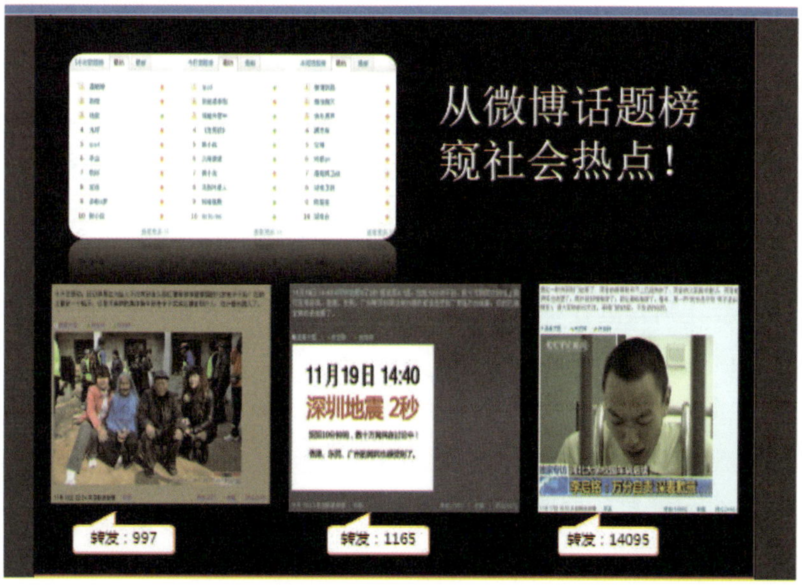

图 7-2-1 微博话题页面

②话题的选取：例如，“嘉兴职业技术学院”或“爱心传递”这类话题，非常方便粉丝们浏览。登录微博，找到“话题”，进入插入话题页面，可直接在“# 在这里输入你想要说的话题 #”中插入自己的话题，如“# 假期后半阶段有什么安排？ #”，单击“发布”按钮。

图 7-2-2　微博话题页面

③“话题宣传”：主要是活动类话题的宣传，分为前期宣传、进行时互动和后期收尾宣传。

④“话题互动”：一个话题的火热程度是需要粉丝位的参与互动的，因此，帖子的数量贵在精而不在多。注意利用微博的热门话题来吸引粉丝们的眼球，达到引起共鸣的效果。同时要善于回复粉丝们的评论。

2. 微博涨粉的方法

①开通微博后的第一件事就是为自己取上一个好名字，昵称要有特色，做到让人过目不忘，不是名人最好不要用真实姓名。另外，一定要先做好微博定位，必须选择一个很小的领域，然后成为这个领域的专家，那么你的粉丝才会有价值。

②贴上多一点的标签，例如电子商务、网络营销、Google、Facebook、SNS、搜索引擎等，如果 10 个标签用完，就会让别人更容易搜索到你。只要你和别人有相同的标签，你就会被推荐到别人“感兴趣的人”里面。

③要有精彩个性的个人介绍，让人看了觉得耳目一新，就会有人关注你了。

④头像必不可少，切忌用自己的真人照片作头像。

⑤资料尽可能全，包括年龄、职业和教育信息等。资料越全越让人感觉你真实，越愿意关注你的微博。

⑥微博需要真诚，需要主动出击关注别人，要转发别人的好博，要评论别人的话题，粉丝们也

会关注你的。

⑦多多关注一下你感兴趣的话题，查看直播，并给予评论他人微博话题。

⑧抢沙发，这样既可以让别人注意到你，还可以得勋章，并用好 # 和 @ 。

⑨多发精彩的原创博文，但发博不能太频繁。

⑩微博中尽量配上一张图片，带有图片的微博相对来说容易被关注。

⑪认真对待每一位粉丝，最好把你的粉丝都加为好友，互为粉丝。

⑫去微博站内搜索“互粉”标签，然后关注这些人就会获得可观的粉丝。

⑬选对发博时间。一般上班前半小时，上班后一小时，睡觉前一小时发微博最为有效。

⑭用好各种工具。如，没有时间经常更新微博的人，可以通过预先保存并定好时间发布写好的微博，你想它什么时候发出它就什么时候发出。

⑮去 QQ 群、百度贴吧、相关论坛等搜索微博互粉或者互听的群，然后加入，通过你收听我、我收听你等内容，增加粉丝人气。还可以搞些微博粉丝转发有奖的活动。

7.2.2 微博互动

①登录微博，找到微博中“粉丝”二字，点击进入，找到“管理中心”(图 7-2-3）左上角的“粉丝服务”(图 7-2-4）。

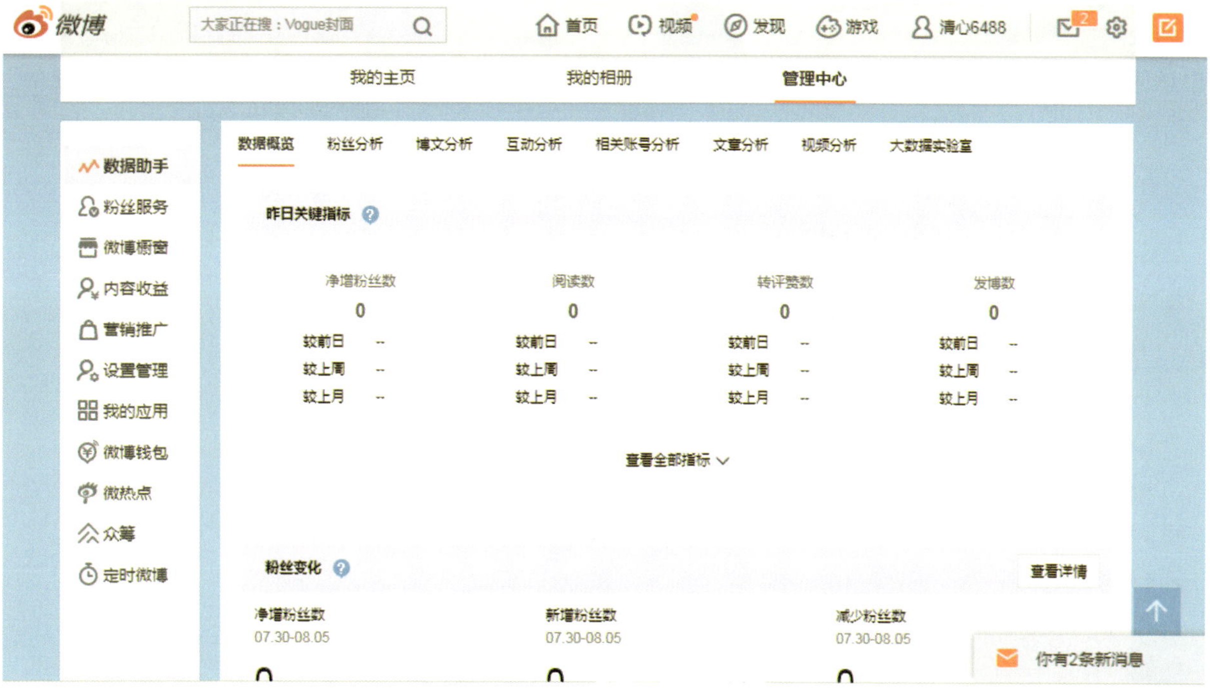

图 7-2-3 微博“管理中心”页面

②点击“粉丝服务”，进入到粉丝服务页面，开启粉丝服务平台。并单击“群发功能”，进行开通并向粉丝群发信息。

图 7-2-4　微博“粉丝服务”页面

③通过发布视频，发布自己的直播，发表文章或者观点来增加与粉丝的互动，也可以通过“自动回复”（图 7-2-5）帮助你与粉丝互动，也可以同粉丝进行私信互动，或者给粉丝发红包，增加与粉丝的互动。

图 7-2-5　微博“自动回复”页面

想一想

如何策划一个“有趣、有用、有竞争性”的话题性活动？

7.2.3 长微博的编辑

①打开微博，进入微博首页。在发表微博下方会有一个“长微博”按钮（图 7-2-6），可以点击它进行操作。

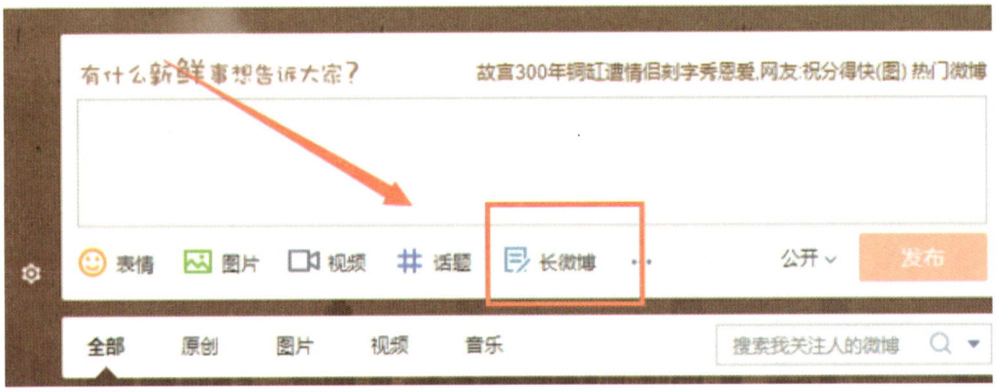

图 7-2-6 微博“长微博”页面

②单击“长微博”进入如下窗口，在此窗口中可以编辑标题、内容，所有编辑完成后，再单击下方的“发布”（图 7-2-7），就可以发布长微博文章了。

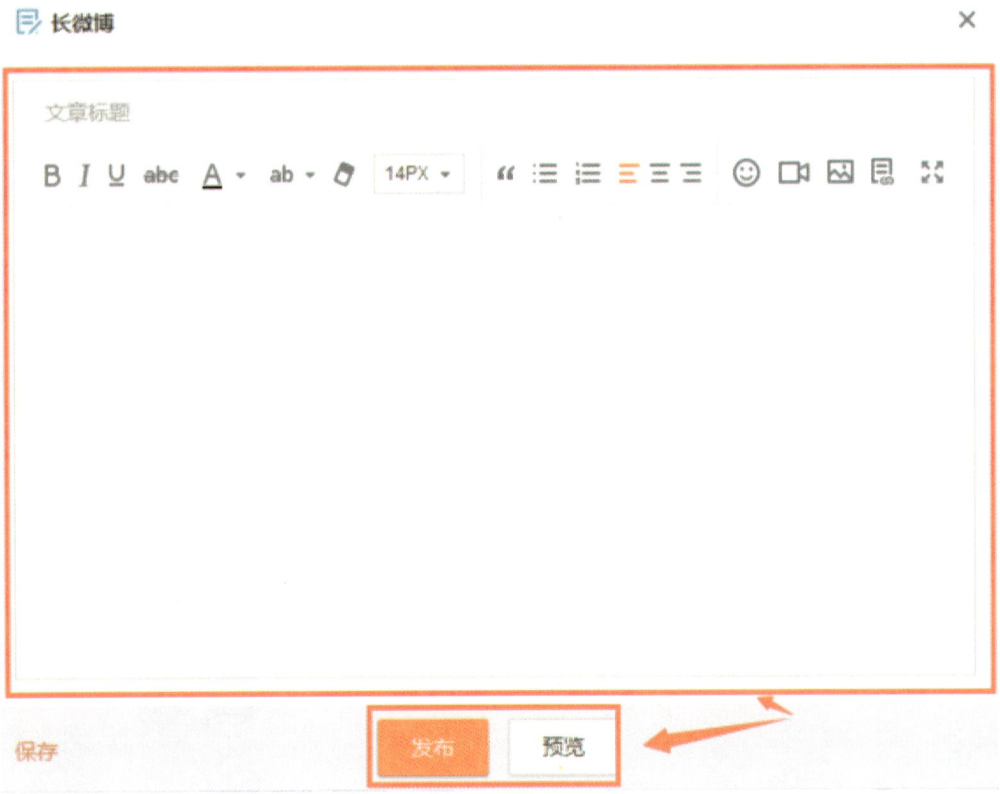

图 7-2-7 微博“长微博”发布辑页面

提示注意：

如果你的微博页面找不到“长微博”按钮，可找到“头条文章”（图 7-2-8），单击“头条文章”，进入头条文章编辑页面（图 7-2-9），编辑头条文章并发布（图 7-2-10）。

图 7-2-8　微博“头条文章”页面

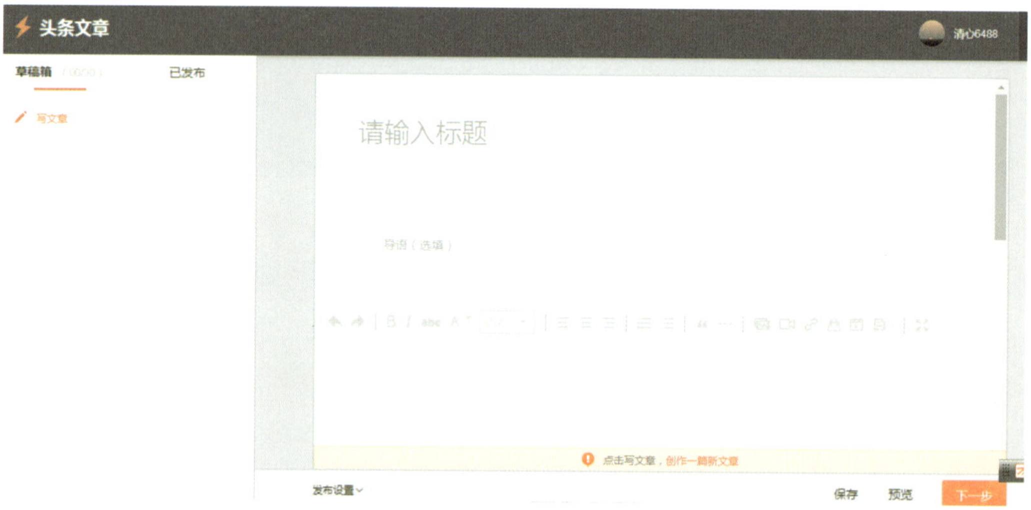

图 7-2-9　微博“头条文章”编辑页面

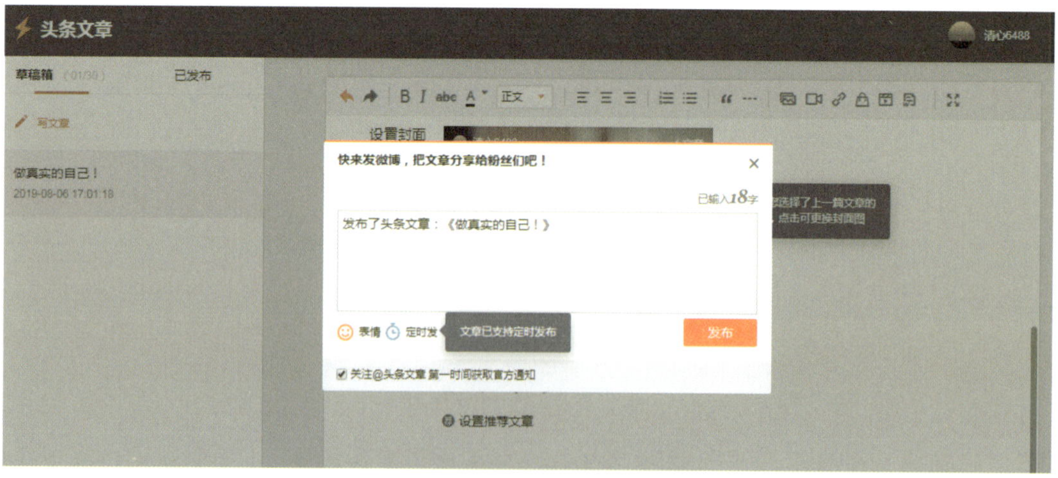

图 7-2-10　微博“头条文章”发布页面

7.2.4 微博活动策划

一个成功的微博活动策划对于企业产品推广、品牌的建立以及核心业务宣传都是非常有帮助的。

微博活动策划主要由八个方面构成，缺少任何一个环节都构不成一个完成的活动策划方案。

1. 活动目标

微博活动的策划首先要确定活动的目标是什么？一般来说微博活动的目的有粉丝互动；产品的信息推广；企业品牌营销、提高品牌知名度；用户转化或产品的销售转化。

2. 活动时间

确定活动的开展时间，例如确定某一活动的开展时间为 2019 年 8 月 7 日，那么就需要确定活动的策划时间需要多久，筹备时间是多长，一般这个都需要提前一到两个月就开始准备。同时，根据活动的持续时间做出相应的调整。

3. 确定用户群体

确定活动适合的群体，例如：男性、女性、上班族、学生党、球迷等。

4. 活动形式

微博的活动形式有很多种：用户访谈、问答活动、有奖调研、用户拉新有礼、猜谜活动、H5 病毒式互动、投票 / 评比活动、留言有奖、口令红包、抽奖活动等。

5. 活动内容

例如：抽奖的活动案例。

抽奖活动：①转发抽奖平台，按月度付费；②微博抽奖平台，第一次免费，后期按转发量付费。

6. 推广渠道

微博内部推广，如微博大号、粉丝头条、红人等。其他新媒体平台，例如利用今日头条、一点资讯、社群、微信公众号、部落、QQ 群和微信群、问答平台等新媒体推广渠道辅助微博的活动推广。

7. 活动费用

对于活动的预算费用的计划，虽然不可能涉及方方面面，但是一定要尽可能的详细，特别是活动策划方是乙方公司的时候。例如某电商企业的一次微博活动预算如下：①活动费用预算 37 000 元；②奖品费用 4 000 元；③投放广告 30 000 元；④微博大号 10 000 元；⑤男装 1 700 元；⑥女装 2 000 元；⑦手机壳 100 元；⑧话补和餐饮 10 000 元。

8. 效果预期

①粉丝增长 1 万；②曝光量 40 万；③转发 5 000；④成单量 1 000。

7.2.5 微博推广与营销价值

1. 微博推广案例

（1）加多宝——利用微博营销进行品牌再造

加多宝作为一个从“王老吉”商标争夺案中走出来的凉茶新品牌，面对陌生的目标受众和复杂的市场环境，可以说是处在一个窘迫的局面。但是，加多宝集团能一手打造出曾经的王老吉，此番推出加多宝新品牌必然是信心十足，毕竟市场经验和渠道网络关系都是铺垫好的。面对这个熟悉的市场和陌生的消费者，加多宝要想从一个产品变成一个品牌，并角逐凉茶市场霸主地位，缺的只是一个品牌再造的过程。

2 月企业微博品牌榜中，加多宝首次上榜，一举杀入百强，名列第 29 位，更让人印象深刻的是，加多宝的名次距离 1 月极速上升 73 位，进步神速（图 7-2-11）。旗下微博账号 @ 加多宝凉茶贡献突出，成为帮助加多宝品牌逆袭的最佳得分手，@ 加多宝凉茶在企业官 V 榜上，更是一举杀入前十。

[illegible]	品牌名称	账号矩阵贡献	优质账号贡献	企业家贡献	品牌总得分
1	@小米	692.0	171.5	88.7	952.2
2	@阿里巴巴	673.3	160.1	88.4	921.8
3	@魅族	663.9	176.3	77.4	917.6
4	@OPPO	629.9	168.1	74.7	872.7
5	@vivo	617.7	175.4	75.6	868.7
6	@哔哩哔哩动画	601.6	168.4	74.2	844.2
7	@网易	623.8	151.5	66.9	842.2
8	@聚美优品	579.1	168.8	92.0	839.9
9	@美图	601.3	166.6	55.4	823.3
10	@宝洁	596.5	154.6	70.1	821.2
		⋮			
28	@汽车之家	526.3	160.7	77.6	764.6
29	@加多宝	585.8	176.2	0.0	762.0
30	@金山	543.8	149.3	65.1	758.2

图 7-2-11　加多宝微博营销账号排名

作为传统的快消品，这一类品牌的企业微博给人的感觉往往不如小米、阿里等互联网企业会玩，但是，就是这样一个“卖凉茶”的企业微博，却成为近期表现强势的品牌之一，想必有其独家秘籍。从近期的数据表现来看，似乎可以发现些许端倪。

春节期间，微信、微博、支付宝等各家平台的红包大战再度升级，火药味十足，而加多宝今年实力冠名“让红包飞”，并赞助共 73 万现金打造红包盛典，微博红包从小年发到春节，整个活动期间，@ 加多宝凉茶共发送 133 万的红包以及价值 200 多万的卡券，粉丝数量总体增长了 130 多万。

加多宝巧妙利用“让红包飞”事件的影响力，借助明星效应加以扩散，@ 加多宝凉茶的传播指数，在企业官 V 榜上甚至超过了 @ 支付宝、@ 小米公司等热门微博账号，而 @ 加多宝凉茶的优质账号贡献度，在百强品牌中更是位列第五位。

品牌的再造，如果只是单纯地为了提升知名度和美誉度，形成一种社会影响力，没有销量都是无效的。无论是对于企业，还是品牌自身而言，做品牌的最终目的都是通过吸引消费者的大量重复性购买，说白了就是为了盈利。因而在形成媒体宣传导向和社会舆论导向时，那接下来要做的就是怎样让消费者大胆购买，大量消费，这就需要品牌去引导消费者从无意识到有意识去选择。

可以说，加多宝的微博运营团队，在借势营销方面并不是新手，加多宝善于制造话题，善于造势，在特定的时间，遇上了好的机会，抓住了机会，让一个“卖凉茶”的企业微博，活脱成为一个兼具娱乐化和个性化的形象。

（2）可口可乐——瓶身即广告

2013 年的夏天是热闹的，因为可口可乐在全国掀起了一场“换装”热潮。可口可乐利用互联网上的热门词汇推出了一系列“昵称瓶”新装，诸如“文艺青年”“小清新”“学霸”“闺蜜”“喵星人”等几十个极具个性，又符合特定人群定位的有趣昵称被印在可口可乐的瓶标上。

在新浪微博上，可口可乐最初借助媒体明星、草根大号等意见领袖进行内容的预热阶段，赠送了印有他们名字的昵称瓶，于是他们都纷纷在社交网络上晒出自己独一无二的可口可乐定制昵称瓶。一时之间，各个明星粉丝和普通消费者纷纷在微博上求可口可乐定制昵称瓶，表示要过一下“明星瘾”或自己留作收藏等，更有部分网民表示希望用来向自己的暗恋对象表白。

继第一波社交平台悬念预热，第二波官方活动的正式启动以五月天深圳演唱会为标志。第三波高潮就是利用社交商务在微博上维持活动的热度。可口可乐与新浪微博微钱包一起合作推广可口可乐昵称瓶定制版，让更多普通的消费者也可以定制属于自己的可口可乐昵称瓶。

第一天，300 瓶可口可乐，1 小时被抢光。

第二天，500 瓶可口可乐，30 分钟被抢光。

第三天，500 瓶可口可乐，5 分钟被抢光。

接下来几天，都是在 1 分钟内秒杀完毕。

这是让人震惊的数字，而且呈现出越来越快的趋势。前三天一千多的销量，已经产生新浪微博五千多的分享与讨论。于是有更多的网友知晓并且参与到活动中来，如同滚雪球一样，知道和参与的人越来越多，抢购一空的时间也越来越短。这也正是社交网络的真正吸引人之处，依靠口碑带动品牌与产品影响力的几何级的递增。

在微博上定制一瓶属于你的可口可乐，从“线上”微博订制瓶子到“线下”消费者收到订制瓶，继而透过消费者拍照分享又回到“线上”，O2O 模式让社交推广活动形成一种长尾效应。

2. 微博运营的技巧

（1）注重价值的传递

企业微博经营者首先要改变观念——企业微博的“索取”与“给予”之分，企业微博是一个给予平台。微博数量已经以亿计算，只有那些能对浏览者创造价值的微博自身才有价值，此时企业微博才可能达到期望的商业目的。只有认清了这个因果关系，才可能从企业微博中受益。

（2）注重微博个性化

微博的特点是“关系”“互动”，因此，虽然是企业微博，但也切忌仅是一个官方发布消息的窗口那种冷冰冰的模式。要给人感觉像一个人，有感情，有思考，有回应，有自己的特点与个性。

一个浏览者觉得你的微博和其他微博差不多，或是别的微博可以替代你，都是不成功的。这和品牌与商品的定位一样，必须塑造个性。这样的微博具有很高的黏性，可以持续积累粉丝与专注，因为此时的你有了不可替代性与独特的魅力。

（3）注重连续性习惯

微博就像一本随时更新的电子杂志，要注重定时、定量、定向发布内容，让大家养成观看习惯。当其登录微博后，能够想着看看你的微博有什么新动态，这无疑是成功的最高境界，虽很难达到，但我们需要尽可能出现在他们面前，先成为他们思想中的一个习惯。

（4）注重互动性加强

微博的魅力在于互动，拥有一群不说话的粉丝是很危险的，因为他们慢慢会变成不看你内容的粉丝，最后更可能是离开。因此，互动性是使微博持续发展的关键。第一个应该注意的问题就是，企业宣传信息不能超过微博信息的 10%，最佳比例是 3%~5%。更多的信息应该融入粉丝感兴趣的内容之中。

“活动内容 + 奖品 + 关注（转发 / 评论）”的活动形式一直是微博互动的主要方式，但实质上奖品比企业想宣传的内容更吸引粉丝的眼球，相较赠送奖品，在微博上认真回复留言，用心感受粉丝的思想，才能换取情感的认同。如果情感与“利益”（奖品）共存，那就更完美了。

（5）注重系统性布局

任何一个营销活动，想要取得持续而巨大的成功，都不能脱离系统性，单纯当作一个点子来运作，很难持续取得成功。企业想要微博发挥更大的效果就要将其纳入整体营销规划中来，这样微博才有机会发挥更多作用。

（6）注重准确的定位

微博粉丝众多当然是好事儿，但是，对于企业微博来说，“粉丝”质量更重要，因为企业微博最终的商业价值或许就需要这些有价值的粉丝。这涉及微博定位的问题，很多企业微博粉丝很多，但是转载、留言的人很少，宣传效果不明显。这其中一个很重要的原因就是定位不准确。假设自己为玩具行业，那么就围绕一些你的产品目标顾客关注的相关信息来发布，吸引目标顾客的关注，而非是只考虑吸引眼球，导致吸引来的都不是潜在消费群体。在这个起步阶段很多企业博客陷入这个误区当中，完全以吸引大量粉丝为目的，却忽视了粉丝是否是目标消费群体这个重要问题。

（7）企业微博专业化

企业微博定位专一很重要，但是专业更重要。同场竞技，只有专业才可能超越对手，持续吸引关注目光，专业是一个企业微博重要的竞争力指标。

微博不是企业的装饰品，如果不能做到专业，只是流于平庸，倒不如不去建设企业微博，因为作为一个“零距离”接触的交流平台，负面的信息与不良的用户体验很容易迅速传播开，并为企业带来不利的影响。

（8）注重方法与技巧

想把企业微博变得有声有色，持续发展，单纯在内容上传递价值还不够，必须讲求一些技巧与方法。比如，微博话题的设定，表达方法就很重要。如果你的博文是提问性的，或是带有悬念的，引导粉丝思考与参与，那么浏览和回复的人自然就多，也容易给人留下印象。反之带来新闻稿一样的博文，会让粉丝想参与都无从下手。

（9）注重模式创新

企业应该多参考借鉴成功案例，再结合企业自身特点与客观环境进行创新。

3. 微博营销

微博营销

微博营销是指企业以微博作为营销平台，以每一个听众（粉丝）为潜在营销对象，更新自己的微博向听众（粉丝）传播企业信息、产品信息，以树立良好的企业和产品形象的一种营销方式。该营销方式注重价值的传递、内容的互动、系统的布局、准确的定位，微博的火热发展也使得其营销效果尤为显著。

4. 如何做博客营销

（1）选定热点

针对企业产品特点，关注每天的热点，然后将其进行筛选，最终选定一个跟企业所要营销主题相关联的热点，然后进行分析结合。

（2）深度解析

选定好热点之后，热点与自身企业本身并不相关，需要进行对热点事件以及企业营销主题进行深部分析，一一罗列出能够吸引用户关注的核心内容，在热点事件中可以匹配的点在哪里，然后再进行结合。

（3）进行关联

根据自身或自身产品的特性，将其和核心内容进行关联，进行文案的编辑。如江小白品牌在通过微博进行营销的过程中，将热点事件融合在自己每次的宣传之中，利用关键字、谐音等方式进行关联宣传。

想一想

微博活动策划方案由哪八个方面的内容构成？通过微博进行营销有什么样的要求？

思政园地 ‖ 国家网信办整治炒作明星绯闻隐私：卓伟微博号再被封

2017 年，国家网信办首次根据《互联网直播服务管理规定》依法关停了 18 款传播违法违规内容的网络直播类应用。文化和旅游部部署全国 29 个省份的文化市场综合执法机构开展查处工作，对 50 家主要网络表演经营单位进行集中执法检查。

针对一段时期以来部分平台、机构和个人大肆炒作明星绯闻隐私和娱乐八卦等低俗之风，2018 年 2 月国家互联网信息办公室会同公安部、文化和旅游部、国家税务总局、国家市场监督管理总局、国家广播电视总局，对热衷炒作、涉嫌违法违规的各类行为主体进行全面排查清理和依法综合整治。国家网信办对网络直播平台和网络主播进行专项清理整治，依法封禁严重违规主播账号 1 401 个，关闭直播间 5 400 余个，删除短视频 37 万条。

即日起，相关网络平台对“卓伟粉丝后援会”“全明星通讯社”“娱姬小妖”等专事炒作明星绯闻隐私的账号进行永久关闭。六部委按职能、分领域进一步加强对新浪微博、腾讯、百度、优酷、秒拍等网络平台的依法从严监管。对北京大风行锐角度文化传播有限公司、卓伟视界（上海）影视工作室等相关企业经营活动进行检查，对发现的违法违规行为进行依法惩戒。

作为一名微博运营从业者，必须遵守《互联网直播服务管理规定》，坚定社会主义核心价值观，传播有价值的信息。有效控制信息传播的内容与途径，通过信息安全教育，提高大学生与社会人员自觉抵御不良信息的能力，也是提高社会主义核心价值观和社会主义意识形态的重要工作。

拓展阅读 ▶ 微博活跃用户规模 35 057 万，同比增长 10.9%

根据第 43 次中国互联网发展状况统计，截至 2018 年 12 月，我国微博活跃用户规模 35 057 万，微博使用率 42.3%，比 2017 年 12 月底的 40.9%，同比上升 14%。从用户特征来看，微博用户整体呈现高学历、低年龄趋势。目前，微博已经成为国内最重要的信息获取和讨论平台。为了进一步提升内容的发布与消费效率，近两年来，微博对核心的信息流产品进行了持续优化，从纯粹的时序信息流，演化为基于社交关系的信息流和基于兴趣推荐的信息流。其中，关系流注重内容的时效性和互动性，是用户在微博即时获取信息、展开讨论、交流观点的主要场景，兴趣流则更注重内容的分发和消费体验，是用户在微博发现资讯、挖掘兴趣的主要场景。其中政务机构微博应用情况如下。

1. 政务机构微博概况

截至 2018 年 12 月，经过新浪平台认证的政务机构微博达到 138253 个，同比 2017 年 12 月增加 3 426 个。

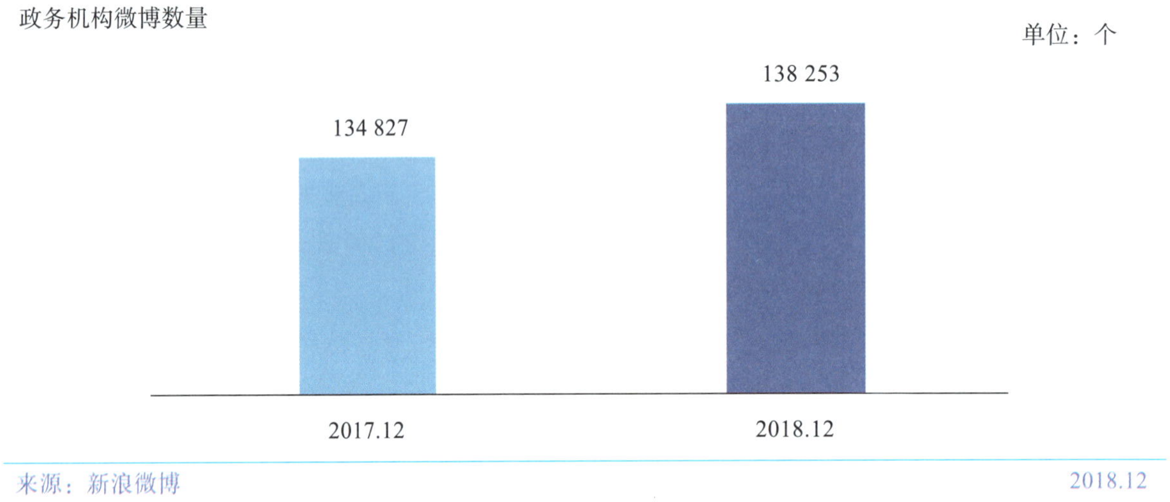

图 7-2-12　政务机构微博数据分析

2. 分省政务机构微博分布

截至 2018 年 12 月，我国各省（区、市）均开通了政务机构微博。其中河南省开通政务机构微博 10 412 个，居全国首位；其次是广东省，开通政务机构微博 9 845 个。

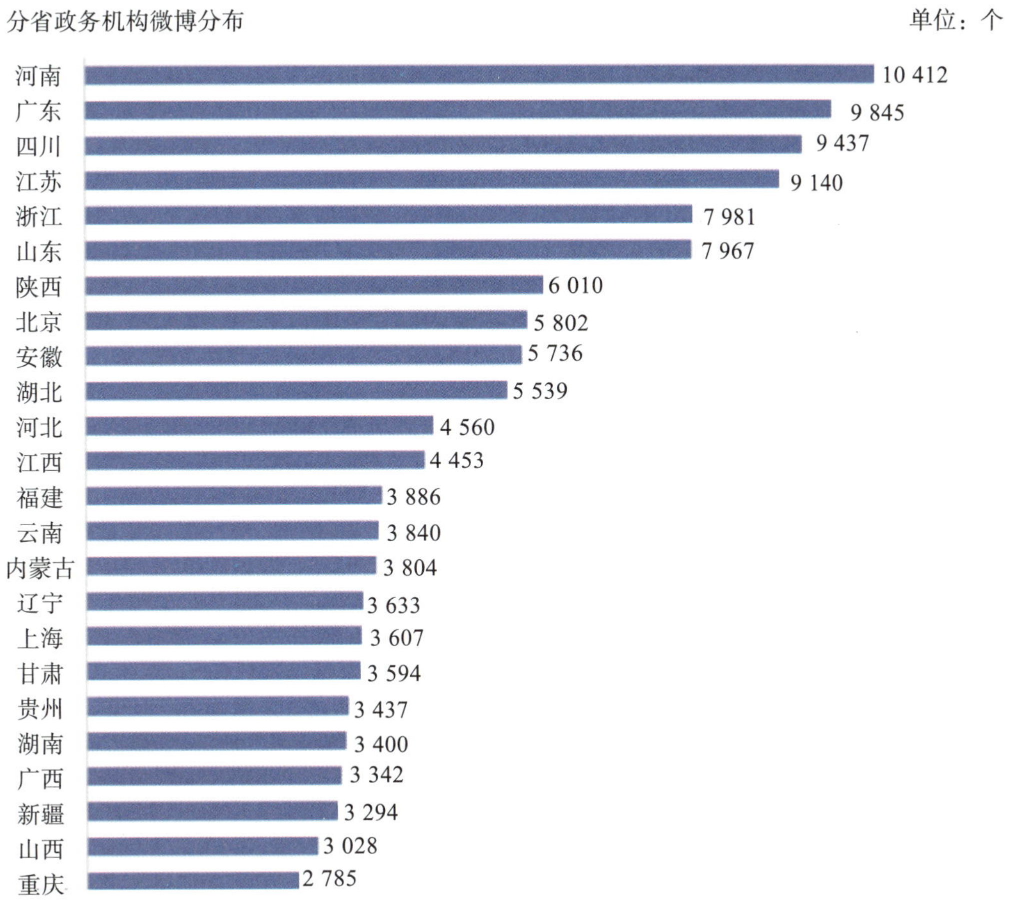

图 7-2-13　分省政务机构微博数据分布

3. 机构类政务微博领域构成

截至 2018 年 12 月，党委、政府、法院等机构境外开设政务微博。政府开设数量最多，共 93 215 个。其次为群团组织，共 30 886 个。政府开设的机构类政务微博领域涉及公安、外宣、基层组织等其中公安机构开设最多，为 21 411 个。

一级分类	总数	占比	二级分类	总数
政府	93 215	67.4%	公安	21 411
			外宣	11 125
			基层组织	8 203
			卫生健康	5 070
			文化旅游	4 954
			交通运输	2 954
			其他	39 498
群团组织	30 886	23.3%	团委	27 493
党委	5 699	4.1%		
检察院	3 768	2.7%		

图 7-2-14　机构类政务微博领域构成

4. 政务微博运行情况

截至2018年12月，在政务微博粉丝数排名中，“中国警方在线”账号排名首位；从领域年，用户对公安领域关注度最高，政务微博粉丝数排名前20中，公安机构占8个。

微博名称	所在省份	领域	粉丝数
中国警方在线	北京	公安	29 274 984
平安北京	北京	公安	12 471 164
共青团中央	北京	团委	6 791 951
中国长安网	北京	政法委	5 215 443
警民直通车 - 上海	上海	公安	4 519 584
南昌铁路	江西	交通运输	4 181 485
平安洛阳	河南	公安	3 808 087
深圳公安	广东	公安	3 656 028
中国气象局	北京	气象	3 160 347
中国消防	北京	应急	2 703 613
深圳交警	广东	公安	2 223 510
湖南高速警察	湖南	公安	2 155 943
成都共青团	四川	团委	1 862 206
中国反邪教	北京	政法委	1 855 259

图 7-2-15　政务微博运行情况

想一想

微博运营专员的工作内容包括哪些？微博给你的印象是什么？（列举两到三条）

项目实训 7-1　在微博中搜索与本课相关的微博内容

1. 实训目的

通过微博搜索的过程，能够熟练掌握和描述微博的搜索与使用流程，能够分析微博营销的优劣，加深对微博营销的感性认识。

2. 实训要求

结合所学的知识点，通过操作并分析微博运营所需的知识与技能。请体验一次微博搜索和转发的过程，以文字配截图形式记录操作过程，并回答下列问题。

①用框图描述微博搜索和转发的使用流程。

②微博中有哪些主体开设了微博账号？在浏览和转发过程中你的角色是什么？对你感兴趣内容的传播起到了什么作用？

③在此次微博使用中，你体会到微博营销与传统的 TVC 或其他营销方式比较有哪些优势与劣势？

3. 实训步骤

①进入新浪微博网（http：//www.weibo.com/），登录微博账号（图 7-2-16）。

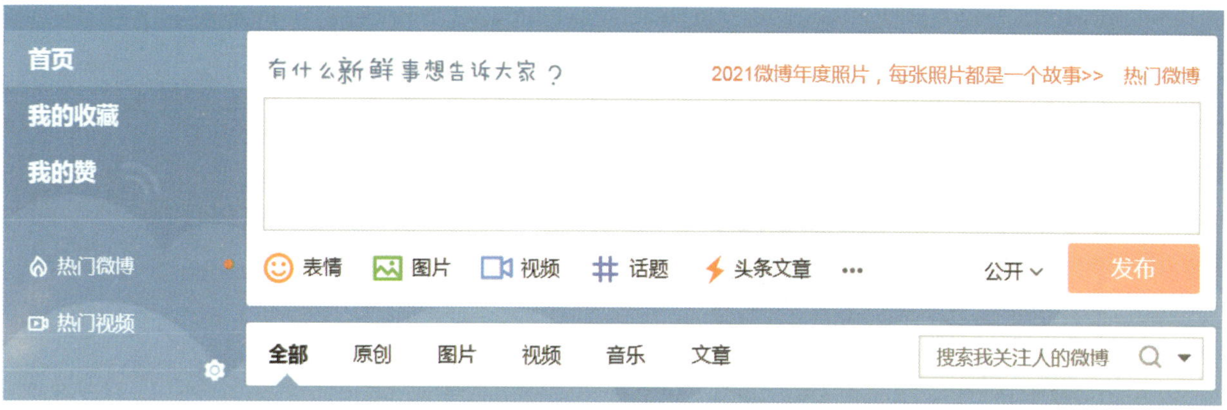

图 7-2-16　登录新浪微博网站

②以电影《美女与野兽》为例，在搜索框中输入“美女与野兽”，单击右侧的放大镜按钮（图 7-2-17）。

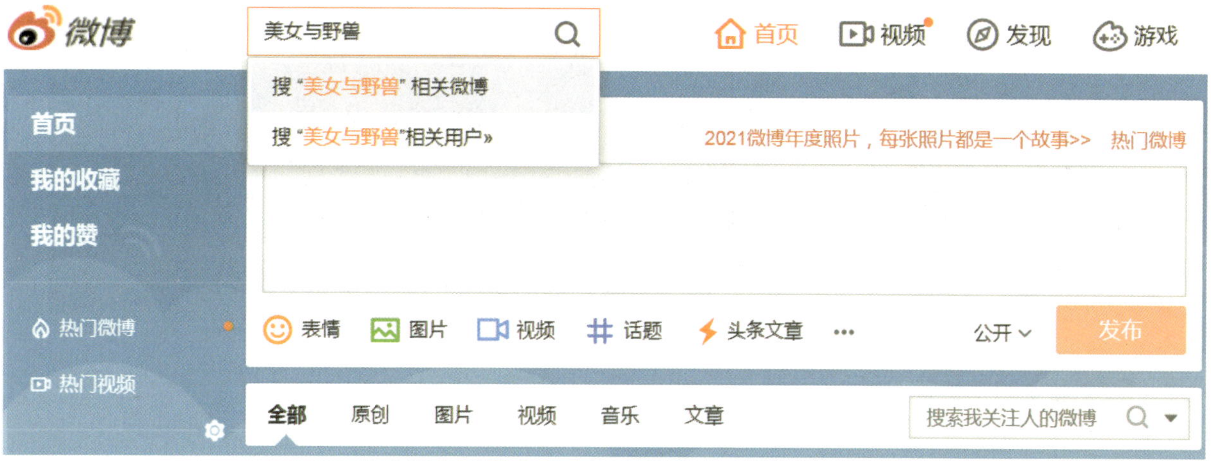

图 7-2-17　微博中搜索“美女与野兽”

③浏览搜索结果（图 7-2-18），进行对比，选择合适的微博内容。

图 7-2-18 “美女与野兽”的搜索结果

④进入电影《美女与野兽》的话题圈（图 7-2-19），浏览最新的官方讯息。

图 7-2-19 电影《美女与野兽》话题圈首页

⑤搜索其他相关的话题，例如电影票房（图 7-2-20）。

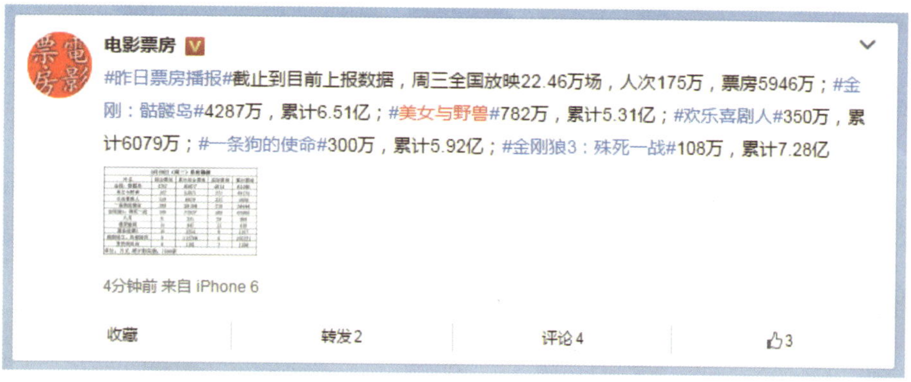

图 7-2-20　电影《美女与野兽》票房微博

⑥搜索其他与美女与野兽相关的微博，发现其中的营销信息（图 7-2-21）。

图 7-2-21　微博中与电影《美女与野兽》相关的营销微博

⑦转发营销微博，发表自己的看法（图 7-2-22）。

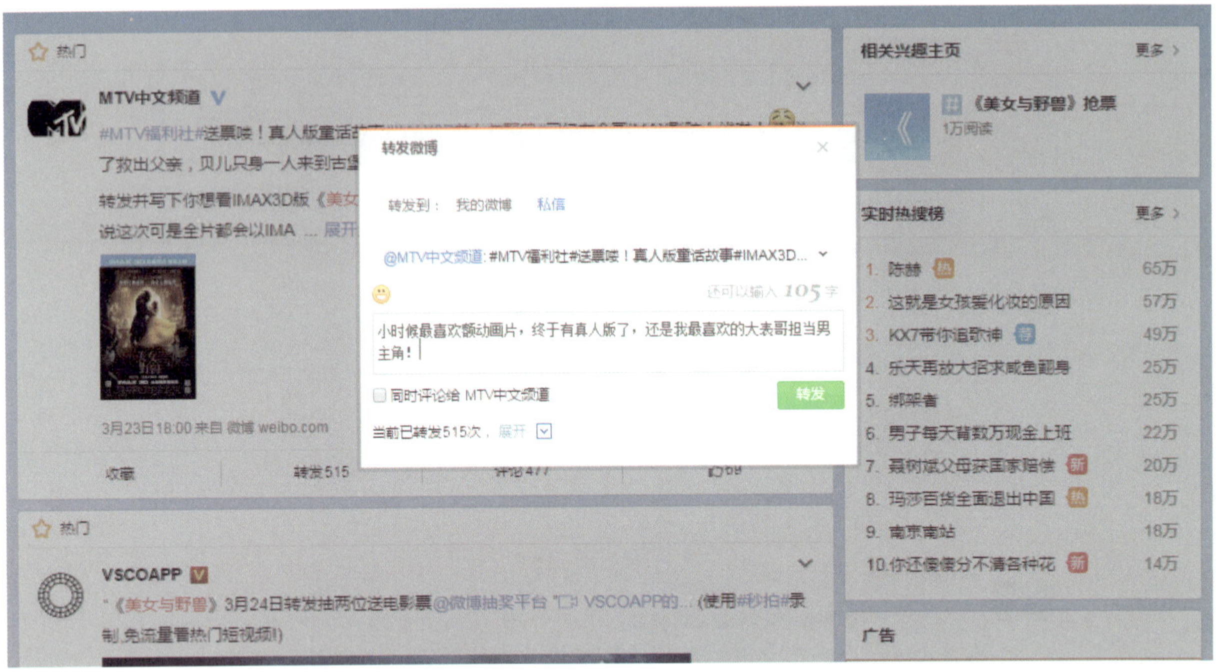

图 7-2-22 转发他人的微博

4. 温馨提示

根据微博账号的性质，微博中不同信息的可信度也不同，在微博的使用中要注意鉴别，避免造谣传谣。

5. 实训回顾

①请收集一些微博营销的成功案例，下次课堂上交流讨论，并归纳总结。

②请以身边事例编辑长微博。

项目实训 7-2 发布微博话题，后台设置有奖转发

1. 实训目的

通过发布话题，设置有奖转发的过程，能够熟练掌握和描述微博的信息发布与有奖转发的设置，加深对微博营销的感性认识。

2. 实训要求

结合所学的知识点，通过操作并分析微博运营所需的知识与技能。

3. 实训步骤

①登录自己的微博，然后搜索微博转发抽奖平台（图 7-2-23），点击进入应用。

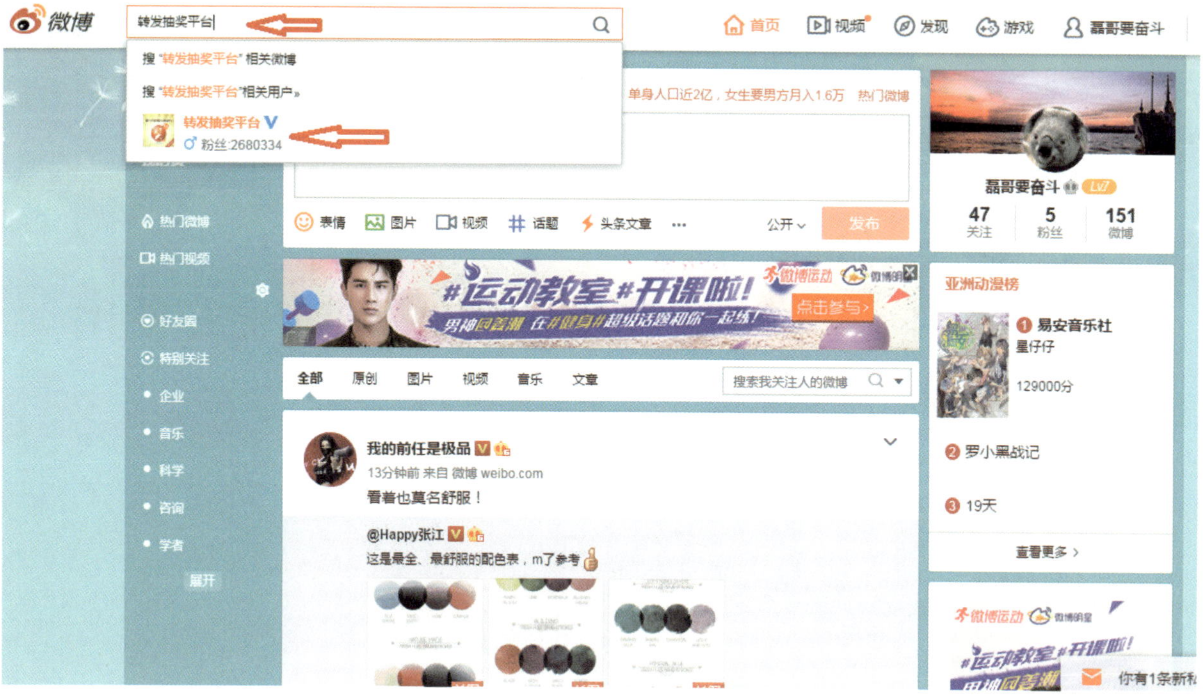

图 7-2-23　搜索微博转发抽奖平台

②进入转发抽奖平台微博首页（图 7-2-24）后关注该平台账号。

图 7-2-24　转发抽奖平台微博首页

③进入转发抽奖平台，等待系统跳转到平台页面（图 7-2-25，图 7-2-26）。

图 7-2-25 转发抽奖平台连接示意图

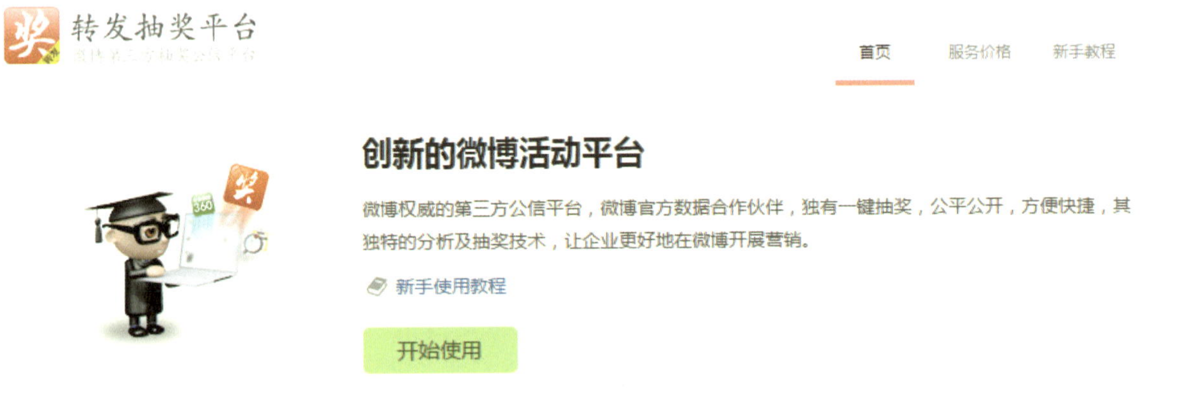

图 7-2-26 转发抽奖平台首页

④点击开始使用，输入微博账号和密码（图 7-2-27），并授权该平台进入系统界面（图 7-2-28，图 7-2-29）。

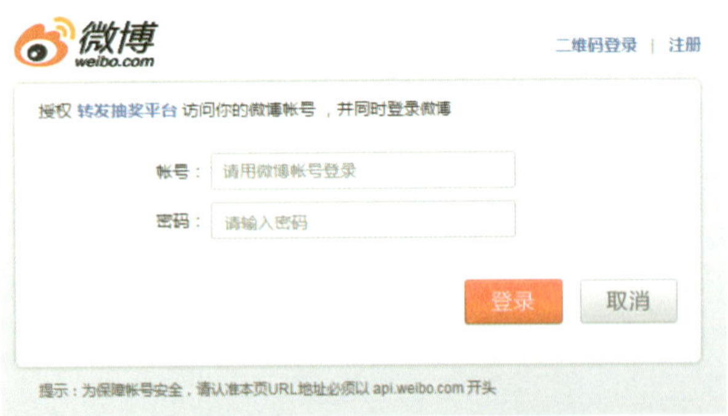

图 7-2-27 输入账号和密码界面

图 7-2-28 授权界面

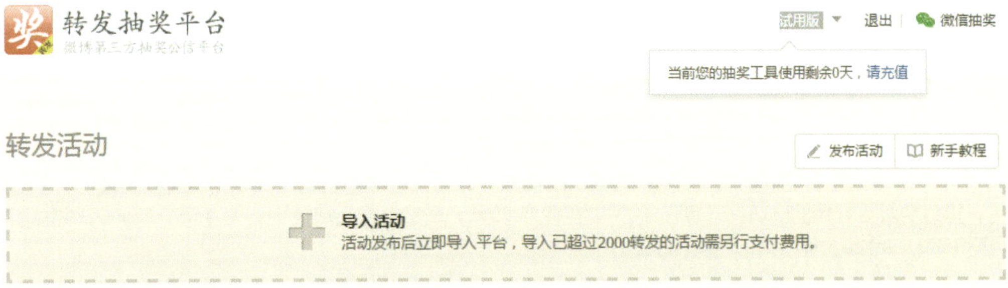

图 7-2-29　转发抽奖平台个人首页

⑤阅读和理解转发活动的流程（图 7-2-30）。

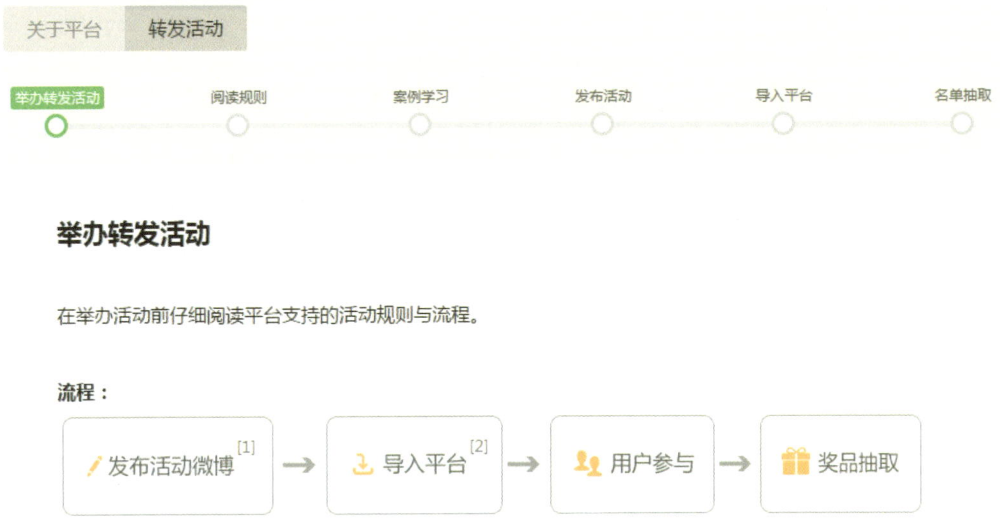

图 7-2-30　转发抽奖活动流程

⑥阅读转发活动的规则（图 7-2-31）。

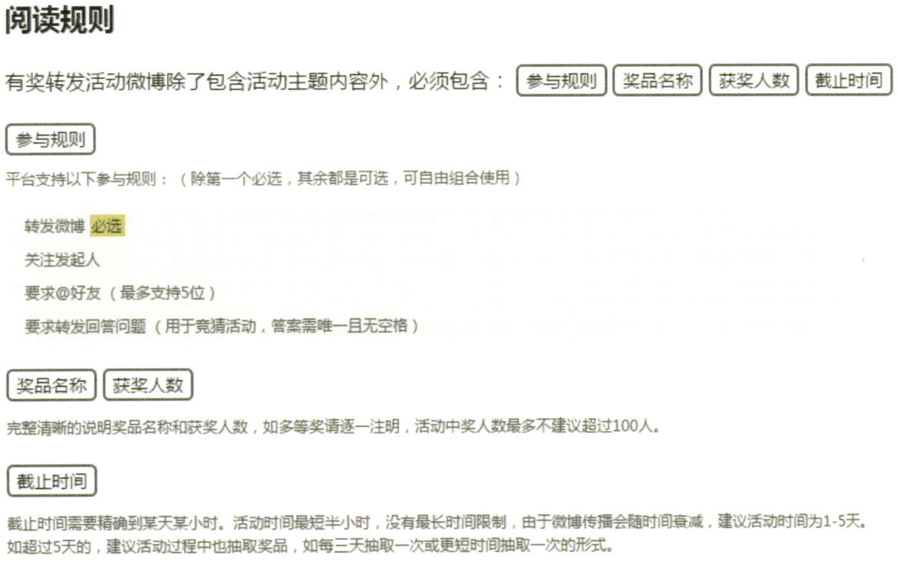

图 7-2-31　转发抽奖活动的规则

⑦编辑转发抽奖活动的微博内容（图 7-2-32）。阅读并理解规则后，就可以开始策划发布有奖活动。活动主题要清晰，规则简单富有趣味性，让粉丝快速明白并有兴趣参与。

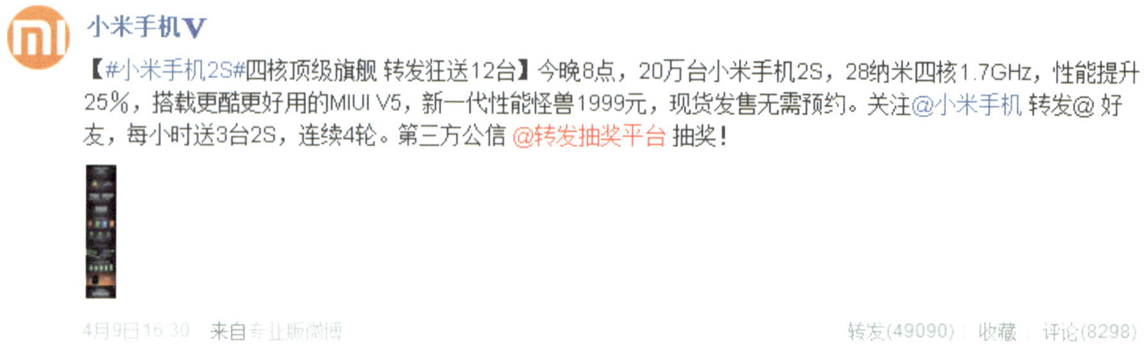

图 7-2-32　小米手机转发抽奖活动页面

如上图所示，活动宣传点为小米手机，产品特征和卖点表述清晰，同时奖品也为小米手机，关联性非常强。活动抽奖频率高，价值高，瞬间引爆活动，转发量达到 4.9 万。

⑧发布活动（图 7-2-33），进入自己的微博的首页，将微博内容发布出去。

图 7-2-33　微博发布页面

⑨将活动导入抽奖平台，回到转发抽奖平台首页，选择导入活动（图 7-2-34）。

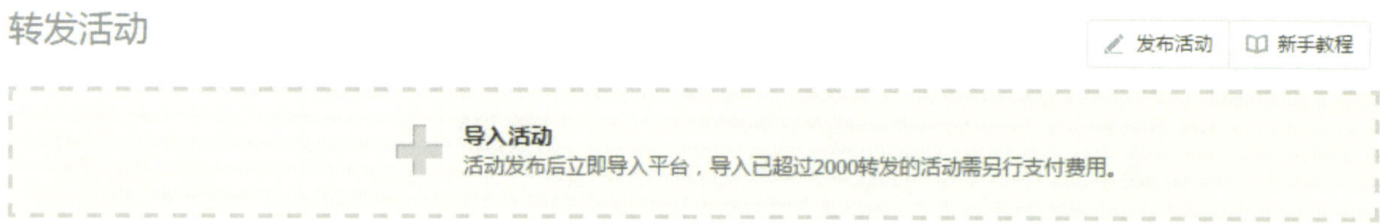

图 7-2-34　导入活动示意图

选择从微博导入，选择一篇微博，点击下一步（图 7-2-35）。

图 7-2-35　导入活动设置页面

根据系统提示操作，设置抽奖活动截止的日期，之后单击“导入”按钮（图 7-2-36）。

图 7-2-36　导入活动确认页面

该活动就会出现在转发抽奖平台的首页。

⑩进行活动抽奖（图 7-2-37），选择所需要抽奖的活动进行抽奖。

图 7-2-37　抽奖页面

会进入奖品与抽奖条件设置页面（图 7-2-38）。

图 7-2-38　抽奖设置页面

设置好条件后，点击开始抽奖，接着系统导入数据，得到抽奖结果。

4. 温馨提示

抽奖活动是可以有效提升微博转发率、微博关注粉丝数目的工具，但是必须保证活动真实有效。

5. 实训回顾

选择你喜欢的事件设置并执行一次微博抽奖转发活动的过程，以文字配截图形式记录操作过程，并回答下列问题。

①用框图描述抽奖活动的使用流程。

②在此次微博使用中，你体会到微博运营有哪些优势与劣势?

③在微博运营系统探索中还有哪些营销活动方式?

项目小结

微博是人们进行社交的需要所催生的社交媒体平台，微博运营是指通过微博平台为商家、个人等创造价值而执行的一种营销方式，也是指商家或个人通过微博平台发现并满足用户的各类需求的商业行为方式。根据账号设立主体的不同，微博可以分为个人账号与企业账号。微博平台聚集了全国数以亿计的网民，因此该平台具有巨大的营销价值。

微博运营的核心是通过不断的发布内容来吸引粉丝关注自己，扩大自己粉丝数量，最终实现品牌传播的最大化。通过无数成功的案例，我们可以发现，微博运营的基础是做好微博的定位与企业（品牌、产品）价值塑造，并通过与其他大 V 的互动、转发等极大化品牌声量。

复习思考题

一 单项选择题

1. 下列微博分类错误的是（　）。

A. 基本博客　　B. 个人微博

C. 企业微博　　D. 原创微博

2. 以下关于微博运营的特点表述不正确的是（　）。

A. 多媒体传播　　B. 传播速度快

C. 内容发布复杂　　D. 传播范围广泛

3. 发布微博信息的要点不正确的是（　）。

A. 稳定频率更新　　B. 精心设计微博内容

C. 善用技巧引发话题　　D. 与粉丝保持互动

4. 微博是一个专注于（　）的平台。

A. 社交　　B. 媒体

C. 变现　　D. 社交媒体

5. 下列微博平台，已经停止运营的是（　）。

A. 新浪微博　　B. 腾讯微博

C. 网易微博　　D. twitter

二 多项选择题

1. 发布转发抽奖活动需要设置哪些规则？（   ）

A. 参与规则　　B. 奖品名称　　C. 获奖人数　　D. 抽奖时间

2. 微博通过以下（   ）的方式可以增加与粉丝的互动。

A. 发布视频　　B. 发布自己的直播　　C. 发表文章　　D. “自动回复”

3. 下列哪些是微博运营所需要的基本步骤？（   ）

A. 策划形象与认证　　B. 营造微博环境

C. 放大传播效应　　D. 设置抽奖活动

4. 微博运营推广的技巧有哪些？（   ）

A. 微博个性化　　B. 准确定位　　C. 系统性布局　　D. 模式创新

5. 营造微博环境的方法有哪些？（   ）

A. 发布原创内容　　B. 关注重要的机构

C. 转发他人微博　　D. 评论他人微博

三 论述题

1. 比较微博运营与微博营销的差异。

2. 关注一个你喜欢的著名品牌官方微博账号，分析其发布内容的类型与内容编辑手法。

3. 调研 3 个实施微博运营的著名企业微博账号，分析其实施微博运营过程中吸引粉丝、发布话题等手段的异同。

项目 7　习题答案

项目 8

其他新媒体平台运营

目标导航

知识目标

1. 了解小红书的模式特点、运营规则。
2. 了解微商城的概念和主流微商城平台的特点。

能力目标

1. 掌握小红书笔记的发布技巧。
2. 掌握微商城运营推广的具体操作方法。

思政目标

1. 树立“真诚分享、友好互动”的价值观。
2. 互动中遵循尊重他人及其劳动成果的规范。
3. “共生共长”是微商城运营的基本思路。

项目导图

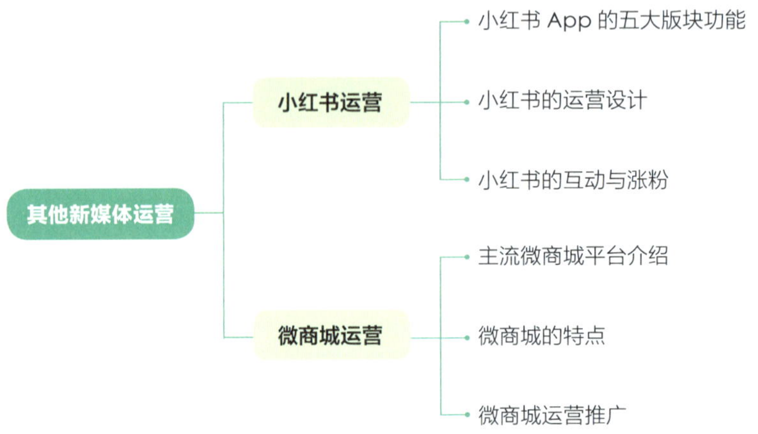

导入案例

小红书再造小红书

从“女性用户为主”到“4 000 万男性涌入小红书”，小红书已进化成为“标记你的生活”的泛生活方式社区。

究其原因，是小红书的策略发生了变化。一方面，小红书不断扩充内容种类，增大美食、出行、母婴、运动、知识等内容的比重。公开数据显示，小红书用户全年笔记发布数量同比增长 150%。其中体育赛事方面内容同比增长超过 1 100%，民宿、科技数码同比增长率超过 500%，美食类笔记发布量同比增长超过 230%。

另一方面，从产品运营层面，小红书顺应潮流，从图文过渡到图文 + 短视频 + 中视频的形式。自 2020 年起，小红书还正式推出了直播功能，不仅将社区内的优质博主转化为主播，还吸引了大量外部优质视频内容生产者。

2021 年暑假，演员尹正开始在小红书上分享自己的减肥日记，明星效应加上健康化潮流兴起，尹正的焖菜减肥食谱很快获得了用户点赞和收藏，小红书上也刮起了一股“健康减脂餐”的风潮，大量用户开始效仿尹正在小红书发布减脂餐笔记。小红书上美食、旅行等中性化内容以及科技数码、体育赛事等偏男性内容快速发展，带来了男性用户的快速增长。根据公开数据显示，目前小红书男女用户比例已达 3 ∶ 7。

互联网存量争夺的今天，获客成本越来越高，让用户更长时间地使用，在更多的使用场景消费，变得非常重要。社区的稀缺性也在于此。社区由人组成，他们有自己所信任的圈子，并以此为中心运转。内容的传递链条和反馈机制为用户创造互动的关系链条，获得感官愉悦，也因此更具备黏性、忠诚度和活跃度。破圈后的小红书几乎取代了大部分垂直社区的功能，为用户提供所有与生活方式相关的内容品类，并成为年轻用户分享生活的重要场景。

小红书紧紧运用“互联网 +”的思维，抓住了社群 3.0 时代的好机遇，充分利用社群的种种优势，让客户参与进来通过 UGC 模式调动客户积极性和活跃度，让客户在社群里找到参与感、成就感、尊重感三感的交融。由社区起家，积攒用户，以及真实用户的大量优质口碑，这样的口碑就是最好的连接器，把客户紧紧地联系在一起，良好的口碑在群内发酵，进而又成为提升转换的利器。小红书充分利用各种情景，去借势销售，为客户从社群转移到商城、从线下到线上抑或是线上到线下搭建情景的桥梁，从而使客户在不自觉中消费转化。

（资料来源：小红书再造小红书，https：//36kr.com/p/1479876494504451）

思考讨论：

2021 年 11 月 8 日，小红书完成新一轮融资，投后估值高达 200 亿美金，估值上涨侧面反映出资本对一家公司或者其所处的行业的态度。但回归到公司本身，小红书凭的是什么？

任务 8.1 小红书运营

近年来，KOL（意见领袖）引导消费已成为新媒体时代新兴的营销思路。KOL 正逐渐向垂直领域发展，帮助品牌实现流量的最大变现。而以小红书为代表的意见导向型的网络消费平台就是利用 KOL 的强大意见导向能力，在众多电商平台中脱颖而出。

小红书成立于 2013 年 6 月，2014 年 1 月转型深耕 UGC（用户创造内容）购物分享社区，同年 12 月上线电商平台实现变现，2020 年小红书平台笔记发布量近 3 亿条，每天产生超 100 亿次的笔记曝光。在小红书社区，用户通过文字、图片、视频笔记的分享，记录了这个时代年轻人的生活，内容覆盖时尚、护肤、彩妆、美食、旅行、影视、读书、健身等各个生活方式领域。

这些笔记多是日常生活、学习等方面的经验分享，也有趣味视频分享，大量明星名人也在小红书上分享经验和日常。小红书通过机器学习对海量信息和人进行精准、高效匹配，把社交分享和购物消费结合在一起，用户则可以直接根据他人的分享进行线上线下的相应消费。

8.1.1 小红书 App 的五大版块功能

小红书 App 分为“首页”、“商城”、“发布笔记”、“消息”和“我”五大版块。每一版块都有不同功能，共同组成具有强大消费引导力的社交网络消费平台。

1. 首页——重社区发展

在“首页”中可以查看自己关注的博主动态，与博主留言互动，还可以点击“分享瞬间”记录自己的日常。此外，用户还可以在首页浏览“发现”版块，这一模块是根据算法推荐技术，通过分析不同用户的不同需要，推送相关内容，若用户平时爱看美容类的文章，平台就会推荐更多关于美容类的笔记给用户。

用户也可以在首页上看到基于位置的服务（location-based service，LBS），小红书通过提供基于位置的服务，给用户推送所在地相关的拍照地、餐厅、玩乐、景点、逛街、下午茶和酒店等信息。用户可以在首页中通过搜索框搜索自己想要浏览的内容，如搜索关键词“失眠”，平台会推送有关失眠的全部内容，用户可以选择综合权重最优先的信息，或者平台上最热门、最新的信息，这些信息的形式主要是视频或者图文。小红书的首页将社区和发现搜索功能前置，体现出小红书至关重要的发展战略——重社区，这是小红书不同于其他平台的强大且独特的优势。

2. 商城——重社交引流

“商城”页面主要包括近期的促销活动、推荐的商品、小红书自营的福利社以及好物说等。用户搜索想要的商品，不仅能看到相关商品的推送，还能看到相关笔记和用户的推送。小红书在首页中营造的社区模式具有其他平台无可复制的独特优势，在社区中用户可以发布视频、图片等内容，或通过评论、关注发布者等方式与他人进行交流，各用户之间的黏性强，关联度高，易于商品成交。小红书商城正是通过社交方式引流用户到商城，实现社交电商。用户的黏性比单纯的购物平台要强得多，流量变现更顺畅，用户活跃度更高，小红书的商业变现路径也更加通畅。

3. 发布笔记——重笔记形态

小红书发布笔记包含多种形态，包括直播、制作影集、相册内容、拍视频、拍照片等形式，多种媒介发布形式为用户提供了多种选择，丰富了用户发布笔记的形式，同时也可以满足不同用户的不同需求。在小红书平台上直播需要绑定手机号，通过身份证进行实名认证且必须年满十八周岁。制作影集可以使用平台提供的制作模板，用户只需提供相关素材即可完成影集的制作。拍摄视频和照片可以使用已拍摄好的照片，也可以使用小红书平台提供的滤镜、模板直接拍摄。

4. 消息——重社交功能

在消息界面中（图 8-1-1），用户可以看到自己收到的赞、收藏、新增关注自己的人、@ 自己的消息以及用户的私信，还可以和平台中的其他用户创建聊天。“消息”模块是小红书社交功能最突出的一环，也是用户和其他人互动的主要途径。

图 8-1-1　小红书消息板块界面

5. 我——重商业合作

在“我”界面中，用户可以编辑个人资料、查看自己关注的博主、粉丝、获赞、收藏及自己过往发布的笔记。此外，用户还可以查看自己的笔记草稿、创作中心等内容。其中创作中心中的商业合作包括品牌合作、带货、薯店以及薯条推广等功能。开通品牌合作的用户具有小红书官方认可的商业推广资格，可以利用品牌合作平台与品牌进行商业合作。开通后可获取官方推广资格实现流量变现，查看笔记数据合作效果可获知和拥有更多与品牌合作平台合作的机会。带货是指创作者可以通过“好物推荐”功能在直播、笔记中插入商品卡片进行带货，若用户通过商品卡片购买商品，创作者可以获得相应的佣金。同样入驻薯店、薯条推广等商业合作是小红书平台中 KOL 博主引导消费、实现商业变现的主要途径。

8.1.2 小红书的运营设计

小红书注重运营和推广投入，在获取新客和增加用户黏性的同时，不断塑造“有品位”的品牌形象。

1. 商品运营

社区购物笔记在引起用户购物欲后，通过页面右下角的“可购买商品”功能引导到商品购买页面，缩短用户购物路径。多重信息诱导用户，提升购买率。比如，产品图片上会有弹幕显示该产品最新的购买信息、促销活动中有限价倒计时，将用户的理性思维被情感驱使，从而引导用户尽快完成购买。此外，小红书专门设计个性化的红色快递盒，打造小红书标志性物品，从细节入手塑造品牌形象。从 2021 年 8 月 2 日起，小红书推出新“号店一体”机制，让内容号和店铺实现打通，进一步降低博主在小红书开店的门槛。

2. 用户运营

小红书黑卡会员可享有顺丰包邮、七天保价、专用包装盒、限时价提前购等特权服务，满足用户追求高品质服务的需求，提高用户黏性。红卡相比黑卡能享受到更高级 VIP 福利待遇。

用户成长体系：用户可通过分享和创作笔记提升等级，从而享有相应特权，保证社区 UGC 生态的良好发展。小红书用户被称为“小红薯”，小红书为其设计特有的发帖表情，塑造其品牌形象和文化。

3. 活动运营

以国外“黑色星期五”为原型，小红书设计了中国版“红色星期五”，是其年度促销力度最大的活动。除了降价促销外，小红书推出许多贴合女性用户的玩法，如“1 元抢奢包”、线下活动“小红书大巴车”等。

4. 明星运营

明星入驻小红书，自带流量的同时，创造热点话题，进一步扩大小红书品牌认知度。明星效应也吸引大批美妆 KOL 入驻，再带动素人分享，使得小红书形成了明星、KOL、素人的金字塔内容生态，通过电商变现，一个完整的“社交 + 电商”闭环就此实现。

想一想

小红书是如何设计多重信息诱导用户实现购买的？

8.1.3 小红书的互动与涨粉

小红书的门槛比公众号、抖音等自媒体平台更低，也比较容易被伯乐发现。不需要绞尽脑汁去写一篇很长的文章，它更像是朋友圈日常分享，如分享一个有用的技巧，分享今天拍摄的一组穿搭或写真，再加一些心得或心情的描述，就可以是一篇不错的笔记。作为用户要想在小红书上涨粉，需做好如下工作。

1. 账号建立前的准备

若要使小红书涨粉，从注册开始就要为日后的运营作好准备。首先，用手机号注册，作为大号

（手机号注册权重比较高）。填好性别生日，跳到第二个页面，选择你感兴趣的领域，如果是做护肤彩妆的，就可以选择护肤彩妆，多选几个，选四至五个。昵称设置不要广告性太明显或者带微信号码，留微信会被封号，昵称要符合你所发布笔记的整体风格和定位。微信号设置成小红书号。头像设置不要放广告类型的头像，可以是真人头像或者动画头像等。个性签名不要留微信号谐音字样，否则会被判属于营销号，会被封号。每个平台都有自己的规矩，在运营小红书账号之前一定要先关注“薯管家”（图 8-1-2），了解平台的相关规范。

图 8-1-2　关注小红书“薯管家”

2. 积极争取笔记被收录

只有你的笔记被平台收录后才会有系统推荐量，才会获得更多的阅读量，很多新手做小红书没有效果的主要原因就是笔记没有被收录。

可通过查找文字笔记正文内容的第一句话、查找视频类笔记视频简介第一句话来看是否被小红书收录，如果搜索结果中有你的笔记内容则说明被成功收录。影响笔记被收录的要素：排版、标题、图片、标签，下面逐一说明。

（1）排版

小红书的排版没有第三方编辑器协助，想要排版看起来舒适有吸引力，只能多借助平台内部的表情和贴纸（图 8-1-3），这也是小红书笔记深受女性喜欢的原因之一。

（2）标题

标题是一篇文案的灵魂。一个好的标题，能够瞬间为这篇文案定下基调，渲染出感情，挑起人的阅读欲望。标题中加入数字，带入一些数据。对女性来说这个数字更倾向于时间和金钱，虽然有些笔记我们看到标题非常不科学，但就是很多人点赞。如图 8-1-4 中所示的标题为“这样喝水暴瘦十斤”。标题可适当情绪化，因为是个人笔记，可以适当加入一些“超赚，极致，顶级”这样的词语，多加一些感叹号（图 8-1-5），小红书大量的笔记和美妆护肤相关，因此在选择身份标签时，除去传统的学生，白领等身份，可以从肤质，发质等方面寻找身份认同。标题中一定一定要埋入关键词，不管写什么内容，都需要围绕着关键词做文章，这也是小红书收录及推荐机制的基础，每篇文章的标题中，需要埋入预先想好的关键词。热度越大的关键词，被收录上并且排名比较好，难度是非常大的，这时不妨试一试长尾关键词。举个例子：护肤是小红书上非常热门的关键词，我们可以用“学生在暑假这样护肤效果超好！！！”为笔记标题，来拦截一些想在暑假护肤，或者学生想护肤的流量。

图 8-1-3 小红书笔记排版特色

图 8-1-4 笔记标题中加数字

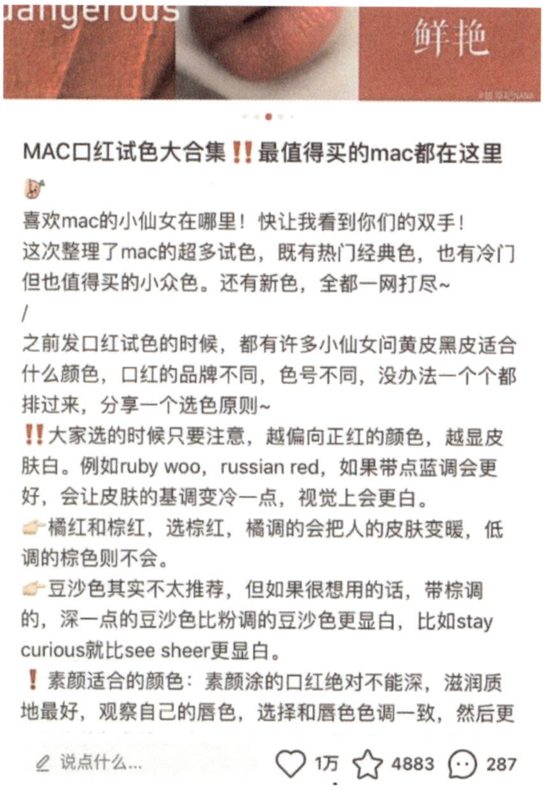

图 8-1-5 笔记标题可适当情绪化

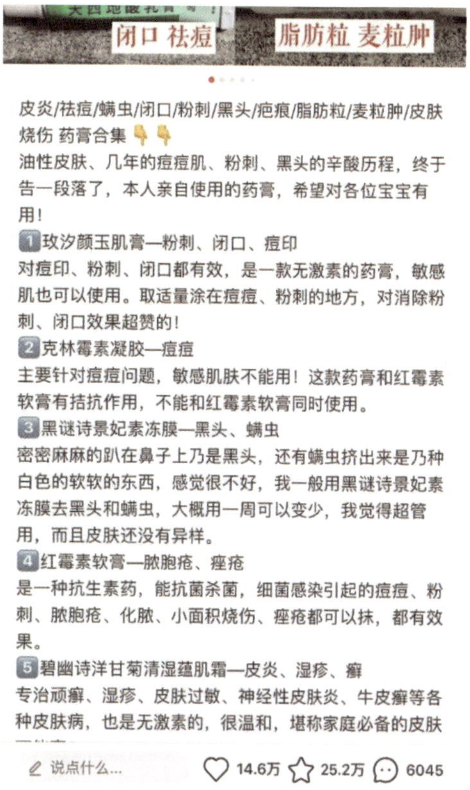

图 8-1-6 笔记标题中带入身份标签

（3）图片

首图和标题同样重要，直接决定你的笔记被不是否看到，常见的图片有对比图、重要内容描述图、攻略型步骤图（图 8-1-7）、文字图片拼搭图（图 8-1-8）等。常用到的软件有 line camera、美图秀秀、黄油相机等。

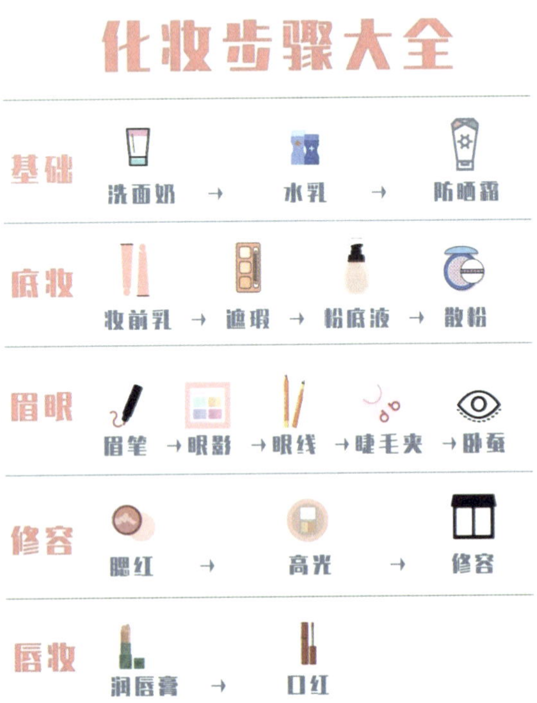

图 8-1-7　攻略型步骤

图 8-1-8　文字图片拼搭

（4）标签

小红书发布笔记图片上，都可以加标签，类型有地点、品牌甚至具体 @ 哪个用户等。经过小红书备案的品牌，可以点击“tag”进入品牌相关话题。同样也可以打语音标签，声音人设的账号加入这样的标签很吸粉。

3. 涨粉的其他注意事项

小红书上面直接导流到微信中是会违规的，在我们回复粉丝的私信时，小红书的违禁词很多，说不好哪条回复就会踩雷。因此，我们要尽快找到合适的理由和粉丝加微信好友。如“小红书回复不及时，方便给下 V 吗？我和你具体说下”“没一直看小红书的消息，所以不能及时回复你，方便给 V 吗”“要不你 + 下 V 吧，我小红书不经常看消息，我 V 发你具体的”，等等。这些都是添加微信很好理由。

小红书的各个垂直领域内都有一个官方账号，像美食领域的“吃货薯”，娱乐领域的“娱乐薯”。他们扮演的角色和论坛版块的管理员一样，发布笔记时记得 @ 自己领域的官方账号，有机会被推荐。

想一想

小红书笔记标题的写法有哪些常用小技巧？

任务 8.2 微商城运营

微商城，通俗理解就是在微信公众号里面接入一个手机网站，这个手机网站能够满足客户购物的功能。微商城的出现帮助企业真正意义上的打通了线上和线下多渠道营销，企业可以通过微商城建立自己的营销阵地。目前来说，微商城有如下三种类型：第一类，平台入驻型。这种类似于在淘宝平台开店，商品是在第三方一个大的平台里面完成交易。目前知名第三方有有赞、微盟等。第二类，模板商城。这种微商城基本是由第三方开发好微商城系统，商家直接拿来使用。第三类，定制开发微商城。这种微商城是根据用户需求找第三方开发公司去定制开发的，费用是根据具体功能要求来定。

图 8-2-1 主流微商城平台有赞与微盟

8.2.1 主流微商城平台介绍

有赞和微盟这两家公司对微商城的影响都是深远的，把他们都统一称为鼻祖也未尝不可。

1. 有赞

有赞是一家从事移动电子商务平台研发、运营的移动互联网技术公司，成立于 2014 年，如图 8-2-2 为其首页。目前旗下包含有赞微商城、有赞零售、有赞餐饮、有赞美业、有赞收银等面向商家的产品以及面向开发者的“有赞云”服务。有赞基于云服务模式向商户提供强大的微商城系统和完整的移动零售解决方案，并致力于通过网络营销、交易玩法、消费保障为广大商家、消费者提供好用、强大的开店工具。2018 年有赞已有 300 多万商家。在商户构成方面，纯电商商户只有两到三成，七成是线下门店，还有一小部分新媒体和自媒体商家。2019 年 4 月，有赞获得由腾讯领投的 10 亿港元（1 港币 =0.815 5 人民币）融资，被正式贴上了“腾讯系”标签。其客户不乏猎豹移动、海底捞、戴尔、韩都衣舍、良品铺子、润微内衣、百莲凯等知名品牌商。

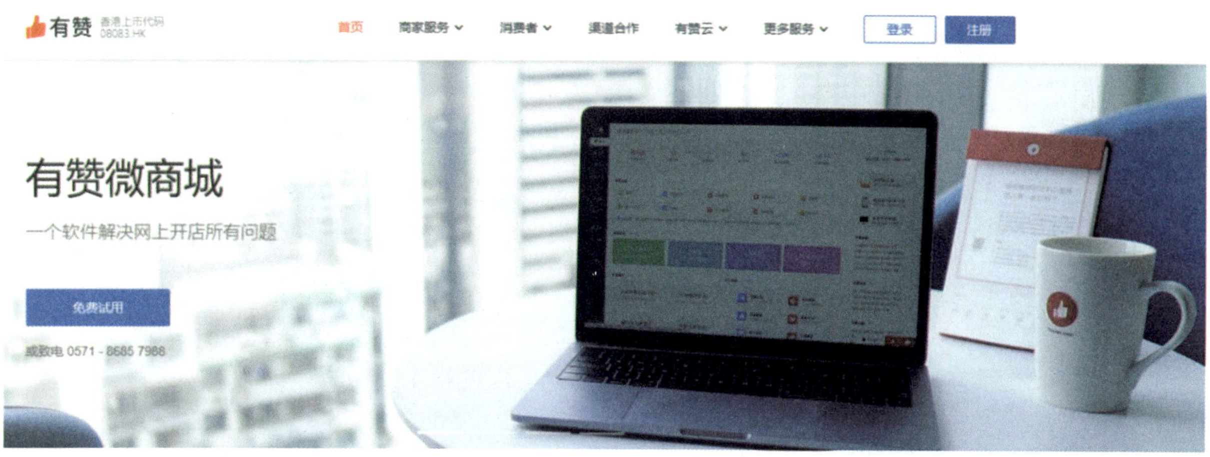

图 8-2-2 有赞微商城首页

以占有赞七成的线下门店为例，看看有赞能做些什么？

在过去几年里，实体经济受到了电商的极大冲击。人们的购买习惯渐渐移至线上，通过生鲜平台买水果、通过外卖平台点餐已成习惯，反倒是家门口的水果店和饭店生意清淡了。这些店铺无法从淘宝、天猫获取流量，加入外卖平台又要缴纳不菲的佣金。用户、数据全都归了外卖平台，下一次顾客点单的时候还是会选择外卖平台，而不是到店里面来消费，这等于把自己原本获得的流量，送给了外卖平台。

随着移动扫码支付习惯的建立，线下门店终于等来了与用户直接建立联系的机会。不少商家推出了扫码下单或扫码结账，一旦消费者扫码就会成为商家会员，可以享受会员价、积分等。商家还会定期在公众号里推送上新、满减、优惠券等活动。为了方便，经常去消费的客人大都会保留这样的公众号。这样一来，商家就把以前零散的用户变成了有规模的粉丝，借用有赞的工具运营，推动二次消费，如图 8-2-3 为有赞徽商城营销玩法提升成交。

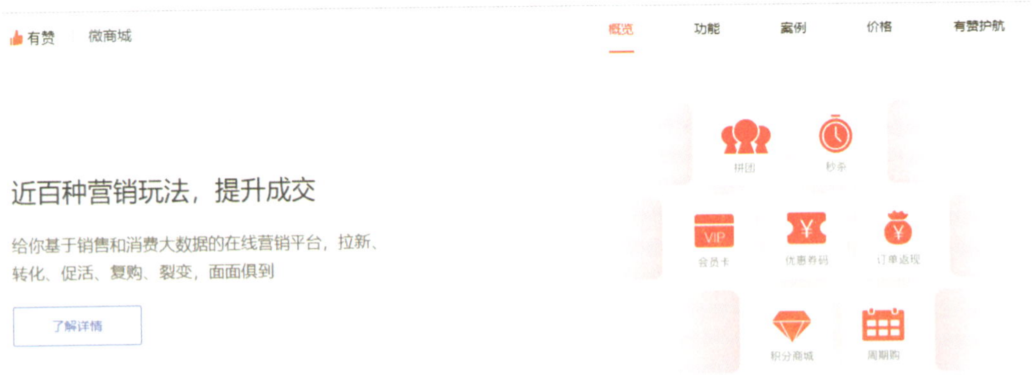

图 8-2-3　有赞微商城营销玩法提升成交

比如，一家水果店当天囤积了一定量的榴梿。通过有赞，商店可以迅速生成一套“榴梿秒杀促销”页面推送给粉丝，后台设置为“到店自提”。粉丝接收到促销信息之后完成购买，然后到店自提。这时，店员可以再推荐说草莓有优惠，那么消费者很可能又会带走两盒草莓。有赞这种帮助线下门店网上揽客的做法，提高了顾客的复购率和品牌忠诚度。这种玩法类似于利用粉丝对账号内容的喜爱和信任推荐东西，让粉丝更有意愿购买。这种熟人“种草”、消费者“拔草”的商业模式，顺应了当前新零售的趋势，如图 8-2-4 为有赞针对百货商超行业的解决方案。

图 8-2-4　有赞针对百货商超行业的解决方案

总的来说，有赞主要发展方向就是脱离大平台，通过提供工具和服务，与商户建立长期维护关系。

2. 微盟

如图 8-2-5 所示为微盟微商城首页，微盟成立于 2013 年，现在已由最初的微信开发服务商，快速发展成为一家专注于移动社交领域的互联网多元化企业微盟集团。目前旗下拥有微商城、智慧零售、智慧餐厅、客来店、智慧酒店、智慧休娱、智慧美业、销售推、微站、广告助手等解决方案。基于移动社交的核心价值，微盟以跨界领域的 SaaS 软件、广告营销、电商、金融、资本和大数据，形成战略整合，打造微盟移动社交生态圈。微盟移动社交生态圈，提出三大引擎战略，即“软件 + 营销 + 平台”。以市场导向提供商业化服务工具，以效果导向提供精准化营销策略，以数据导向提炼标签化用户行为。2019 年初，微盟成功港股上市，正式成为新经济 SaaS 第一股。

图 8-2-5　微盟微商城首页

微盟以腾讯广告强大的平台资源，依托腾讯的数据能力，实现本地化企业对客户的快速发现、定位以及多维度触达，通过数字化营销工具，实现个性化、智能化、可量化的营销效果。腾讯广告和微盟的合作无疑形成了一种“流量扶持 + 广告曝光 + 数据赋能 +SaaS 服务 + 团队服务”的全链路营销新模式，承办企业数字营销“大厦”需要搭建的所有环节。在腾盟合作下，腾讯的流量优势、数据优势与微盟的技术与服务优势深入结合，对于微商城里的中小企业而言，无疑是建立了一条更为便捷全面的私域流量变现的“快车道”。

登录微盟微商城后台如图 8-2-6 所示为微盟微商城“完整的在线商城”，主要模块分为：概况、店铺、商品、订单、客户、营销、数据、财务、渠道和设置。通过这些模块基本上已经能完全控制好自己的商城以及对基本数据的分析。而其中营销功能更是涵盖了各种营销功能，基本上能满足店铺的日常需求。

商城的使用并不是免费的，在注册创建店铺之初，会员类别为微商城试用版，微盟会给予一定的试用时间。当试用期到了后，店铺将会被关闭，用户无法访问，需要升级续费后才能正常使用。微盟套餐类别有试用版、标准版、高级版、豪华版。不同的套餐对应不同的功能，也对应不同的价格。为了防止同行竞争，微盟已经将几种套餐的价格进行了隐藏，需要提交联系方式与客服沟通后，进行缴费开通。

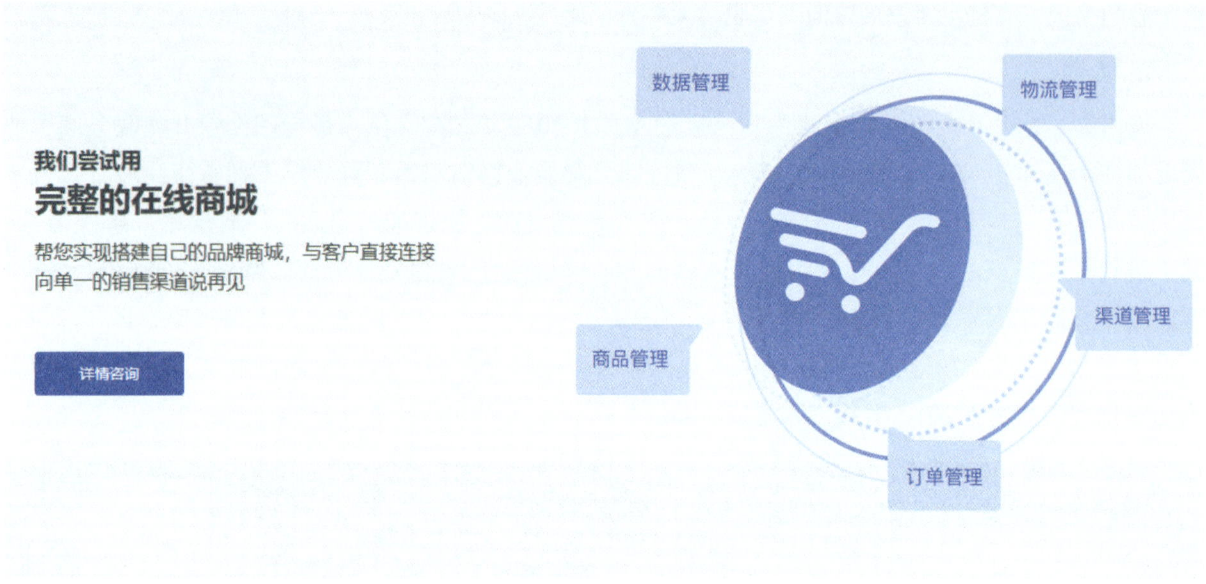

图 8-2-6 微盟微商城“完整的在线商城”

在微盟上面，商品基本的买卖流程是很完备的。从商品的发布、用户浏览、下单，到物流的跟踪、订单完成、售后等。作为一个小商户，微盟的功能基本上是完全足够的。

想一想

线下门店通过微商城能实现什么营销目标？

8.2.2 微商城的特点

首先，微商城商家不像传统电商过度依赖于平台，他们更依赖自身所拥有的渠道客户；其次，在微信生态中，商户需要更重视对客户长期的管理和培育，也要更重视品牌的建设；再次，在市场运营策略上，微信商家不再以平台为中心，而是通过微博、微信这样的沟通渠道，直接联系客户从而带来销量；最后，商户更加重视买家之间的口碑相传，在买家的社交圈子里，形成广泛的二次传播，从而吸引更多的客户。因此，微商城要做的就是帮助这些自带流量的商家提供一整套线上线下一体化解决方案，完善品牌管理和建设，维系客户关系，形成良性循环。

1. 微商城获客成本比传统网店小

传统的电商平台，平台本身具有超大流量，商家需要在平台上花大成本获取流量，一旦投入减少，流量就下跌，不管你是多年的老店还是刚刚开的新店，永远要花钱买流量。

微商城不一样，做的时间越长积累的合作资源和客户就越多，后期的推广效果越快、成本越低。

2. 微商城的用户触达率高

传统的电商平台，不管你网店有 50 万粉丝还是 200 万粉丝甚至更多，这些粉丝的价值都不大，你发一篇文章或者上一个新品，能够触达的用户非常有限，因为顾客不买东西的时候，是不会打开一个购物平台去看你发的内容，一个 50 万粉丝的网店，他发布的内容阅读量很少很少，转化率几乎可以忽略。而微商城是基于微信平台的商城，每个人每天都会多次打开微信，你发布的公众号文章、朋友圈分享、裂变活动或者其他任何内容，都能快速的触达到用户。而且基于微信公众号和小程序的微商城，顾客更容易被沉淀下来，方便后期营销和维护。

3. 微商城同行竞争小

传统的电商平台经常出现这样的情况，你花大成本而做推广好不容易让顾客进入你的宝贝详情页，结果在这个宝贝边上列出多个同类产品，而这些同类产品销量又好、价格又低，甚至品牌还比你的大，顾客动一下手指就跑到竞争对手店铺去了，等于你花钱帮别人推广。而微商城是一个封闭的商城，当你通过某一个公众号的分销，或者某个分销员裂变推广，顾客打开你的宝贝后，只能看到你的宝贝，不会有竞争对手的商品来竞争。另外，相对于传统电商平台而言，目前做微商城的商家总数量还算偏小，进入的同行竞争更小。

4. 微商城的用户裂变速度极快

传统电商网店几乎没办法裂变，虽然他们也有裂变工具，但没有传播途径。而微商城的裂变工具非常多，如砍价，商家可以拿一些商品做促销，通过价格优势吸引顾客找人来砍价，有卖瓜子的商家通过砍价方式，一周裂变出 50 万用户。原价 15 元的瓜子，如果你想 1 元买到，你就把这个砍价链接发给 30 个微信好友，结果 30 个好友也都想要买，每个人又发给 30 个网友帮忙砍价，1 传 30，30 传 900，900 传 2 700……商家前期花成本圈住这么多用户，后期推广成本是 0。还有分销员裂变，把顾客转变成分销员，然后让分销员拼团推广，分销员可以享受二级佣金，很多服装商家通过分销员裂变，发展得顺风顺水。

想一想

微商城商家和传统电商商家有何区别？

8.2.3 微商城运营推广

1. 拉新

万事开头难，商家在经营微商城的过程中，最重要的一个步骤就是拉新，拉新是后续所有工作的基础，商家可以通以下方式进行拉新。

（1）与微信公众号绑定

很多商家都有自己的微信公众号，但商家并不能很好地将微信公众号中的粉丝进行有效的转化。现在企业可以将微信公众号与微商城绑定，从而缩短用户的购买路径，将微信公众号中的粉丝转化为微商城的用户。

（2）二维码拉新

商家也可以利用微商城的二维码进行拉新。商家可以通过将微商城二维码转发到朋友圈、微信群聊、群发好友等多种线上渠道进行线上推广拉新。

商家也可以在线下商店内张贴二维码，线下商店的到店人流只需通过扫一扫，即可立即进入到商家的微商城店铺中。微商城帮助商家实现了对接线下流动客户，持续跟踪客户，刺激用户二次消费。还有一些商家入驻了美团、淘宝等这些第三方平台，通过这些平台带来销量。但是这些销量并不是商家自己的流量，而是平台的流量，商家没办法对这些流量进行精细化管理。商家可以将自己的微商城二维码放到物品中一起送到客户手里，客户通过扫描微商城二维码与商家形成长久连接。

二维码营销

（3）营销活动拉新

商家要想长期发展，不能仅仅依靠商家自己进行拉新，商家还应该让现有用户帮助商家进行拉新。商家可以通过得有店提供的拼团、砍价等营销工具引导老用户帮助商家进行拉新。针对新用户，商家可以通过“首次下单打八折”或者“满 99 减 30”之类的营销活动，吸引新用户进行购买，然后再通过后续的手段将新用户留存和转化。

2. 留存

很多商家往往会一味地注重拉新，却忽略用户留存的问题。事实上，用户的留存也是至关重要的。如果商家不能很好地将用户留存下来，很容易陷入流量瓶颈。商家留存用户的手段主要有以下两种。

（1）微商城＋微信公众号

商家可以通过微商城＋微信公众号的方式留存用户。通过微信公众号的日常推文，让用户对商家产生认同感。通过微信公众号的评论、留言等方式，与用户进行互动，让用户对商家产生归属感，从而更好地留存客户。

（2）微商城＋微信群聊

商家也可以通过微商城＋微信群聊的方式，将用户留存下来，通过微信群，能够与用户产生更加直接的互动，增加用户的归属感和参与感。

3. 促活

用户留存下来之后，商家还应该想办法提高用户的活跃度，刺激用户再次消费。其实消费者很多时候的消费并不是刚需消费，很可能只是因为商家的活动文案比较吸引人、价格比较优惠、服务体验比较好等因素而进行消费。所以商家需定期举办一些营销活动促进用户活跃。商家可以借助得有店提供的秒杀、拼团等营销工具通过社交工具，刺激用户消费，实现营销力度最大化，最终促进用户转化。

4. 转化

商家进行的拉新、留存、促活这些行为最终的目的就是提升用户的忠诚度，将用户转化为商家的私有客户，形成口碑营销。在用户的转化过程中，用户的体验是非常重要的一点，商家应该不断地完善产品与服务，为用户提供极致的消费体验。微商城店铺页面的搭建好坏也是影响转化的重要因素，在用户进入一家店铺的时候，商家整体的商品展示、店铺的风格等都会影响到用户的整体体验。所以，商家在搭建店铺的时候，不能完全按照自己的喜好来，应该站在用户的角度思考问题，搞清楚自己的产品定位、目标用户、画像等多方面因素，搭建自己的店铺。另外，微商城用户交易支付环节也很重要，微商城整个交易流程尽量设计得简单高效。在用户的购买欲萌发时就能完成支付，在用户的购买欲消退前就能完成送货。

想一想

微商城商家留存用户的手段主要有哪些？

拓展阅读 ▶ 有赞正式迈入新零售“千亿俱乐部”

2021 年 3 月 28 日，中国有赞（08083.HK）发布 2020 年业绩。业绩显示，2020 年全年，有赞服务的商家总交易额达到 1 037 亿人民币，同比增长 61%；新增付费商家 59 940 家，同比增长 10%。商家年均销售额突破 100 万，同比增长 36%。

2020 年，有赞正式迈入新零售“千亿俱乐部”，同时对于实体经济的渗透越来越深，成为“门店数字化”领域的重要推手。有赞连锁、有赞零售、有赞美业等致力于帮助门店数字化的产品和解决方案，都实现了爆发式增长。

2020 年全年，有赞新增付费商家数量达 59 940 家，同比增长 10%。其中，有赞连锁新签付费商家数量同比增长近 300%。连锁商家的付费门店数量也大幅提升。截止到 2020 年底，连锁商家使用有赞产品管理的门店总数约是 2019 年的 10 倍。单个商家使用有赞产品管理的门店数量最多已达到 2 500 多家。都市丽人、合生元、万家乐等品牌商家，均已经使用有赞连锁管理了超过 300 家门店。

此外，有赞零售、有赞美业、有赞教育等产品的新签付费商家数量均同比增长近 100%。知名品牌丝域养发共有 1 500 家门店接入有赞美业，在 2020 年“双 11”期间获得 10 万订单，成交 2 300 万元。

有赞正在不断丰富生态体系，通过“有赞服务市场”引入第三方运营服务商，通过有赞学院帮助商家培训新零售人才，通过有赞商盟为商家提供学习活动、资源整合、社交网络，实现共同成长。在微信、快手、微博、百度基础上，有赞 2020 年还陆续打通了映客、爱逛、支付宝、QQ 小程序、小红书、微信视频号等流量平台，成功帮助商家实现了多渠道经营和全域营销。

（资料来源：有赞 2020 年总交易额达 1037 亿 新签连锁商家数量增长 300%，https：//www.jiemian.com/article/5877461.html）

阅读分析：

2020 年，新型冠状病毒肺炎疫情加速了中国实体经济的数字化进程。商家对于网上开店、私域运营、直播带货的需求也彻底爆发。2020 年，有赞全年研发投入达到 4.5 亿，占总收入比重 25%，远远高于行业平均水平，此外，有赞应用市场还在不断引入第三方开发者，提供更多优质的应用，共同解决商家需求。有赞的零售、教育、美业等多个行业的产品和解决方案，切中了行业需求。

项目实训 8-1　小红书笔记发布

1. 实训目的

通过小红书发笔记的步骤，能够熟练掌握小红书种草笔记的使用流程，加深对小红书营销的感性认识。

2. 实训要求

全面了解小红书种草笔记的使用流程。图片清晰同时保证原创；笔记一定要注重给受众提供有益的信息。

3. 操作步骤

①打开小红书，点击下方中间的加号。

②选中要发布的图片，在下方可以选择滤镜。

③点击标签，输入图片描述。

④点击贴纸即可添加贴纸。

⑤输入描述文字后，点击右上角发布，笔记发布成功。

4. 温馨提示

笔记内容结构合理、美观排版；建议笔记发布时间：下午6~10点，或者早上7~9点；四个关键词类目的标签；第一句话最好包含关键词；全文要围绕关键词去写。

5. 实训回顾

请体验一次小红书笔记的发布过程，以文字配截图形式记录操作过程，并回答下列问题。

①你会选择什么样的图片作为笔记首图？

②你会怎样写标题为这篇笔记定基调？

③笔记发布操作之前，你是否查看了小红书平台发布笔记的规则？

实训项目 8-2　感受移动广告

1. 实训目的

通过对市场上流行的移动广告的调查和分析，使同学们直观地感受到移动广告的魅力，能够更加深入地认识移动广告，从而更好地理解前文学到的知识。

2. 实训步骤

①全班同学以4~6人为单位，分成小组。

②每组同学通过实际调研或网络调研，分别选取三种不同行业的移动广告各一个，进行对比分析。（可选行业有：服装、汽车、房产、食品、饮料、化妆品、电器等）

③完成关于移动广告的分析报告，并向全班同学展示。

3. 实训提示

在分析时要考虑到每个行业的特点和广告主的诉求，对三种不同行业的移动广告作综合分析。

4. 实训回顾

①指出你所选取的移动广告属于哪一类型？

②这种类型的移动广告有什么优缺点？

③比较分析你选取的行业中，两类行业移动广告内容的异同点。

实训项目 8-3　分析移动广告平台

1. 实训目的

让学生通过对国内几大典型移动广告平台（如百灵欧拓、有米、多盟等）进行调查和分析，进一步加深对移动广告平台的认识，了解移动广告平台的运作模式。

2. 实训步骤

①全班同学以4~6人为单位，分成小组。

②每组同学选取一个典型移动平台进行分析。

③完成关于移动广告平台的分析报告，并向全班同学展示。

④小组之间将不同平台进行对比，并派代表总结。

3. 实训提示

在分析报告中至少要有该平台的简介、发展动态、特点及优势、相关数据动态、收费方式等几项。

4. 实训回顾

①分析该移动广告平台主要的业务有哪些？

②列举几个该平台曾服务过的广告主。

③该平台为什么能在激烈的竞争中站稳脚跟？

思政园地 ‖ 小红书下架风波

庞大的 UGC 内容，在让小红书迅速成长为“种草神器”的同时，也带来了虚假内容、刷单刷量、销售违法违禁产品等问题。在 QQ 等平台上有大量第三方机构或个人能够提供小红书“笔记代写”服务，一些团队甚至可以提供包括关键词置顶、笔记代写代发、刷评论点赞、上热搜在内的“一条龙服务”。价格方面，一篇普通用户的笔记仅售 35 元，红人号代写一篇也只需要 100 元。2019 年 7 月 17 日小红书发布的反作弊报告称，平台“平均每天清理刷量笔记 4 285 篇，其中除机器刷量外，每天有 920 篇人工刷量笔记被清理”。这也从侧面证实了小红书笔记刷量情况的严重。有媒体曝光，在小红书上以“烟”为关键词，可以搜索到多达 9.5 万条内容，其中许多是以“测评”“种草”为名义的软文，而搜索“保健品”更是有 48 万篇笔记。大量无资质的博主和代购店主，在小红书上推荐和兜售各种保健品。

2019 年 7 月 29 日开始，多家安卓应用商店下架小红书 App，8 月 3 日，苹果的应用市场 App Store 也已下架小红书。小红书在 8 月 1 日凌晨发布声明，也已对其站内内容启动全面整改，深入自查自纠。

营造风清气正的网络环境，还需各方协同治理，让依法依规成为网络平台、管理部门和互联网用户等各个参与主体的共同遵循。因此，网络平台要进一步加强合规管理，对平台发布的所有信息严格把关，切实担负起主体责任。任何一个平台只想着流量变现，不顾一切地榨取流量价值，背离了用户体验至上的初心，放任内容的责任田荒芜，无异于竭泽而渔。管理部门应当尽到监管责任，加快构建全国统一的互联网交易监管体制，弥补法律法规的“空白”；互联网用户要进一步提升网络安全意识和法律意识，依法依规进行网上活动，积极履行公民义务。

思考讨论：

分组讨论，请各小组分析小红书经历下架风波后，小红书可以在哪些方面做出改进，平衡内容生态打造和商业化，实现真正的社群红利。

项目小结

小红书运用“互联网 +”的思维，抓住社群 3.0 时代机遇，迅速发展为一个生活方式平台和消费决策入口。通过机器学习对海量信息和人进行精准、高效匹配，把社交分享和购物消费结合在一起。但小红书仍然面临着如何实现内容生态打造和商业化之间平衡的困难。小红书在商品运营、用户运营、活动运营、明星运营上都投入巨大。作为用户要想在小红书上涨粉，需作好账号建立的准备、积极争取笔记被收录、开通品牌合作人等工作。

最具影响力的微商城平台有"有赞"和"微盟",微商城能够帮助商家实现线上线下一体化解决方案,完善品牌管理和建设,维系客户关系,形成良性循环。微商城在拉新、留存、促活、转化等环节具有足够丰富的营销手段和工具。

复习思考题

一 单项选择题

1. 下列关于小红书运营说法不正确的是( )。

A. "红色星期五",是小红书年度促销力度最大的活动

B. 小红书运营的门槛比公众号、抖音等自媒体平台更低

C. 运营小红书账号之前一定要先关注"薯管家",了解平台的相关规范

D. 小红书上允许直接导流到微信

2. 下列关于微商城的说法正确的是( )。

A. 有赞上电商商户占约 7 成,线下门店占约 3 成

B. 目前微盟套餐类别分有试用版、标准版、轻奢版、贵族版

C. 微商城商家更依赖自身所拥有的渠道客户而不是依赖平台

D. 微商城同行竞争大

二 多项选择题

1. 作为用户要想在小红书上涨粉,需做好如下工作( )。

A. 最好用邮箱注册作为大号

B. 积极争取笔记被收录

C. 昵称设置突出广告特性

D. 发布笔记时 @ 自己领域的官方账号

2. 微商城具有如下特点( )。

A. 在市场运营策略上,微信商家不以平台为中心

B. 微商城商家更加重视买家之间的口碑相传

C. 对比传统电商平台,微商城的用户触达率更高

D. 对比传统电商平台,微商城获客成本比传统网店小

项目 8 习题答案

三 论述题

小红书的广告语从"全世界的好生活"变为"标记我的生活",这反映了小红书什么样的转型或者说战略转变?

参考文献

[1] 刘洋，施洪玲，范红召 . 新媒体营销基础 [M]. 北京：清华大学出版社，2021.

[2] 刘友芝 . 新媒体运营 [M]. 北京：中国人民大学出版社，2018.

[3] 刘前红，秦琴 . 新媒体营销项目化教程 [M]. 北京：中国轻工业出版社，2018.

[4] 赵海建 . 抖音电商教你如何从建号、引流到带货 [M]. 北京：化学工业出版社，2021.

[5] 秋叶，陈彩霞 . 秒懂视频号 [M]. 北京：电子工业出版社，2021.

[6] 张佳 . 短视频内容算法：如何在算法推荐时代引爆短视频 [M]. 北京：人民邮电出版社，2020.

[7] 梁宸瑜，曹云露，马英 . 直播带货 [M]. 北京：人民邮电出版社，2020.

[8] 柏承能 . 从零开始学直播营销与运营 [M]. 北京：清华大学出版社，2020.

[9] 李夏 . 新媒体运营技术与应用 [M]. 北京：人民文学出版社，2021.

[10] 张一驰，翟耀 . 知乎十年：最大中文问答社区的商业化探索 [J]. 中国经济评论，2021（09）.

[11] 曹晗煜 . 长尾理论视角下知识付费平台发展模式探究——以知乎 live 为例 [J]. 新媒体研究，2021，7（15）.

[12] 江晓 . 有声阅读平台的运营策略研究——以喜马拉雅 FM 为例 [J]. 新闻世界，2021（09）.

[13] 丁翱林 . 探析知识付费平台营销策略及启示——以喜马拉雅 FM 为例 [J]. 新闻研究导刊，2021，12（02）.

[14] 张海伟 .KOL 在意见导向型网络消费平台的效果研究——以小红书为例 [J]. 新闻研究导刊，2021，12（18）.

[15] 袁静 . “丁香医生”公众号成功鉴析 [J]. 传媒，2021（15）.

[16] 周也馨 . 整合营销传播理念下小红书品牌建设探究 [J]. 新媒体研究，2021，7（14）.

[17] 田咏春 . 初创店铺形象传播研究——以小红书 App 为例 [J]. 新闻研究导刊，2021，12（12）.

[18] 丁毓 . 有赞：商户背后的隐形推手 [J]. 上海信息化，2019（05）.

[19] 青瓜传媒 . 新媒体运营定位方法及要点！ [EB/OL].(2020-01-20)[2021-11-04].http：//www.opp2.com/178653.html.

[20] 谭天论道 . 新媒体运营先要做好定位 [EB/OL].(2020-12-16)[2021-11-04].http//www.360doc.com/content/20/1216/13/72927508_951817759.shtml.

[21] 起点传媒 . 微信营销案例——海底捞火锅 [EB/OL].(2021-03-24)[2021-11-04].https：//www.qdcm.net/4581.html.

[22]Socialbeta. 微信朋友圈视频广告来了，来看看最先试用的 6 个大品牌是怎么玩的 [EB/OL].(2015-12-15)[2021-11-04].https：//socialbeta.com/t/98099.

[23] 木木博客 . 今日头条文章推荐机制解析！为什么文章推荐量少？ [EB/OL].(2017-06-05)[2021-11-04].https：//www.sohu.com/a/146078985_126109.

[24] 木木君 . 数据分析和内容优化，头条号推荐量提升了 100 倍 [EB/OL].(2018-11-02)[2021-11-04].https：//www.niaogebiji.com/article-18531-1.html.

[25] 96 新媒体 . 抖音品牌营销成功案例分析 [EB/OL].(2019-08-28)[2021-11-04].https：//www.96weixin.com/detail/100049428.html.

[26] 科技测评解说 . 头条号“巧妇 9 妹”年入千万，农村自媒体想象力有多大？[EB/OL].(2018-03-29)[2021-11-04].https：//www.sohu.com/a/226684918_100126072.